本书为广东外语外贸大学
南国商学院科研课题成果

# 《道德经》新评赞

## 老子领导成效最优化 解“极”

朱建亮 编著

暨南大學出版社
JINAN UNIVERSITY PRESS

中国·广州

图书在版编目（CIP）数据

《道德经》新评赞：老子领导成效最优化解“极”/朱建亮编著．—广州：暨南大学出版社，2012.2
ISBN 978-7-5668-0095-4

Ⅰ.①道… Ⅱ.①朱… Ⅲ.①老子—哲学思想—应用—管理学—研究 Ⅳ.①B223.15 ②C93

中国版本图书馆 CIP 数据核字（2012）第 013566 号

………………………………………………………………

《道德经》新评赞：老子领导成效最优化解“极”
编 著 者：朱建亮

策　　划：人　文
责任编辑：李　艺　林芳芳
责任校对：黄　球　周明恩　黄　颖

地　　址：中国广州暨南大学
电　　话：总编室（8620）85221601
　　　　　营销部（8620）85225284　85228291　85228292（邮购）
传　　真：（8620）85221583（办公室）　85223774（营销部）
邮　　编：510630
网　　址：http：//www.jnupress.com　http：//press.jnu.edu.cn
排　　版：广州市广海照排设计中心
印　　刷：佛山市浩文彩色印刷有限公司
开　　本：787mm×960mm　1/16
印　　张：18.75
字　　数：332 千
版　　次：2012 年 2 月第 1 版
印　　次：2012 年 2 月第 1 次
定　　价：36.00 元

# 自 序

虽有拱璧以先驷马，不如坐进此道。

老子在他的《道德经》（《老子》）六十二章作如是说。原文是“立天子，置三公，虽有拱璧以先驷马，不如坐进此道”。意思是向领导者的献礼，用贵重物品，不如进献“道”这一最高理论。这恰与司马迁在《史记》中记载的老子送孔子以言相合。孔子适周问礼，辞别时，老子送之曰：“吾闻富贵者送人以财，仁人者送人以言。吾不能富贵，窃仁人之号，送子以言。”说明在老子心目中，正确高深的思想理论是最好的献礼。

我很敬重这样的做法，于是，谨以一个普通公民的身份写此拙著献给各位从事管理工作的人，包括我们的企事业单位和行政各部门领导，以及一切立志从事管理工作的朋友。

我本是北京大学图书馆学专业毕业，一生从事图书馆工作和教学的公共服务工作。在同事们的推荐和领导的器重下，曾任湘潭大学、华南师范大学、广东外语外贸大学南国商学院图书馆馆长。有感于老子两任国家图书馆馆长，我曾努力向读者传授文献检索方法，编辑出版了多部有关著作，包括20世纪80年代初内部编印后来正式出版的《文科文献检索》、1989年出版的《查书读书写书手册》、1995年主编出版的约200万字的《社会科学信息咨询指南》。此外，我还长期在高校讲授这方面的知识。但在深入介绍经典文献方面，则非常遗憾，贡献甚微。退休后在广东外语外贸大学南国商学院图书馆任馆长时我才开始加倍努力，除在全院启动“南国学子成才创新读书工程”并开办学术讲座、介绍中外经典书目外，还尝试介绍传统经典文献，第一本就是《老子》，并做过讲座，发表过多篇论文。

老子太伟大了！中国出了个老子，不仅是中华民族的骄傲，也是全人类的骄傲。请看古今中外名人如何引用和盛赞老子其人其书：

至于龙，吾不能知，其乘风云而上天。吾今日见老子，其犹龙邪！

——孔子适周问礼后谓弟子言（司马迁《史记》）

老聃则至公矣。

——《吕氏春秋·贵公》

不读《老子》一书，就不懂得中国文化。

——鲁迅

对付国民党的进攻，我们的方针“第一条，是老子的哲学‘不为天下先’”。

——毛泽东

中国文化的根在《老子》。

——李约瑟

重视和研究《老子》的文献多如牛毛。要研究就不能不认真阅读。为什么《老子》研究几乎各持一说？原来老子其人其书太不容易研究，涉及先秦方方面面的制度、思想、文献，都得读读。尤其是作注释时，“五经”（《周易》、《尚书》、《诗经》、《春秋》、《礼记》）自不必说，《仪礼》、《管子》、《论语》、《孟子》、《庄子》、《韩非子》、《墨子》、《左传》、《国语》、《战国策》、《山海经》以及《吕氏春秋》等都要读读。这一读，加上以前的心得，感觉先秦文献研究有很多可疑之处。《老子》的性质并不像专家们的传统说法，而是越看越像一部管理学著作，而且是管理理论基础即管理哲学著作，属我国第一部。他主要是在对领导者倾谈管理哲学心得，倾谈领导成效的最优化及其奥秘，故其字里行间到处都写着“人”字。围绕“人”这个核心因素，老子特别关注领导的高度、领导的深度和领导的力度。可以说，他以此作为对领导者的希望和衡量领导水平的重要标准。国家社会管理要达到和谐至治，老子思想有着重要的参考价值。本书用马克思主义和现代科学理论对以往的注释、评论等成果作了全面的辨正，校正了不少人包括韩非子和当代一些大学者在内的误读。

研究古代文化的学术著作本来就很难出版，研究古典文献并作注释，又将减少很多读者，更何况我既不是国家官员，又不是哲学家、管理学家或领导科学专家，而不过是一个普通教师和图书馆工作者，也没有作过任何卓越贡献，写出这么个题目来，有出版社愿意出版吗？能有读者认同吗？但是，《老子》一书的性质确实如此，其真谛亦在于此。这样写似乎降低了过去《老子》高高在上的哲学专著的地位，但是，老子确实不像惠施、公孙龙那样专注于纯粹的哲学，而是最关心管理的学者，他用自己的哲学思想谈社会的管理，几乎每一章都是先谈哲学而后落实到管理上或者先谈管理而后用哲学来作理论说明。

管理的理论基础是管理哲学，没有哲学基础的管理思想是不牢靠的管理思想。老子远远超出同时代的其他思想家和学者，他的管理哲学主要有如“绪论”所说的九大方面。他深感管理的关键要素就是人，管理的核心就是对人的管理。因此，老子回答了“人到底来自哪里”的古老谜题；肯定了人的中心地位；认为要尊重人、爱护人（包括管理人和被管理人）；要以人为本搞管理，特别提出要“以百姓心为心”；管理人要修养自己；要善于研究人；要教人、育人；要善于管人、用人；要善于团结人，要搞好人际关系、国际关系，建立稳定社会、和谐社会、分配公平合理的社会；要善于向他人学习；要利用好他人的能力；要严于律己，宽以待人；要使各行各业的管理有专人专职；要让百姓有自由、富足、舒畅的生活，让社会繁荣地发展。《老子》全书总的意思就是：领导者心里第一要装着人，第二要装着人，第三还是要装着人！仅如此还不够，他深刻研究了常常为一般管理者所忽视的衡量领导的三个重要标准：领导的高度、领导的深度和领导的力度，包括真正的高度在哪里，深在何处，最有力的是什么。

老子是周王朝的逆臣。他在年迈出关时写出这五千字的经典，确是出于他的良苦用心。他本想千方百计地维护周朝奴隶制社会的统治，而实际上却不时地流露出对百姓的同情，站到了以人为本、“爱民治国”的民生民本立场，站到了“无为而治”、民主管理的立场上。他的作为时代精神之精华的哲学是对前人的总结提炼，是崭新的、先进的文化思想，这使他不自觉地站到了新兴的地主阶级一边，代表着向奴隶制社会挑战的未来新兴社会即封建社会将要诞生的发展方向（“天下万物生于有，有生于无”）。他在分配制度方面，提出了过去未能发现的惊人的甚至很超前的“损有余而补不足”的追求公平（而非均平）的观点。他不自觉地批判了奴隶制社会及其奢靡腐败（如“食税之多”和取财“好径”等），同时还指出悟道修德是做一个好的公务人员的途径（如“万物莫不尊道而贵德”），阐发了爱民如子的理念（如“皆孩之”）。他虽然说了一些很保守的话，但多数是至今还未过时的管理至理名言。他认为能把时代精神精华等优秀文化成果用于实践即本职化和现代化“则为官长”，才能当好长官。他自己就是运用先进哲学思想于管理的典范。他强调了建设和谐社会的重要性并提出了一些建设措施，包括“和大怨，必有余怨”，要“执左契，而不责于人”。他的思想极合宇宙自然规律，他的胸怀也极博大，《老子》确实是对领导者的最好献礼。老子不厌其烦地对领导者讲的就是要以人为本，要善，要学好、用好辩证法特别是对立统一规律。总之，去其保守的一面，《老子》对国家社会、对黎民百姓、对领导者都是极有价值的。他的管理哲学思想是求改革进步的。因此，热议《老子》、确认老子思想在传统文化中应有的地位及其深远影响以及批判地继承其哲学和管理思想精华，是一个美妙的信号——标志着我们的社会在继续改革开放，在继续朝气蓬勃地向前科学发展。老子思想的进步价值，在封建社会和资本主义社会是看不出来的，而在今天和今后会越看越发觉其价值之重大。通读《老子》全书，人们自会觉得——

人！人！人！永远不能忘记这个管理的目的、管理的对象、管理的主体！这个管理的核心因素！

领导的高度！领导的深度！领导的力度！永远不能忘记这衡量以人为核心因素而管理的三大要求！这衡量领导水平的三个标准！

怎样才能如此？怎样才能最终达到和谐至治？老子以为人们“莫知其极”，以为他的言论“天下莫能知，莫能行”。其实，他已明白地提供了一些答案，另一些答案只是零星一点、隐晦一点而已。本书就是就其领导成效最优化解“极”作一点探讨。

卷首，我斗胆写了一篇较长的“绪论”，列举了今天研究《老子》的价值、对《老子》性质的看法、对老子思想精华的新发现、对老子管理思想的评价等。在对每一章进行解说时，都重新作了分析，那些没有从管理角度来研究《老子》的出了偏差的观点或是不提，或是不得已地作了分析矫正，最后在每章末尾用一首诗加以赞美或评判。

我自幼爱好国画，最喜家乡大画家齐白石的德艺。原打算退休后全力专注，以一别长期之业余研习。因从艺当“读万卷书，行万里路”，加之在图书馆任馆长时有强烈的想为读者深入介绍古代经典的心愿，而南国商学院又鼓励、支持学术研究，并到函谷关老子写经、出关处调研过，几年弄出这么一本书稿，领导和同仁都鼓励、支持出版，然而，杀青之时不禁惶恐之至。管理哲理，事关大矣，小民之议，定多谬误，唯愿领导和读者批评指正！切切！切切！

全书参考引用了很多专家学者如任继愈、朱谦之、林语堂、于丹、何新、蒋信柏、周卫等的研究成果，特在此说明，并以一学生的诚恳心情致以深切的谢意。同时要感谢暨南大学出版社慨允付梓。至于正文空白处配以拙书拙画，纯属点缀，读者不必理会。

广东外语外贸大学南国商学院　朱建亮

2012 年元旦

# 目录

# 绪论

我国现存最早的即产生于先秦时代的著作有《周易》、《尚书》、《诗经》、《管子》、《老子》、《论语》、“三礼”、“春秋三传”等。其中，《老子》是什么性质的著作?《周易》、《论语》、《管子》、《吕氏春秋》等又是什么性质的著作？时代似在提醒学人：都得重新推敲。此前我曾在一篇文章中提出《老子》为我国第一部管理学著作的观点，近年阅读先秦及有关研究文献，读得越多就越确认《老子》的管理学著作性质，说它是现存最早的一部管理哲学著作也不为过。

《老子》是一部神奇的书。它光彩照人而不耀眼，言词如诗而不华丽，说理透彻而不咄咄逼人，劝世从容、真情历历。除其性质之外，其管理哲学、政治理想、结构、语言等之特色，其注释、地位、归类以及影响，作者其人其地位，似均可再行分析，每章均可发现新东西。全书的宗旨就是管理，管理的核心就是——人。因此，反复研读，就不难发现，其字里行间到处都写着大写的“人”。

马克思在《关于费尔巴哈的提纲》中说过：“社会生活在本质上是实践的。凡是把理论引向神秘主义的神秘东西，都能在人的实践中以及对这个实践的理解中得到合理的解决。”[1] 重视实践、重视人、重视人的实践、重视人的社会生活，这是马克思主义哲学与西方以往哲学的根本区别之一。2 500多年以前我们中华民族的伟大哲学家老子也提出了类似的观点，他主张管理应围绕“人”这一“太阳”旋转，处处关注人特别是平民百姓，这是他的管理哲学与以往管理思想的根本区别，也与此前如《周礼》空泛的“仁义”管理思想和以“礼”为先的管理思想截然有别。

近十年来世界各地出现了“老子热”。《老子》在全世界被以多种文字翻译出版，数量之多、影响之广，仅次于《圣经》。其研究成果亦不胜枚举，约2000年以来出版发表了数百部研究专著和难以计数的论文。人们兴趣盎然地从不同领域、不同层面、不同角度审视之，可以说，《老子》研究业已成为一门十分热门的专门学问。许多哲学家、宗教学家、政治学家、

---

① 马克思恩格斯全集·第一卷. 北京：人民出版社，1972.

管理学家、养生学家或其他学者包括当代大文人于丹、前任国家图书馆馆长任继愈以及林语堂、何新等人都对其作过深入的研究。除于丹《老子心得》、余元洲《老子新编》之外，还有任继愈《老子绎读》、震阳子《道德经注解》等，仅2000年以来就出版了共40多种。笔者的老师——已故著名目录学家、历史学家王重民先生在“文革”前出版过《老子考》一书，统计了历代研究《老子》的著作达402种。林语堂先生在《中国先哲的智慧》（陕西师范大学出版社2006年版）中说过去国外研究老子的多于研究孔子的，他说：“我胆敢说，在这些了解东方的学者中，致力于老子研究的，超过研究孔子的。”说《老子》成了“外文译本最多的书籍，包括12种英译本和9种德译本”。《老子》在国外确实很受重视。据蒋信柏研究，目前世界各地都掀起了一股学习老子思想的热潮，《老子》也因此风靡全球。据调查，在德国，几乎每个家庭都常备一本德文本《老子》；在日本，《老子》成为企业管理者的案头藏书，用以指导企业的经营和管理；在美国，一家出版公司花费13万美元购得这五千字的《老子》的英文版权（见《道德经·引言》，蓝天出版社2006年版），一美国音乐指挥家竟在指挥时身揣一本《老子》。据载，《老子》在全世界的出版发行量极大，仅次于《圣经》。蒋信柏说：“更值得一提的是，美国学者蒲克明甚至说‘《道德经》肯定会成为未来社会家喻户晓的一部书’。”2011年6月21日，连任联合国秘书长的潘基文在宣誓中援引《老子》的话说：“天之道，利而不害；圣人之道，为而不争。”报道说他“强调应将这种不朽的智慧应用到今天的工作中，在百家争鸣的思想中，找到行动上的统一性”。这些都是世界进步的标志。对于我国来说，则是实践科学发展观，继续改革开放的一个反映。

《老子》在古代也有不同版本，有长期流传的河上公本和王弼本，一般用王弼本，两者出入并不太大。20世纪70年代湖南长沙出土了马王堆帛书《老子》，多了一些语气词和某些改动。

## 一、今天研究《老子》的现实价值

既然已有上述《老子》研究热，今天我们为什么还要进一步研究《老子》？主要原因如下：

### （一）热议《老子》和确认老子思想在传统文化中的地位是一个美妙的信号

老子思想及整个道家文化思想在传统文化中的地位，有史以来从未得到正确的认定，特别是《老子》一书的性质始终未被确认。自汉武以来至清朝，因封建统治者“独尊儒术”，儒家思想或儒家文化在历史上一直受到尊重和肯定，受到广泛宣传和赞美，成为统治阶级唯一的统治思想，也成了历代察人选贤的唯一标准。“五四”时期及其后来很长时期，儒家思想受到批判甚至否定。在必要的重新清理我国古代传统文化以继承其精华的过程中，偏颇已得纠正。但是，我们应当防止走向全盘肯定和继承的趋势。毛泽东同志曾说“孔孟有一部分真理”。孔孟儒家思想文化之长确应平心肯定和继承。不过，其他学派的思想文化也应一起研究和评价，并正确地给予其应有的地位，再也不能“独尊”某一学术流派了。事实上，儒、墨、道、法等诸家学派的思想都各有其长短。春秋战国时期，各派互相攻击以至否定，如墨、儒之争，这是当时的偏激现象。到战国后期，学者们对儒、墨、道、法等诸家学派的思想就已有正确评价、全面继承的倾向。这充分反映在集体创作的《吕氏春秋》一书中。该书在具体管理方面儒家思想较多，而在总的或宏观的管理理论方面却是老子思想居多，甚至认为“老聃则至公矣”（见《吕氏春秋·贵公》）。今天，我们应用马克思主义正确评价和继承这些传统文化。老子思想在管理和文化艺术等许多方面都对中华文明产生过深远的影响，周恩来同志在年轻时甚至曾“有明显的扬老抑孔的思想倾向”[①]。可见老子思想确实有其过人之处。因此，对老子思想也要进一步开展全面深入的研究，以便全面继承传统文化，取其精华，去其糟粕。在此过程中，各派思想中唯心的、形而上学的、反民主的东西也应抛弃，切不可一概照搬。同对于外国文化一样，照搬是要吃亏的。鲁迅说过“不读《老子》一书，就不懂得中国文化”。英国学者李约瑟也说：“中国文化的根在《老子》。”当代文献学专家李零先生在其2008年出版的《简帛古书与学术源流》（修订本）一书中甚至认为，我国传统经典的排序正在变化，《老子》的传统经典地位在提高。他甚至说：“传统的经典概念，现在正在变化。我们的经典传到国外，译为英文的汉学典籍，可以提供一种参考。他们读得最多的首先是《老子》，其次是《易经》，再次是《孙子》。”他在清华大学作报告时说：“今天，如果让我推荐，我会推荐四本书，作为今日之经典。第一是《老子》，第二是《易传》，第三是《孙子》，第四是《论语》。”因此，要平起平坐地研究各派传统经典，不偏废地批判地继承其精华，这也是社会继续改革开放而欣欣向荣的标志。老子本想站在维护周王朝统治者的立场上，但实际上却背叛了周王朝，站到了新兴阶级、先进文化、社会前进方向的立场上。他的管理哲学思想是改革开放的、是进步的。他抓住了管理的核心——人。因此，热议《老子》和确认老子思想在传统文化中应有的地位是一个美妙的信号，标志着我们的社会在继续改革开放、朝气

① 胡长明. 大智周恩来. 北京：中共党史出版社，2008.

蓬勃地向前发展。

（二）研究老子思想是当前学习实践科学发展观、建设和谐社会的需要

老子是中国也是世界伟大的思想家、哲学家和管理学家，在当时就享有盛名，并且在中国文化史上有其特殊的地位。老子的哲学思想“道”是中国传统文化精华之精华，两千多年来为各学术流派所继承和发展，是中国先秦时期唯一可与西方哲学思想媲美的思想。在老子的管理思想中，有“损有余而补不足”（七十七章）的伟大政治理想，比西方同类思想要早得多。过去人们仅知孔子“患不均”的思想，而未知老子亦有此高尚理想，更未注意孔子此“患不均”思想来自于“闻”（“丘也闻”），因他曾在老子那里学习、交流过，是不是“闻”于老子，这值得研究。老子忧当时“人之道，则不然，损不足以奉有余”，这也确是很值得研究和称道的。他的思想虽然超前，但是合乎社会未来发展的必然趋势。过去人们之所以没有发现他的这一伟大理想，是因为研究的角度多放在哲学方面从而有此忽略，现在从管理学的角度来重新考察，情况就似有不同了。

老子的哲学思想在当时是比较系统的。他不信鬼神、不信“天命”、不占卜、不喜欢形而上学的东西。尤为可贵的是，他的哲学“道”（规律）是从宇宙自然中总结出来的，是与宇宙自然同在的，是合乎宇宙自然规律的，是比较科学的，而且是不以人的意志为转移的。他说“有物混成，先天地生”（二十五章）。其中有着朴素的辩证法思想，其核心是对立统一思想。同时还有“系统论”思想的萌芽。他说：“道大，天大，地大，人亦大”（二十五章）；“天地相合，以降甘露，民莫之令而自匀”（三十二章）；“天之道，其犹张弓欤？高者抑之，下者举之”（七十七章）。反映了系统的系统性、自我组织性、自我调节性。他强调要按“道”（包括“天道”、“大道”等在内）来管理国家和社会，给我们的启示就是：要按科学规律进行管理。他主张以人为本，最为看重的就是人，主张“爱民治国”（十章）、“以百姓心为心”（四十九章），这对当前学习实践科学发展观、建设和谐社会很有价值。他主张各诸侯国之间、上下之间、人与人之间，都要有淳朴之心，要“慈”、要“不争”、要“谦下”、要“让”、要“执左契，而不责于人”（七十九章）等，这些对于以人为本、建设和谐社会也很有价值。他认为“万物莫不尊道而贵德”，他主张领导人“生而不有，为而不恃，长而不宰”（十章），“见素抱朴，少私寡欲”（十九章），不仅“功成不居”，而且对百姓“皆孩之”（四十九章）。这些对于教育我们的干部提高思想道德素质、升华人生观、反腐倡廉、正确处理人民内部矛盾、科学指导经济社

会的发展等，都有重要意义。如果都这么做了，我们的干部其思想境界将多么值得称颂！思想境界高尚的干部管理社会，社会将会是多么和谐！

（三）探讨并纠正过去《老子》研究中的某些欠妥的注释和理解

我们既要继承现有一切学者对《老子》所作的正确注释和理解，也要探讨并纠正过去某些欠妥的注释和解读。例如，过去人们多以为老子是个二元论者，以为“道”既是规律，也是物质本原，其实并非如此。“道之为物，惟恍惟惚。惚兮恍兮，其中有象；恍兮惚兮，其中有物。窈兮冥兮，其中有精。其精甚真，其中有信”（二十一章）。这两个“物”字，人们多解释为“物质”，其实还可理解为“东西”或“对象”。“道生一，一生二，二生三，三生万物。”（四十二章）有人以为万物是从“道”那里生出来的。其实应理解为：“道”一诞生即“一”，“道”一诞生就是对立统一规律，“道”就是“一”。它生而反映着“无”中生出一个混沌状态的天地原始这个统一体，因此是“一”。这个天地原始又有一分为二的物质存在，是阴阳对立的，阴阳二气交合即夸克交合、中子质子交合等而生多物。后来又由多物相互作用而产生千差万别的东西。现代先进的宇宙学关于宇宙大爆炸的理论与老子的思想有着惊人的相似性。或者说，老子似乎猜到了宇宙大爆炸的混沌初开的那一瞬。这也回答了“人到底是从哪里来的”这一古老谜题。

又如，“和大怨，必有余怨。安可以为善?”（七十九章）这里的“安可以为善?”多解释为“怎么可以称得上好?”其实，这是因为一般没有注意这个“必”字。“和大怨，必有余怨。”这是规律。“安可以为善?”应理解为“怎么办才好呢?”这样解释才与下文吻合。下文是“是以，圣人执左契，而不责于人。有德司契，无德司彻”，即希望“求大同，存小异”。老子认为和大怨，必有余怨。可存小怨而不去计较。“执左契，而不责于人”，就是“怎么办才好呢?”的答案。然后他讲了普通的由浅入深的道理：“有德司契，无德司彻。”这就好比掌握债券而不紧逼人家还清，这是有德，是管理人应有的品德；“司彻”是指和解时像收税人一样斤斤计较地紧逼人家缴税，这是无德，管理人不能无德，不能太过分。

又如，把“知者不言，言者不知”（五十六章）中的“知”理解为“知道”的“知”；把“天网恢恢，疏而不失”（七十三章）中的“天网”简单理解为“法网”；把“小国寡民”、“结绳而治”理解为老子的最终政治理想等，这些都是误解。

另外，“不尚贤”之“贤”是指“贤人”还是“贤名”?“朴散则为器”

是指原始状态化为万物还是指“道”与管理诸方面结合而产生具体的管理原则、方法？还有历来对“无为而治”、“损有余而补不足”、“治大国，若烹小鲜”的解释也不透彻，后者连韩非子也理解不深，如此等等，都需深入探讨。

特别重要的是，要从一个新的角度——管理哲学著作的角度重新解读《老子》，不光是某些语句，而是几乎每一章都要重新解说。

此外，本研究的焦点更在于重新确认《老子》的性质，即我国第一部管理哲学著作；确认这个老子是司马迁提到的三个老子中的哪一个；谈谈老子为何要著一部管理哲学著作；探究他的管理理论基础“道”的来源；评论一下老子的管理哲学思想及其特点，以及其未受重用的原因和对后世的影响等。

（四）就领导之高度、深度、力度研究《老子》的领导哲学思想具有重要参考价值

研究老子的管理哲学有一个重要发现，即老子很讲究领导的高度、领导的深度和领导的力度。他的这些思想散见在各章，但可以看出，他明显注意和强调这三个衡量领导水平的标准。

第一，领导要讲究高度。这主要是从思想理论高度、政治理想高度以及宏观整体的高度去进行领导，而不能就事论事、以枝节末流的理念去把握复杂事物。所谓思想理论高度，就是指导管理者的思想要有其正确高深的理论基础，首先是要有正确的哲理。老子之所以在一章就开宗明义地议论“道”的概念，并在全书强调“道”的作用，强调要“悟道”、“尊道”、“用道”，就是强调高深的理论是领导者开展一切管理工作的指南。至于从政治理想高度进行领导则是最为关键的。如前所述，老子提出“损有余而补不足”的公平分配的远大政治理想，就是希望领导者要有此理想并用以引领百姓，而不能只宣传近期目标。“损有余而补不足”，“以有余而奉天下”，上下有共同的政治理想，就能上下同心，上下同心即有统一的目标，即向往新兴的社会制度，如此才能和谐奋进。同志即同心同德的程度决定和谐奋进的程度。从宏观和整体的高度去进行领导，就是要掌握和运用好“系统论”思想。老子显然认为，只有这样，百姓才会心服，才会感佩，才会齐心协力跟领导者走。可见，这一切思想都很超前。

第二，领导要讲究深度。这主要是要把面上的一般的领导与深入细致的引导相结合。要从关爱百姓做起，要从小事做起，要从深入群众做起，要多做不声不响、不知不觉的民生之事，甚至深入高深的专业做工作。老子说领导者要“以百姓之心为心”，时刻以人为本，以百姓为本，想百姓之

所想，急百姓之所急，务百姓之所务，如此领导才会有深度。老子说“天下难事，必作于易，天下大事，必作于细”（六十三章）。又说“九层之台，起于累土；千里之行，始于足下”（六十四章）。这些都是希望领导者不要光在上面作号召，而尤应在下面、在深处进行领导，希望领导者的一切决策从百姓中来、到百姓中去。特别是“太上，不知有之”（十七章），即认为最高明的领导者，老百姓不知其存在。领导活动是悄然进行的，而且不只是形式的、组织的，更重要的是思想的、情感的。这个要求在当时也是相当高的，也只有我们党才是这样做的。周恩来就为我们树立了光辉的榜样，他说：“领导群众的方式和态度，要使他们不感觉我们是在领导。”“无处无我而又看似无我。”那种浮在表面的领导者，往往仅仅停留在台上作动员，到处发号令，或宣读政策，或广播讲话，或强力推行政策。以周恩来为典型的我们党的大多数领导者则能如春雨“随风潜入夜，润物细无声”，把路线、方针、政策化为群众的思想灵魂，变为群众的自觉行动，把领导活动融化在群众的创造活动、文艺活动甚至日常生活之中。

第三，领导要讲究力度。这一点，很多研究管理的学者都有同感。可惜的是，有的学者有时会失于片面和偏差。老子认为，要从有形（即实在的）和无形两个侧面全面研究领导的力度。其中，无形的力度是他最为关心的方面。老子主张的柔性领导就是他认为非常有力的领导，这最能体现领导的力度。老子认为仁、义、礼制也很重要，权力、制度也是很有力量的。要政通力达，必须借助组织上的努力，利用权力和制度。但更重要的是要有道和德。以道和德为基础，仁、义、礼制才能被自觉地恪守和发挥作用。所以他说要“尊道而贵德”。又说“治大国”，要“以道莅天下”（六十章），这样政策法令不会扰民，来自下面的“鬼”也“神”不起来，无法捣乱。这些是基于其这样的哲学思想：“天下之至柔，驰骋天下之至坚。无有入无间”（四十三章）；“天下莫柔弱于水，而攻坚强者莫之能胜”（七十八章）。在这样的理论基础上，他主张“无为而治”（即实行民主管理），“以百姓心为心”的民主管理是最有力量的，而且也是最能发展生产力的；主张“行不言之教”，多以榜样代替说教。这大概就是许多朝代前期经济社会繁荣昌盛而又和谐安定的缘故。因此，领导者在充分发挥权力作用的时候，千万不要忘了非权力因素的影响。

## 二、《老子》作者其人

孟子说：“读其书，颂其诗，不知其人可乎？”意即要读者了解作者。研究《老子》，也应研究老子其人。

司马迁《史记·老庄申韩列传》提到三个老子。其一云：“老子者，苦楚县（今河南周口市鹿邑县，古楚之地）厉乡曲仁里人也。姓李氏，名耳，字聃，周守藏室之史也。”这就是说，这个老子的本名叫李耳，他曾任东周国家图书馆馆长。他担任此职，其时颇长，《史记》有“居周久之”说明。后因他的管理之道和聪明才智虽得到当政者的重视和赞誉，但终未被采纳，加之发生了长达数年的王室之争，于是一度辞官回家。时间不长，其妻子病逝。后来，他再次被召担任国家图书馆馆长。这是王崇静先生《老子的传说》研究的结果。王崇静先生说，老子第二次出任此职，发现图书馆遭到破坏，部分藏书被人带走了，于是重新收集、修复、整理了文献。到了70岁，年老体衰，加之看到了周王朝的衰微，于是他毅然辞职离周。

关于老子的官职“周守藏室之史”，有人解释为图书管理员，有人不作解释，于丹认为是兼管图书、档案、文物的一个不小的官，不只是一般的图书管理员。老子是东周国家图书馆馆长是可以肯定的。根据老子所处周代的礼法制度《周礼》记载，周代有多种“史官”，如“大史”、“小史”、“内史”、“外史”等，“守藏室之史”理解为国家图书馆馆长，于丹的解释基本是对的。不过，神器、档案、图书应是分开管理的，官职也不是很大。《周礼·春官宗伯第三》载，“天府：掌祖庙之守藏与其禁令”。可见，其守藏有神器、档案、图书。文献学专家李零在《简帛古书与学术源流》（三联书店2008年修订本）第七讲里说老子曾在周王室图书馆里“当差”，说“孔子不但参观过周、鲁的图书馆，而且还请教过在王室图书馆当差的大学者老子”。说老子是“大学者”，这没错，说是一般“当差的”，恐怕不对。正因为是大学者，才有可能是馆长。如果是一般当差的，就只能是“徒”，不会是“史”。何况那里只有两个史官，“徒”却有二十人。因此，老子是国家图书馆馆长无疑。《汉书·张衡传》章怀注：“老子为守藏史，复为柱下史，四方所记文书皆归柱下，事见《史记》。言东观经籍多也。蓬莱，海中神山，为秘府，幽经秘录并皆在焉。”

这个图书馆的图书来源之一是各地贤能之士所创作和贡献的。《周礼·地官司徒第二》载，“乡大夫之职：各掌其乡之政教禁令。正月之吉，受教法于司徒，退而颁之于其乡吏，使各以教其所治，以考其德行，察其道艺。……以岁时入其书。三年则大比，考其德行、道艺，而兴贤能者。乡老及乡大夫帅其吏兴其众寡，以礼礼宾之。厥明，乡老及乡大夫、群吏献贤能之书于王，王再拜受之，登于天府，内史贰之”。“内史贰之”是指内史掌管副本。南宋状元姚勉在《状元殿试卷》中也肯定了周代将献书集中到国家图书馆的做法和士不奔争的风气：“所献之书，虽登于天府，所仕之地，则不出其乡闾，故天下之士，皆知所以自重，而无所谓奔竞之习。”又

《周礼·春官宗伯第三》载，“天府”有不少官员。“上士一人，中士二人。府四人，史二人，胥二人，徒二十人。”老子任“史官”，即“守藏”室之史官，就是国家图书馆馆长。周代“守藏室”属于“天府”，是国家图书馆，各诸侯国则为“平府”，属省市级图书馆。《吕氏春秋》记载图书资料可以从“平府”查到。如荆庄哀王时，申公子培之弟说“读《故记》”知“杀随兕者”，“王令人发平府而视之，于《故记》果有，乃厚赏之”。从老子思想的博大精深来看，其也不可能只是一般的管理员，而应与国家图书馆馆长这个职位相吻合。《尚书·多士》记载：“唯殷先人，有册有典。”就是说殷代的先人已有册典，册典即图书。《书》两千多篇其实每篇独立成册也是图书，与一般的档案已有差别，更何况当时还有如《连山》、《坤乾》、《周易》、《诗》、《周礼》、《夏时》、《夏书》、《韶》、《武》、《诔》、《九丘》、《八索》、《建言》以及各种乐书，仅诗就有三千多首，各诸侯国《书》为两千多篇。故要有“史”、有“徒”，即有馆长和馆员来管理。

不过，司马迁在《史记》里提到三个老子。一是李耳，二是老莱子，三是一位太史。是哪一个当了这个国家图书馆的馆长？后一位在时间上比前两位晚出，又是“太史”，可以不去研究，且李零先生在《简帛古书与学术源流》第九讲也认为“太史”不是管理图书的，又比较晚出，故可以排除。因为写《老子》的是“守藏史”，司马迁《史记》也记载，孔子曾想把自己写的《春秋》入藏于老子工作的国家图书馆，只不过老子未许。我们要研究的这个老子是前两位中的一位？还是这两位同为一人？李零认为前两个老子同为一人。他写道：“他们的‘老’，都不是姓氏，而是表示年龄很大，说明此人是以老寿而称。古书说孔子曾向前两位老子请教，事情怎么这么凑巧，他们不但时代相近，同样是楚人，同样是道家，而且对话也时有混淆，学者怀疑，他们也许是同一人。这种可能性很大，我个人倾向这一看法。因为老聃以李为氏，他被称为‘老子’，其实是‘老李子’。现在我们知道，楚国的李氏，它的‘李’字同秦文字不同，不是从木从子，而是从来从子，来、李古音相同，都是来母之部字。老莱子可能就是老来子，即老李子。”此说颇有见地。老子就是李耳（亦即老莱子），是国家图书馆馆长。

顺便一提，正因为老子是周朝国家图书馆馆长，笔者写此拙著，其实有点职业情感因素在内。笔者曾担任过湖南湘潭大学图书馆、广东华南师范大学图书馆、广东外语外贸大学南国商学院图书馆三个图书馆的馆长。且本书多尊已故大学者任继愈先生的《老子绎读》，除因其见解多属精到之外，也因为他曾是新中国原国家图书馆馆长。笔者想好好向他们学习，继承和宣传他们的管理思想和治学精神。另外，研究文献也是笔者的本分。笔者曾不怕为人耻笑地说过，当馆长的要研究文献，以便开展深入的专业服务，故一直做着这种努力。

## 三、从内容看《老子》属管理学著作

事物往往具有多重性质。关于《老子》的性质，如古奥难懂的《周易》一样，学术界众说纷纭。有人说《周易》是哲学书，有人说是政治书，有人说是历史书或养生书，对《老子》也有多种不同的说法。人们一直多说是哲学书，说“堪称哲理第一书”，有的甚至说“是中国的第一部纯哲学著作”。后来又有人说是政治书或养生书。于丹沿用传统说法，指出是政治书。她写道：“《老子》是中国第一部哲学著作。《周易》也是一本哲学著作。”之所以说《老子》是中国第一部哲学著作，是因为《周易》的经文中讲的是占卜，直到孔子和他的弟子写出了系列阐释《周易》的篇章（按，此说有误），才将《周易》系统化了，成为一部哲学著作。所以《周易》成书虽在《老子》之前，而被提高到哲学著作的地位，却在《老子》之后。“《老子》首先是一部政治哲学著作。”关于《周易》，笔者在20世纪80年代写文章时就认为它是一部工具书，是占卜用的工具书，即“卜筮之书”（故未遭秦火）。关于《老子》，笔者认为是我国第一部管理哲学著作，属管理学，而不是纯哲学著作，也不是政治哲学著作。其间有微妙的差别。在这里，之所以要提到《周易》，是因为研究《老子》可用同样的方法。拙意认为确认一个事物的性质，要据其主要属性，即讨论的主要矛盾和矛盾的主要方面是什么。确认《周易》和《老子》也应这样，必须认真进行语义分析，不能因为它讲了什么、涉及了什么就随便确定它主要是一部什么书，而应该根据它主要讲了什么、要达到什么目的来评判。俗话说：“锣鼓听声，说话听音。”《老子》虽讲了大量的哲学道理，但目的是落在管理上，故应将其定位为管理学著作。管理学研究的范围很广，《老子》是讲管理哲学的，重点讲领导者及其如何领导的问题。我们若用工具书的三大特点与《周易》匹配，刚好相吻合，故《周易》是工具书。如果用管理学著作的特点与《老子》匹配，也是相符的。《老子》如要被确定为哲学书、政治书也可以，但只能排在二、三位，甚至也可以说是兵书。毛泽东就说过“《老子》这部书……对春秋战国时期社会大变革的一些现象特别是战争的规律作了概括和总结，所以它也是一部兵书”。毛泽东这个“也”字用得非常准确。真正纯粹的哲学书也有，那就是上博楚简《恒先》。据李零先生研究，这是一篇“古代的道论，即在中国真正够得上称为哲学著作的东西。它以先后的概念讲‘道’，讲天地万物的创生，以及形、名之间的关系”。例如，其简文说“先有中，焉有外。先有小，焉有大。先有柔，焉有刚。先有圆，焉有方。先有晦，焉有明。先有短，焉有长”，总是在矛盾对立中分先后，然后推众先之先，称为“恒先”，即终极的先。他说马王堆帛书《道原》也提到这个词，是“道”的别名。《道原》有“恒先之初，迥同大虚，虚同为一，恒一而止”。《老子》的“道经”一章和“德经”一章就为类似的哲学思想。“恒先之初，迥同大虚”即《老子》的“道经”一章（即《老子》三十八章）之“无”，“无，名天下之始”。“虚同为一，恒一而止”即“德经”一章之“一”，“昔之得一者……”。而《老子》极少纯讲哲学，这部书应确认为管理学著作。如果说《老子》主要是一部养生书，则应全面讲饮食起居用时等，而不应讲管理国家社会的方方面面，尤其不应讲管理目标、用兵、治民、外交等，不应讲“天下莫不知，莫能行”（七十八章）。如果说《老子》是一部政治书，则不够全面，因为书中只讲了治国方略，而基本没有大讲政治思想，虽有治国的理想但没有讲实现的途径，没有讲如何解决“乱世”的问题等。当然，说它是一部政治哲学著作也有一定的道理，但笔者认为将其确认为管理哲学著作较妥当，具体确认为领导哲学著作则更妥当。

（一）《老子》的宗旨在于管理

《老子》特别提示说：“言有宗，事有君。”（七十章）就是说言说要有宗旨，办事要有主次。《老子》的宗旨不是要让人懂得那些深奥的哲理，而要让人主要是管理者懂得如何管理。讲管理为主，哲学、养生次之。其书八十一章除极少数章外，几乎每章都落到管理上。基本模式是先讲一通哲理，最后落音于管理。只有少数篇章是先讲管理后用哲理说明，如三十五章等。例如一章虽纯属哲理，但讲述了管理要用的理论基础“道”；而二章就开始讲管理了，说管理者要“处无为之事”；三章讲“圣人之治”，管理者“为无为，则无不治”；四章又讲管理要用到的“道”这个管理理论基础首先在于“用”到管理上，“而用之或不盈”，即用之不竭；五章讲管理者要少发言论，“多言数穷，不如守中”；六章讲管理之“道”，“绵绵若存，用之不勤”；七章讲管理者要“后其身”、“外其身”，“故能成其私”；八章讲管理者要“几于道”（使管理达于道），包括“正善治，事善能，动善时”；九章讲管理者要“功成身退”；十章讲管理者“爱民治国，能无知乎?”（即管理能不用权术计谋吗?）如此等等。

（二）《老子》研究了管理的对象

《老子》研究管理的对象即国家社会。他说的“治大国”（六十章有“治大国，若烹小鲜”）、“托天下”（十三章有“爱以身为天下，若可托天下”)、“爱民治国”（十章）、“邻国相望”（八十章）等，以及在六十五章特别指出“以智治国，国之贼；不以智治国，国之福”，都说明他要传播的是治国之道，要管理的对象是国家社会。

（三）《老子》希望达到的管理目标是以人为本、和谐至治，即人民安居乐业、社会和谐稳定

老子始终是站在民主的立场上来观察、研究和评论管理的，认为“小国寡民”和谐相处是至治之极（八十章）的重要方面。学界一直以为“小国寡民”是老子的政治理想，这是值得商榷的。老子有政治理想，即公平分配的社会制度、和谐发展的经济社会。

（四）《老子》提出了管理的主体（即管理者）

老子认为管理的主体是“王”（十六章有“公乃王”）、“君”、“天子”（六十二章有“立天子”）、“侯王”（三十二章有“侯王若能守之”）、“人主”和圣人。不过圣人只是“佐人主者”（三十章有“以道佐人主者”）。并且认为统治者又分四等，人民都有不同的对待态度，在十七章说：“太上，不知有之；其次，亲而誉之；其次，畏之；其次，侮之。”

（五）《老子》研究了管理国家的多个方面

除研究管理的主体即管理者——“人主”、“侯王”等外，还研究了管理的对象，包括人民——“民”、“百姓”等，涉及人事关系（如八章“处众人之所恶”）、教育、司法、赋税、军事、外交关系、预测、管理方法论等。其中每一个方面多有展开研究，只是详略不同而已。例如，关于教育，在十九章提出“见素抱朴，少私寡欲”的教育思想，三章提出要“使民不争”，“使民无知无欲”，六十五章甚至提出“将以愚之”的方针。这种方针当然是不可取的。另外，二、四十二、四十三章对教育理论亦有所涉及；关于司法的内容在五十七、七十三、七十四章谈及；关于赋税的内容在七十五章；关于军事的内容在三十、三十一、三十六、五十七、六十七、六十八、六十九章；关于外交的内容在六十一章；关于处事的内容在二十二、二十四、六十三、六十四、六十六章；关于看待功名的内容在二、九、七十七章；关于预测的内容在五十四章等。

（六）《老子》提出了管理的思想方法论，即“道”

很多管理学著作讲管理思想方法时常用较大的篇幅。《老子》分上下篇，讲“道”不少。一至三十七章为“道经”，三十八至八十一章为“德经”。老子开篇就讲“道”，因为“道”用于管理就是管理的理论基础，这与管子的思想相吻合。管子说：“欲王天下而失天之道，天下不可得而王

也。得天之道，其事若自然；失天之道，虽立不安。”“道经”是讲管理人应掌握的思想方法论，也就是管理哲学，这是管理的理论基础，即“众妙之门”。他认为，这个理论基础就是效法自然的“道”，是管理国家的人应该掌握的，其核心就是辩证法尤其是其中的对立统一规律。“德经”讲管理人应如何运用“道”这个辩证法管理国家。换句话说，“德”就是运用“道”管理国家社会各个方面的表现。他认为永远应按“道”来管理国家社会的方方面面，并认为这就足够了，他对离开“道”讲仁、义、礼、智比较藐视，以为礼、智愈多，社会愈乱。

（七）《老子》有其管理的原则

《老子》最根本、最核心、最概括的管理原则是“无为”。他认为“道常无为”（三十七章），“上德无为”，“无为而治”，要“为无为”。认为“无为而无不为”，并引“圣人云，我无为，而民自化；我好静，而民自正；我无事，而民自富；我无欲，而民自朴”（五十七章），“无为故无败”（六十四章）。“无为”就是管理的根本原则。

（八）《老子》讲治国、战争、司法、外交、教育等具体管理的内容很多

《老子》中，讲用兵要“奇”、要“哀”，战胜要以丧礼处之；讲司法要专职，又说：“若使民常畏死，而为奇者，吾得执而杀之，孰敢?”（七十四章）若是哲学著作或养生著作，怎会写下这样的话语，这分明是一部管理国家社会的管理哲学著作。

## 四、确认《老子》为管理哲学著作更具体

《老子》在战国时期就曾广为流传，在很多学者的心目中，这是一部管理哲学著作。具体说来有如下例证：

（一）孔子见老子时已认识到老子的“道”是用于管理的，只是认为难以推行

在《老子》问世之前，老子在接见孔子时，他们就相互交换各自的管理思想，只是观点各不相同。《孔子家语》载，“孔子见老聃问焉。曰：甚矣，道之于今难行也。吾比执道，而今委质以求当世之君而弗受也。道之于今难行也”。道，就是老子用于管理的哲学思想，是后来写进《老子》的重要内容。

（二）《战国策》记载齐国贤者颜斶引用《老子》劝说齐宣王尊贤用人以强国

当时，颜氏对齐宣王讲了一大通道理，最后说：“《老子》曰：‘虽贵，

必以贱为本；虽高，必以下为基。是以侯王称孤、寡、不谷。是其贱之本与？’非夫孤、寡者，人之困贱下位也？而侯王以自谓，岂非下人而尊贵士与？夫尧传舜，舜传禹，周成王任周公旦，而世世称曰明主，是以明夫士之贵也。”这就是把《老子》当成管理哲学著作来用的。齐宣王听了大为赞赏，欲拜为弟子。当然，颜氏未接受。这就是《老子》三十九章中的一段话，并有四十二章的意思。《老子》原文是“贵以贱为本，高以下为基。是以，侯王自称孤、寡、不谷”。只有个别字不同。而《老子》四十二章则有“人之所恶，唯孤、寡、不谷，而王公以为称”。颜氏则为“而侯王以自谓”。这说明《老子》在战国时期已流传开来，并被视为管理国家社会的基础理论著作，即管理哲学著作。

（三）历代有统治者认为《老子》是管理学著作

《汉书·艺文志》说道家讲的是“君人南面之术”。据王崇静先生考证，明代开国皇帝朱元璋就说过《老子》是“南面王之术”。汉、唐一些皇帝也用过这部帝王之术。近代章太炎先生说过：“老聃之书，称南面之术也。韩非解喻备矣。”意思是韩非子《解老》和《喻老》两篇文章已讲得很清楚了。鲁迅先生曾说过：“然老子之言亦不纯一，戒多言而时有愤辞，尚无为而仍欲治天下，其‘无为者’，以欲‘无不为’也。”“欲治天下”是全书的目的。2007 年，李景强先生在《钱选国学名著——老子》卷首“读懂《老子》”中也说：“《老子》的宗旨是什么呢？清人徐大椿认为：‘道可道，非常道’是全书的宗旨。后人也多有跟着这个说法解《老子》的，但这是似是而非的误解。老子讲‘道’只是为他的宗旨提供根据，目的不在‘道’上。……徐梵澄先生说得更准确一些：‘老氏之道，用世之道也。将以说王侯，化天下。’”“老子、孔子、墨子、管子、韩非子都要治国救世，只是根据不同，方法不同。”孔子要“克己复礼”，严格划分社会等级；墨子要“摩顶放踵”，苦行兼爱；管子要富民强国，称霸天下；韩非子要严刑酷法，搞威权主义；老子要“无为而治”，建立“小国寡民”的理想社会。2006 年，何新先生《老子新解》说“老子的《道德经》自汉以下失读。德，直也，正，政也。道，导也。‘道德经’即‘导政经’，由天道而导言政术之经也”。2007 年，李景强先生还引冯友兰先生说《老子》是地主阶级专政的策略“以及与这些策略有关的政治、哲学理论根据”。由此，《老子》为新兴阶级服务的管理哲学著作性质已很清楚。

（四）战国末年韩非子比较详备地探讨了《老子》的管理哲学思想

《韩非子》为战国末年韩国的韩非子所著。韩非子是一位著名的管理学家，《韩非子》也是一部管理学著作。韩非子在去秦国之前就专门研究了国家社会的管理和发展问题，其中就非常认真地研究了《老子》一书，写了两篇长文，即《解老》、《喻老》，探讨了《老子》的管理哲学思想。韩非子的这类文章传到秦国，秦王恨不能立见此人，后来竟欲以战争去获取此人。原因就是韩非子的文章主张富国强兵、称霸天下，而且说理深刻。其中，《解老》、《喻老》就最多地用自己的理解、管理史实、战争事例等探讨了《老子》的管理哲学思想。其中不重复的引语多达五六十条。如：

道之可道，非常道也。(《解老》)

上德不德，是以有德。(《解老》)

上德无为而无不为也。(《解老》)

重积德则无不克，无不克则莫知其极。(《解老》)

以身观身，以家观家，以邦观邦，以天下观天下，吾奚以知天下之然也？以此。(《解老》)

重为轻根，静为躁君。(《喻老》)

邦之利器不可以示人。(《喻老》)

韩非子对《老子》的许多经典名句一一进行了深入的解释。例如，他解释“道”，就认为是“理”。不像今天一些学者说既是理又是物。他说：“故曰，道，理之者也。”“物有理不可以相薄，故理之为物所制。万物各异理。”(《解老》) 解释“治大国若烹小鲜”时说：“故以理观之，事大众数摇之则少成功，藏大器而数徙之则多败伤，烹小鲜而数挠之则贼其宰，治大国而数变法则民苦之，是以有道之君贵虚静，而重变法，故曰：‘治大国者若烹小鲜。’”(《解老》)

之所以说《老子》是我国现存第一部管理哲学著作，是因为此前没有，而且保存完整。此前也有一部管理学著作叫《管子》，虽然很多内容为后人所加，但毕竟有管子本人写的篇章。不过，它虽然也涉及管理哲学，但不是专门谈管理哲学，而主要还是谈具体管理。至于此后孔子的《论语》等若算管理学著作，则比《老子》晚出，也不谈管理之哲学。

## 五、老子为何要写一部管理哲学著作

老子为何要著《老子》？根本原因是，当时周王室及各诸侯国之管理因社会制度急剧变化而混乱，社会动荡不安，受到社会各界特别是上层知识界的广泛关注，管理理论众说纷纭，开出了各种如《吕氏春秋》所说的“处方”。“述而不作”的孔子也发表了不少“为政”的议论，大思想家老子当然不想我欲无言。具体有三：

（一）出关时受关令尹喜的恳求而著书

老子任国家图书馆馆长时间很长，积累了很多管理经验。如前所述，他的管理之道和聪明才智虽也得到了当政者的重视和赞誉，但终未被采纳。老子第二次出任此职，发现图书馆遭到破坏，部分藏书被人带走了，于是重新收集、修复、整理了文献。到了70岁，年老体衰，加之看到了周王朝的衰微，于是辞职离周①。但是，他非常珍惜自己发现的管理之“道”，这从他说的“知我者希，则我者贵。是以，圣人被褐而怀玉”（七十章）可以看出。他西出函谷关，受忘年之交关令尹喜的恳求写下了《道德经》（《老子》）五千言。《史记》是这样说的：“老子修道德，其学以自隐无名为务。居周久之，见周衰微，乃遂去。至关，关令尹喜曰：‘子将隐矣，强为我著书。’于是老子乃著书上下篇，言道德之意五千余言而去，莫知其所终。”据詹剑峰先生考证，离职之前，王子朝把“周之典籍”带到楚国去了，而老子作为东周国家图书馆的馆长，其所管理的史籍至少有一部分被王子朝带走了，加之后来周室衰微，他也因之辞职归隐。他出关时见到好友自然高兴，尹喜恳求难辞，于是著书。王崇静先生说他几天就写好了《老子》。尹喜请人抄写了两套，一套赠国家图书馆，一套他自己留下。说几天就写好了，恐怕没有那么快，但确实是用不太长的时间写出来的。

（二）希望统治者参考其管理理论——管理哲学

既然老子“以自隐无名为务”，为什么还要著书？既然老子认为永恒的道是不可言传的，为何还要自著此五千言？白居易曾作诗提出过这个问题，并加以讥讽：“言者不知知者默，此语言闻于老君。若道老君是知者，缘何自著五千文？”作为一个国家图书馆的馆长，为何要写书？为何要写管理学著作？显然，老子传达的道，在他看来还不是那个永恒的深不可测的道。老子之所以愿意写出《老子》，是因为他自认为他的这一套理论对于治国安邦极有价值。至于他内心感知而在他看来却难于传播的“道”则更有价值。其实，他何尝不想直接去协助国君治国，他写出《老子》并说“道可道，非常道；名可名，非常名”（一章），笔者推想，这是在暗示他身怀管理国家之高超理论方法而可重用。当时社会也希望有能人圣贤参与管理，他虽年迈，但仍希望能得到重用，至少希望治国者能参考他的理论。只是人家没有用他这一套。据王崇静先生研究，他曾游说过楚王，楚王也采纳过他的一些意见，但终因社会制度发生巨变，各国纷争，斗争激烈，他的管理

① 王崇静. 老子的传说. 银川：宁夏人民出版社，2006.

之道没有被完全接受。《老子》全书是讲给管理人听的，然而却未被接受，故他感慨地说，“吾言甚易知，甚易行。天下莫能知，莫能行”（七十章）。从这一点也可以看出其管理哲学著作的性质。古代君子一般得志时就要努力干一番管理事业，不得志时往往就蓬头散发而行。老子的态度则非常积极，他只说过“知我者希，则我者贵。是以，圣人被褐而怀玉”（七十章）。仅此而已，别无怨言。他骑青牛离周王室而去，也说明他的管理主张没有实现。于是，到了函谷关，接受尹喜恳求而著书，也就是很自然的事了。他著书当然是要给人看的，他希望统治者参考其管理理论，无疑是其内心的真实表现。从这一点看，他的态度是非常积极的，是关爱人民、希望国家长治久安的。

（三）为了抒发其一生积累的管理研究心得

老子是怎样著书的呢？《老子》虽然只有五千字，但短时间内是想不出来的。他一定有笔记在先。这些笔记正是他长期担任国家图书馆馆长从事管理、博览群书、积极总结管理经验、社会经验和观察自然所得。他著书正是为了抒发其一生积累的管理研究心得。

老子管理的图书很多。可惜老子到底读了哪些书不得而知，但一定读了很多书，因此才能自如地引用古文献，引用过《建言》、《用兵》等，说过“执古之道，以御今之有”（十四章），又说“古之所谓‘曲则全’者，岂虚言哉？”（二十二章）“圣人云，我无为而民自化。”（五十七章）谈及古人如何管理国家社会，这就足以证明，《老子》就是研究古代管理经验、理论，观察自然、当时管理之混乱而总结出来的。其“道经”主要是观察和研究宇宙自然的规律以及其用于管理的理论，其“德经”主要是用“道”观察和研究人文社会的规律以用于管理的理论，是其一生积累的心血，他要抒发亦属自然。

## 六、《老子》的管理哲学基础“道”的来源

老子的“道”是从哪里来呢？《老子释读》说：“只有老子的《道德经》把‘道’作最高范畴，集中阐发，提到中国哲学史上的重要地位，老子是第一人。”这是高度而中肯的评价。《老子释读·前言》中又说：“‘道’是老子第一次提出的新概念。”这样赞誉老子，似乎太过了一点。“道”这个概念恐怕不是老子第一次提出来的，理由主要如下：

第一，《老子》一章开篇就说：“道可道，非常道；名可名，非常名。”说明“道”和“名”是个现有概念。四十一章又说：“上士闻道，勤而行之；中士闻道，若存若亡；下士闻道，大笑之。”比他小 20 岁的孔子也说过“朝闻道，夕死可矣”，并在《论语》、《礼记·礼运》、《周易·系辞》

中大量使用“道”的概念。说明当时社会已有“道”的传教。这个传教应该不只是老子本人的传教。

第二，在四十一章说：“建言有之：‘明道若昧；进道若退；……道隐无名。夫唯道，善贷且成。’”这里“建言”是书名，《老子释读》亦持此说，即《建言》一书说过这些话。“道隐无名”之“道”明显是指哲理。而这是先于老子的。

第三，老子管理的古书中有很多已出现了“道”的概念。它们后来被集结成书——《书》，即《尚书》。《尚书》每一篇都可以说是一部独立的书。在很多篇里都有“道”的概念。例如《洪范》有“无有作好，遵王之道”，并吹嘘“无偏无党，王道荡荡。无党无偏，王道平平。无反无侧，王道正直”。《康王之诰》中说，“皇天用训厥道，付畀四方”（上天顺从先王的治理之道，把天下交给先王）。《周易·随卦》九四有“有孚在道，以明，何咎”，乃哲学意义之道。老子还说过“执古之道，以御今之有”，亦说明古已有“道”的概念。可惜很多古书失传难考。又《国语·周语》：“先王之令有之曰‘天道赏善而罚淫’。”都说明“道”的概念古已有之，并非老子所造。

第四，《周礼》这部详记西周建立以后之礼法制度的著作中也多处出现了“道”的概念。例如，其《地官·师氏》有“掌……以三德教国子：一曰至德，以为道本”。就是说，“至德”乃“道”的大本。《地官·保氏》有“保氏掌谏王恶，而养国子以道。乃教六艺……”就是说，师氏、保氏的职责之一是以“道”作为国子的修养来开展教育。《地官·司谏》有“掌纠万民之德而劝之朋友，正其行而强之道艺。巡问而观察之，以时书其德行道艺，辨其能而可任于国事者”。就是说，要考察老百姓道、德、技能几方面的表现，对表现不好的纠正之，对表现好、能力强的要记录下来以备用。这个“道”是指一般理论知识，是比较低级的“道”。

第五，《周礼》中还有“论道”、“学道”等内容。当然，这些“道”是可以言说的。但“论道”、“学道”都属于制度上的规定。例如，其《冬官考工记第六》有：“国有六职，百工与居一焉。或坐而论道，或作而行之。”“坐而论道，谓之王公。作而行之，谓之士大夫。审曲面执，以饬五材，以辨民器，谓之百工。通四方之珍异以资之，谓之商旅。饬力以长地财，谓之农夫。治丝麻以成之，谓之妇功。”就是说，王公是要研究和讨论“道”即规律的，而其他人则要遵从“道”行事。又《夏官司马第四》说：“诸子掌国子之倅，掌其戒令与其教治，辨其等，正其位。”“凡国之政事，国子存游倅，使之修德学道。春合诸学，秋合诸射，以考其艺而进退之。”

就是说，诸子的主要工作就是教育、培训国子，其中很重要的是教他们“修德学道”。可见，“道”的概念早就有了，并被列入了国子学习的内容。

第六，《诗经》中有作为理论依据的“道”的概念。如《小雅·小旻》有：“发言盈庭，谁敢执其咎？如匪行迈谋，是用不得于道。”

第七，《管子》中由管仲亲著的篇章里已出现“道”的概念。《管子》为老子之前的齐相国管仲及后人所著。因很多为后人所加，故成了集著，但据专家研究，《牧民》、《形势》、《权修》、《乘马》等二十多篇为管仲亲著。其《形势》篇就有：“道之所言者一也，而用之者异。有闻道而好为家者，一家之人也。有闻道而好为乡者，一乡之人也。有闻道而好为国者，一国之人也。有闻道而好为天下者，天下之人也。有闻道而好定万物者，天地之配也。道往者其人莫来，道来者其人莫往。道之所设，身之化也。持满者与天，安危者与人。失天之度，虽满必涸；上下不和，虽安必危。欲王天下而失天之道，天下不可得而王也。得天之道，其事若自然；失天之道，虽立不安。其道既得，莫知其为之，其功既成；莫知其释之，藏之无形，天之道也。”老子对此似有一脉相承之象。

总之，“道”这个概念并不是老子第一个提出来的新概念，只不过老子充分丰富了它的含义。有趣的是，作为规律的这个“道”的概念自产生并经老子发挥以后，就没有公开反对者而是得到了广泛的认同和借用，先秦各个学派无一例外地对其加以利用，只是层级、类别有所不同而已。为什么无人反对？就因为它是规律。有谁能反对和抗拒规律呢？例如，《国语·晋语》说，晋国饥荒，向秦国乞求买粮。有人说晋国无礼于秦国，建议不要卖给他们。秦王说：“寡人其君是恶，其民何罪？天殃流行，国家代有。补乏荐饥，道也，不可以废道于天下。”从此以后，“道”的概念沿用不绝，对中国文化的影响甚为深广。

对“道”和“德”的概念和关系之明确认识和深入研究是老子的成就。他既总结了前人的成果，又总结了现实经验，并以此两者作为管理的根本理论基础，可谓是伟大的管理哲学家。非常有趣的是，自此以后，这两个概念就为各派学者和各国管理者所重视，且越来越重视，成了衡量管理人及其管理水平的根本标准。各派、各国及各种管理人在攻击对方时，往往以此为炮弹，就连农民起义也往往以此为旗帜。至于评价为人、教育和文艺作品等亦莫不以此为准绳，只不过后来各政治立场不同者加进了各自的政治内容而已。可见其影响之深远。

## 七、《老子》的管理哲学思想之伟大与不足

老子把“道”用于管理，创立了管理哲学。老子的管理哲学思想到底

怎样？为何未被统治阶级重用？这里作一简评和分析。

总体说来，老子的管理思想与孔子、管子等不同。孔子主张有为，可惜方向是朝后的，他想全面恢复西周的礼法制度；管子等也主张有为，而且是朝前的，想变法称霸；而老子则主张“无为而治”，一般认为这反映了他一心想维持“周天下”现状的思想，而实质上是主张有为的、向前的，只是要“无为而治”。首先就是要“治”，只不过叫“无为而治”，其中浸透着他民主管理的原则。在那种动荡年代，他极想维持“周天下”的现状，却又特别强调“无为而治”的管理原则，这是不由自主地站到了社会进步和民主管理的方向。这是很了不起的。

特别应当指出的是，他牢牢地抓住了管理的核心——人。管理的目的是人，管理的对象是人，管理的主体也是人。

管理的关键要素就是人，管理的核心就是对人的管理。于是，老子回答了“人到底来自哪里”的古老谜题：“天下万物生于有，有生于无”；认真地谈了人的地位，认为要尊重人、爱护人（包括管理人和被管理人）；认为要以人为本搞管理，说“域中有四大，而人居其一焉”，要“爱民治国”；认为管理人要修养自己，说“万物莫不尊道而贵德”；要善于研究人，认为人各有别，士有上中下，王有四等，民中有智者；说要教人、育人，要“常使民无知无欲，使夫智者不敢为也”（即无伪诈、无妄欲）；认为要善于管人、用人，包括“用人之力”；认为要善于团结人，搞好人际关系、国际关系，建立稳定、和谐、分配公平合理的社会；认为做人的态度要“慈”、“俭”、“不敢为天下先”，要“不争”，“执左契，而不责于人”，“自知不自见，自爱不自贵”，要勤劳，“善抱者不脱”；要善于向宇宙自然学习、向他人学习，说“人法地，地法天，天法道”，“善人者，不善人之师；不善人者，善人之资”；要利用好他人的能力；要严于律己、宽以待人，特别是管理人要像水一样处下而不争，“去甚，去奢，去泰”；要使各行各业的管理有专人专职，依法行政，司法时，侯王不能“代大匠斫”；要让百姓有自由、富足、舒畅的生活，社会有繁荣的发展（八十章）。《老子》全书总的意思就是：领导者心里第一要装着人，第二要装着人，第三还是要装着人！能抓住这个管理的核心，是极其了不起的。

紧紧抓住实践，抓住现实，抓住现实社会，抓住人，抓住现实的人和人的现实需要等人的实践来研究哲学、研究政治经济学、研究社会发展，是马克思主义的根本方向及其与西方以往哲学的根本区别所在。读读马克思的《黑格尔法哲学批判导言》和《关于费尔巴哈的提纲》就可以清楚地看到他研究的思路和马克思主义哲学的实践性。他说：“社会生活在本质上是实践的。凡是把理论引向神秘主义的神秘东西，都能在人的实践中以及对这个实践的理解中得到合理的解决。”因此，他强调说：“对宗教的批判最后归结为人是人的最高本质这样一个学说，从而也归结为这样一条绝对命令：必须推翻那些使人受屈辱、被奴役、被遗弃和被蔑视的东西的一切关系，一个法国人对草拟中的养犬税发出的呼声，再恰当不过地刻画了这种关系，他说：可怜的狗呵！人家把你当人看哪！”我国明代大学者李贽的思想与马克思对宗教的看法较为一致。当时李贽在与人讨论“人本”与“神本”的问题时，是主张“人本”思想的，他揭示了宗教与人的本质关系，在《李贽文集·道古录·卷下》（社会科学文献出版社2000年版）说：“人即道也。道即人也，人外无道，而道外亦无人。”老子则在两千多年前就能紧紧抓住“人”这个核心来研究国家社会管理，阐发其“人亦大”、“爱民治国”的管理思想而不为此前就有的空泛笼统的“仁”、“义”思想所拖累，能直书当时的统治者“服文采，带利剑”，追求“生生之厚”，使民到了“不畏威”、“不畏死”的地步，疾呼要像圣人那样“以道莅天下”，“以百姓心为心”，“损有余而补不足”，“爱民治国”等，确属伟大，高人一筹。而那时的儒家则没有抓住“人”这个核心，一心强调“礼”，锐意“克己复礼”，这就是本末倒置。据《礼记·檀弓下》记载，圣人养的狗死了也要以“礼”埋葬：“敝盖不弃，为埋狗也。丘也贫，无盖。于其封也，亦予之席，毋使其首陷焉。”这是过分重“礼”的表现。

老子想维持“周天下”的现状甚至有复古的思想虽属保守，但其认为要合理分配，“有余以奉天下”的思想却又是非常进步、超前的。这正是他抓住了管理的核心“人”的结果。他虽然没有具体的管理方法，但其管理哲学思想却有极大的参考价值，今天我们建设和谐社会、建设廉洁奉公的干部队伍、处理好各种社会矛盾，都可参考之。如前所述，他衡量领导的三个尺度，很有见地。

老子之后曾出现了黄老思想（与老子有所不同，包含有老子的思想）著作，曾被汉代前期采纳并起过一定的作用。据胡长明先生《大智周恩来》一书，“那时政治上几乎全是道家的天下”，宰辅大臣都有“返纯守朴，唯施是畏”的治国风范。文帝、景帝一直到武帝时，社会稳定，经济繁荣，“太仓之粟溢出仓外，府库之钱年久索断”。不过，黄老思想终究被遗弃。

然而，老子的以人为本、和谐至治的管理目的以及辩证的管理哲学理念是值得弘扬的，他从人出发，希望社会财富分配合理、人民安居乐业、领导干部廉洁奉公、社会和谐稳定的管理目标不会过时。尤其是他的公平分配、按需分配的政治理想的萌芽。他在七十七章说：“天之道，其犹张弓欤？高者抑之，下者举之；有余者损之，不足者补之。天之道，损有余而补不足。”他认为，好比射箭，拉开一把弓搭上箭，要想射中目标，必须举弓高低适当，用力有度，一切都要恰到好处。他特别用“有余”和“不足”这两个词，他为什么不说“力过者损之，力不够者补之”？显然，他是以妙语双关的手法让读者联想到社会财富的分配问题。他最后得出天道的规律之一：“损有余而补不足”，这无疑是直接道出了他的政治理想：公平分配、按需分配。这里的“天之道”妙语双关，暗示管理应遵循之道。他接着说的“孰能有余以奉天下？唯有道者”，意思是说，谁能这么合理分配呢？唯有掌握了天道的领导者。他感叹当时“人之道，则不然，损不足以奉有余”。后来孔子提出“均分配”的思想或许与此有关。孔子说：“丘也闻有国有家者，不患寡而患不均，不患贫而患不安。盖均无贫，和无寡，安无倾。夫如是，故远人不服，则修文德以来之。既来之，则安之。”（《论语·季氏第十六》）他主张治国要均分配、安人民，这是了不起的政治思想。孔子说的“丘也闻”可能就是“闻”于老子，因为他曾到老子那里学习过，相互交流过管理思想。当然，若是将“均”理解为平均分配，则既永远做不到，也偏离了老子的思想。后来的“均天下”思想即源于此，可惜未能进一步溯源于老子。其实，老子的公平分配思想才是合乎天道的正确的思想。社会主义和未来的共产主义制度，都是公平分配的社会制度。

老子辩证的管理理论“道”有很大的价值，他要求用“道”即对立统一这一根本规律来管理国家社会，是历史唯物主义的实践。他的“无为”管理原则和“无为而治”、“无为而无不为”的思想颇有道理，本身就极合辩证法，而且是民主管理原则的表述。他不是要求人民群众也“无为”，而是要求管理人主要是“可托天下”的上层领导人在管理方法上“无为”。“民之难治，以其上之有为”，也不是要求管理人什么都不干，而是要求他们学习“道”，运用“道”提出宏观的管理思想，用思想引导人、指导人。其实这也是“为”，只不过要“为而不恃”。《礼记·礼运》记载，先王是依靠贤能治国的，自己则“无为”，“王前巫而后史，卜筮瞽侑皆在左右，王中心无为也，以守至正”。《论语》就对“无为”作过解释：舜就是这样做的。如果一个管理人想什么都会、什么都能干，懂得具体业务技术，他可能什么都干不好；一个国君什么技术都不懂而能宏观地提出思想理论、原则、方针，用好贤能人才，虽然什么具体行业业务都不干，却什么都有人干了，故要放手让专业人员去管、去干，发挥他们的创见和能动性，“无为而无不为”。老子要求学习自然无为而自然和谐的思想也是对的，他举了很多“道”与自然同一、“道”法自然的例子，他要求管理人也要像他一样观察自然以效仿和利用其中有规律性的东西。他说“治大国，若烹小鲜”，即不要翻动之，政策法规不要经常变动，同时要防止不法分子犯上作乱。他要求管理人慈善、谦让、与世无争，以“道”莅天下，这些思想都极有价值。

有人说老子思想保守，确有保守的一面，例如老是用古代的管理模式来教育人们、过分地讲阴柔方面、一味地反对礼法制度等。但他的管理态度是很积极的，没有消极和埋怨，全面地、系统地要求用“道”这个规律（即辩证法）来管理国家社会确是一个进步。他主张君上“无为”，其实是为了与臣民共同有为；主张管理者“处下”，其实是为了让他们居上；主张管理者“处后”，其实是为了让他们处前；主张管理者“卑贱”，其实是为了使他们高贵；主张“处柔”，其实是为了使他们刚强。如此等等。管理好了，人们“莫知其极”，即还不知是怎么管理好的。

## 八、《老子》管理思想基本未被封建统治者重用的原因

《老子》管理哲学思想为什么至清朝历代基本没有被多数统治者公开采用呢？笔者觉得主要在于其思想仍有不足和不适应社会发展之处。主要如下：

### （一）老子的管理思想是以人为本的，却在观察人、研究人的方面做得不够

他如此尊重人：“域中有四大，而人居其一焉。”（二十五章）其他三“大”为道、天、地。人居四大之中，他心里装着人，且将其置于核心位置。他说的这个“人”不是指贵族而主要是指老百姓，说：“圣人无常心，以百姓心为心。”（四十九章）这是多么了不起的人本精神。老子非常注意宇宙自然，从中寻找规律“道”。然而，人与自然不同，人有思想，因此应多抽象出有关人的规律来进行管理。他的思想过于简单化。为什么自汉至清不少统治者采用了孔孟儒家思想？是因为儒家更多地研究了人和社会，特别是规范了人的行为，加之统治者不想与时俱进地多动脑筋，便直接采用孔孟思想，用一成不变的老一套来规范人的行为，所以《论语》、《孟子》得到高度评价，古代有“半部论语治天下”的说法。

### （二）老子追求国家稳定、社会和谐，有些思想却未能与时俱进

他在八十章提出对小国的管理目标之一：“小国寡民。使民有什伯之器而不用；使民重死而不远徙。虽有舟舆，无所乘之；虽有甲兵，无所陈之。使民复结绳而用之。甘其食，美其服，安其居，乐其俗。”部分地反映了他

治理小国的政治理想。他在国家机关耳闻目睹社会制度变化太快，动荡不安，由治变乱，人心不古，故他的管理目标里带有复古的思想。当时正是由奴隶社会向封建社会转变的时期，阶级在转换，战争频仍，各国互相吞并的势头正在发展，老子作为国家图书馆馆长而未能研究现实和全面预测社会发展，与时俱进，却只是从古书里总结前人的过时了的经验和古老的小国管理模式，一心想效法上古“鸡犬之声相闻，民至老死，不相往来”的模式，故不适应国家社会的现实需要。

（三）老子提出了根本的管理理论，即管理哲学“道”和管理原则“无为”，但不够具体，太抽象、太简单，难于让人接受

他没有很详细具体地展开讲制度、人事、行政、执法、税收、外交等。相反，儒家思想讲礼法制度和人际关系比较具体，有的地方相当详细甚至过繁（如丧礼），但是，统治者比较易于接受。尤其是孔孟思想虽然在客观上有钳制人民的思想和限制人民行为（如“非礼勿视、非礼勿听、非礼勿言、非礼勿动”，“君君、臣臣、父父、子子”等）的一面，但使统治者管理起来既简单又有成效，故备受他们的欢迎，受到大力宣传、普及。据《论语》记载，先生是不给学生讲“天道”的，而老子却基本只讲管理哲学，故其被接受之难易可明。也许孔子当初是想深入地研究社会，发掘管理的规律，教育学生或指导他们直接从事管理以帮助统治者。他谦虚好学，并未想出名，根本没想到后世统治者对他的思想如此重视，以至越抬越高。儒家提倡仁、义、礼、信，迎合了当时统治者的需要；老子则完全藐视之，且过多愤词，这就不符合时代的要求了。

（四）老子追求科学管理，然而终因一些思想超前且比较民主而不被采用

他既帮统治者，也替老百姓说话，而且说得比较多，这本身也极符合他的管理之道——辩证法。有人说老子的管理思想是“柔性管理”，有人说是“母性管理”，其实，这些只是表面的概括。可以说，他是在当时的水平下竭力探索着科学管理的方法，想用科学规律和最高之德来进行管理。前者即“道”，后者即“上德”，故著《道德经》。“上德”，就是要像宇宙自然那样胸怀博大，养育万物而无欲、无私、不求功名，“不恃”、“不宰”、“不见贤”。所以他不为私，要求管理人一心为公，功成事遂亦“不居”。科学规律，就是今天那些被称为对立统一的规律、循环往复的规律、事物多变的规律等（他只是没有谈质、量互变）。所以他要求管理人效仿自然法则实行管理。宇宙是和谐的，所以他希望人类社会和谐；宇宙自然是有规律的，所以他希望按自然规律管理社会；宇宙自然是虚怀广大的，所以他希

望管理人也虚怀坦荡；宇宙自然是无私的，所以他希望管理人学习天地，一无私覆，二无私载。老子虽然也替统治者说话，但他是想帮助好的统治者（如十七章将其分为四等）。他明确提出“圣人无常心，以百姓心为心”。这也是以人民思想为转移的民主思想的表现。这些都极有参考价值。社会越向前发展，管理理论和方法即管理哲学越要求科学，老子的管理哲学特别是辩证管理思想就会越受重视；社会越向民主方向发展，国家越讲和谐、民主、民生，越讲以人为本，老子的人本亦即民本思想就会越受尊重；社会财富积累越多、越向往理想社会，老子的政治理想就越会受到敬佩；社会越重视干部思想道德教育和廉政建设，越要求其谦虚谨慎、艰苦奋斗，老子的管理哲学就会越受关注；社会科学探索越深入，就会越多地吸取自然科学的成就，社会管理就会越多地接近宇宙自然规律，从而就会越感到老子是我们中华文化的伟大先哲之一。

### （五）老子思想深邃，但宣传不够，后来虽成了一种宗教思想，有实际应用其思想者，但在明里却被管理者弃之不用

老子不办学培养学生，未建立自己的学术后继人队伍，加之《老子》言语难懂，哲理抽象，无学术后继人加以解说，故世人多所不知，学人亦未深入其里。他追求科学，鼓励探索科学，追求民主，鼓励爱民治国，主张谦让、廉洁等，这些都是前进的社会永远所需要的。虽有研究者，但不像儒家学在官位。更何况汉、唐虽然一度盛行老子思想，但同时又有人歪曲老子思想，及其发展为一种宗教思想，甚而有走向异端者，被其他学术流派当做否定老子思想的说辞。

本来，宋、明有些皇帝也希望用“道”作为“治道”的重要方面，效法汉、唐前期的尊老子思想而达大治，使经济繁荣、社会进步，在以科举选拔人才的时候，皇帝也出过这类题目。可惜的是，从现有的资料来看，状元们几乎没有一个人懂老子，更没有一个人懂老子的辩证法，他们论来论去，最后又落到了董仲舒“独尊”的“老调子”上去了，这种“老调子”一直要把一个时代唱垮，才会有点新调子唱。例如，宋孝宗殿试状元时出的题目是“问道、仁、礼、乐之大要及当世之先务”。叶适在答卷中反而否定汉、唐说：“古之治道，皆有一定必然之说相传不变”，“战国、秦、汉君臣日乱其统，而儒者独传之。董仲舒、刘向、王通，盖稍欲广推发明其意矣”。明宪宗殿试状元时出的题目是“问治道纲目”。罗伦也以“老调子”对，把“道”片面地修改为程朱理学一套，大讲要格物、致知、诚意、正心、修身、齐家、治国、平天下。说：“朱熹将入对，或曰：‘正心诚意之学，上所厌闻。’熹曰：‘某平生所学在此，若有所回护，是欺君也。’”

就是说，借朱熹之言，皇帝不想听，他也要唱这一套“老调子”。说要“正大纲举万目”（大纲即“三纲”，万目即“为礼乐、为刑政、为制度文为之具”），劝说陛下“亲近儒臣”。其实，制度法令是完全必要的，只是他们不懂、不要老子的管理哲学——甚至对这一理论基础加以诋毁，对汉、唐用老子的管理哲学思想所起的作用也予以挑剔、否定，这就有失偏颇了。

如今，《老子》在全世界的发行量越来越大，他的思想值得受到广泛重视和应用，只是应去掉其保守的一面。

（六）老子的哲学是唯物辩证的，这是腐朽没落的统治者不可能掌握和利用的

过去一切中外腐朽没落的统治者都只用唯心主义和形而上学的哲学。看看那时居统治地位的哲学思想就非常清楚了。居统治地位的哲学思想就是统治阶级的思想。当统治阶级是新兴的阶级，代表先进方向，或是处于上升阶段的时候，是多少能够利用唯物主义和辩证法思想的。因此，在中国古代，老子思想也是能够部分地得到应用的。但是，当封建统治者走向腐朽没落的时候，情况就发生了变化，在统治地位上唯心主义和形而上学的哲学就会重新抬头，老子哲学和老子管理思想就会被摒弃。这恐怕是老子管理哲学基本不为古代统治者重用的根本原因。

总之，老子的思想是有缺憾的，照搬这五千字是不行的，但他的和谐理念和辩证的管理哲学思想是很有参考价值的，尤其是管理人如果都有老子的博大胸怀和爱民、谦让、廉洁思想，我们的干部就都是清正廉明的优秀公仆了。如果以参考运用他的以人为本、和谐至治以及辩证法管理哲学思想为主，同时参考运用儒家的一些进步而具体的管理方法，两相结合加以研究和利用，也许会恰到好处。老子思想并非如他所言的“甚易知，甚易行”，只有随着人们理论水平和思想境界的不断提高，才会得到批判的继承和高度的重视。

## 九、《老子》管理哲学对后世学者和领导人的影响

《老子》一书对后世管理和文化艺术等发生过深远的影响。如前所述，孔子就深受其“道”与“德”概念的影响而经常使用这两个概念。《论语》中到处可见“道”、“德”两个词。他以舜为例给学生讲过“无为而治”，并作了解释。他愿“天下有道”并达于“德治”。与此同时及此后，许多学者纷纷研究《老子》，并发挥于各自的著述、言谈之中。《国语》、《战国策》、《春秋左传》、《管子》、《庄子》、《韩非子》、《荀子》、《吕氏春秋》和《易传》等著作中常常可见引述《老子》或类似老子思想的言论。《管子》一书也是管理学著作，不少观点与之如出一辙。该书部分作者是管子、

老子之后的，他们似乎看过《老子》，在“道”、“尊道”、“尊德”、“持一”、“守中”、“清静”、“以道治国”等方面与之相似。例如，其《枢言》篇说“天道大而帝王者用”，“爱之、利之、益之、安之，四者道之出。帝王者用之而天下治矣”，只不过这里又有发展。

屈原研究过《老子》，在其《远游》里就有老子思想的反映。如“漠虚静以恬愉兮，淡无为而自得”；“曰，道可受兮，不可传”；“虚以待之兮，无为之先”；“超无为以至清兮，与泰初而为邻”。他在《离骚》里说“路漫漫其修远兮，吾将上下而求索”。其实，他要“求索”的就是“道”。因为他认同“汤禹俨而祗敬兮，周论道而莫差”。

《吕氏春秋》是一部极为完整的管理学著作，它是吕不韦门下众多学者（多为儒家）集体创作的。其中虽引儒家具体管理思想颇多，但多以老子思想为基础。如《圜道》一篇，说“天道圜”并作了许多例证，认为“以此治国，国无不利矣；以此备患，患无由至矣”。在《君守》一篇里则说“得道者必静。静者无知，知乃无知，可以言君道也”。“夫一以应万，……唯有道者能之。”在《贵公》一篇里，与诸家相比，认为“老聃则至公矣。天大地大，生而弗子，成而弗有，万物皆被其泽，得其利，而莫知其所由始，此三皇五帝之德也”。在《有度》里说“先王不能尽知，执一而万物治”；“正则静，静则清明。清明则虚，虚则无为而无不为也”。事实上，老子思想后来都不同程度地融入各学派中了，其中包括儒家、墨家。据朱义禄先生的《诸子百家》（同济大学出版社 2002 年版）载，汉武帝时，董仲舒提出“罢黜百家，独尊儒术”，虽以儒家为主，但“未被全方位地实行过”；“魏晋南北朝到隋唐，儒学虽然处于正宗地位，但并未出现‘独尊’，而一直与佛、道处于互相斗争又互相融合的状态中。”宋明理学“以儒为主，融合释老”。已故著名学者林语堂先生在《中国先哲的智慧》一书中说：约在公元前 136 年，汉武帝独尊儒术前，当时的学者发表过两种观点：“黄当说：‘老聃（老子）写了两章论虚无，反仁义，评礼教（儒家）的短文，崇拜他的人都认为，这些学说甚至比《五经》还要好。汉文帝、景帝、司马迁也曾发表过相同的看法。’”

历代不少统治者也认为《老子》是管理学著作。汉代前期以“黄老之术”治国，大臣们多通道家思想，国家繁荣富强。如前所述，《汉书·艺文志》说道家讲的是“君人南面之术”。明代朱元璋也说过《老子》是“南面王之术”。汉、唐一些皇帝都用过这部帝王之术。朱义禄先生说：“唐朝皇帝自称是老子的后代，崇奉道教。”林语堂先生则说：“当魏、晋之际，道教蔚成一时之风，其势力骎骎乎驾孔教而上之。”“尤其是唐代，道教曾经长时期被当成国教。”唐代盛世的出现，不能说与此无关。吕国荣在《向唐太宗学管理》（湖北人民出版社 2009 年版）一书中说：“唐朝是为人乐道的鼎盛王朝，唐太宗的‘贞观之治’是与老子的思想分不开的。唐太宗治天下奉《道德经》为圭臬。唐初君臣是十分重视‘清净无为’的。唐太宗说：‘君无为则人乐。’魏征说：‘无为而治，德之上也。’宫中嫔妃也知道‘为政之本，贵在无为’。唐太宗告诫朝臣们说：‘我从早到晚努力不息，只希望清净无为而治，使天下平安无事，终于得以不再大征徭役，年年五谷丰登，百姓安居乐业。治理国家就像栽树，只有树根坚固不动摇，枝叶才会茂盛。因君能够清净无为而治，百姓为什么不能过安居乐业的生活呢？’”又据《贞观政要》记载，魏征告诉唐太宗：“尧舜在位的时候，老百姓说‘耕田而食，凿井而饮’。受到天子含养，吃饱喝足，却说‘帝王有什么功劳’。如今陛下这样含养百姓，百姓也是日日享用，却不认为是你的恩德。”在魏征看来，唐太宗的“贞观之治”已达到了“无为而治”的最高境界。民众过着自由、富足的美满生活，却感觉不到领导者的存在，这是管理的最佳状态。

近代章太炎先生说过：“老聃之书，称南面之术也。韩非解喻备矣。”清人徐大椿认为：老子讲“道”只是为他的宗旨提供根据，目的不在“道”上。徐梵澄先生说得更准确一些：“老氏之道，用世道也。将以说侯王，化天下。”关于《老子》的写作目的，“说侯王，化天下”真是一语中的。对《老子》研究颇深的任继愈先生说：“《老子》对中华民族的影响也有三大流向。”“对政治也有极深远的影响。汉初黄老之学，曾导致治理战后创伤的有效政策的产生。此后每逢大乱之后，必采取清净无为的政策方针，与民休息，其指导思想多来自老学。老学的重要性，也经常引起历代帝王的重视。帝王以在朝当权者的身份宣传老子学说，与治国之术结合，唐玄宗李隆基、宋徽宗赵佶、明太祖朱元璋都曾亲自撰写关于《老子》的注释。他们虽不能懂得老子的理论，却感到有必要利用老子的社会影响。如朱元璋注《老子》‘文理不通，句读费解’（《四库全书总目提要》），可足证明为朱元璋自著。朱元璋认为《老子》一书，是‘王者之上师，臣民之极宝’。”①

正如老子自己说的“朴散则为器，圣人用之，则为官长”。《老子》中的“道散”则为具体的思想武器或管理方法，故用好它，可以当管理人——官长。怎么个“散”法呢？有两个方面：其一是把“道”与各个管

---

① 任继愈．老子释读．北京：北京图书馆出版社，2006．

理方面结合，以获得各个具体方面的管理原则和方法。诸如老子主要在“德经”里讲的那些有关用人、军事、司法、教育、外交、赋税、分配、治大国小国等管理方面的原则和方法，都是从“道”化生出来的。其二是“道”与各时代的管理人、学者结合，就会变为不同的与时俱进的管理理念或学术思想。不只是历代道家，而且包括儒家在内的其他学派都会在不同程度上吸收有关“道”的理论，使之“专业化”和“现代化”。不仅如此，还会化入其社会行为和管理实践之中。

既然《老子》是“南面王之术”，是帝王之术，甚至受到一些帝王的重视，为什么帝王用者不多?

我们伟大的中国共产党历来在理论创新方面做着两项极其重要的工作：一是把马克思主义以及世界各民族文化精华中国化；二是把中国传统文化之精华现代化。从而创造并发展了具有中国特色的马克思主义、毛泽东思想。又以邓小平理论和“三个代表”重要思想，开辟了适合我国国情的革命道路和中国特色社会主义建设的道路。

我们党的高层领导人曾对马克思主义和传统文化都作过研究，有研究过《老子》并利用过其中之精华者。据张与弛《道家的管理之道》（中国商业出版社 2007 年版）载，1921 年 1 月 28 日，毛泽东在给彭联的一封信里说：“天下惟至柔者至刚……意力受拂，最不好过，修养未纯如吾人，一遇此情形，鲜有不勃然奋起者，此则惟有所谓‘眼界宽’与‘肚量大’者能受之。”加之，如前所述毛泽东说过《老子》“也是一部兵书”，说明毛泽东研究过《老子》并锐意磨炼自己以修养“至柔”之品格，而在军事等很多方面应用也非常明显。他的讲话和著作中提及老子的就有八次之多。此后，他和周恩来等领袖领导党和人民战胜国民党反动派莫不与此有关。

2008 年由中共党史出版社出版的《大智周恩来》的作者胡长明先生研究认为，“在中共第一代领导集体中，有不少人通晓中国传统文化，而周恩来和毛泽东又最为突出。周恩来幼承庭训，求学期间又刻苦自励，对博大精深的国学涵咏默会，故对于儒、道、墨、法等传统学派均有精到的体悟。但中外人士谈及周恩来与传统文化的关系时，大多十分强调儒家文化对他的影响”，“但我认为，仅仅专注于从儒家文化的角度去解读周恩来与传统国学的关系是远远不够的。实际上，周恩来对道家文化的研究和体悟也达到了相当高的水准，道家文化对他的影响和启示决不在儒家文化之下”。

胡长明先生说，周恩来在青年时代就对老子哲学怀有非同一般的敬意，“甚至有明显的扬老抑孔的思想倾向”。春秋时代是中国文化的轴心时期，那时社会秩序失范，天下大乱，异说竞起，各展风姿。周恩来在解释孔、老哲学产生的原因和用意时说："且孔氏亦值是时，尼山设教，倡仁义之说，秉先王之法，学者风从，几移完域。老氏际此，其不入于孔者几希。然老氏固明哲者，周都授礼之日，未尝不嘉孔氏之志。惜所言未尽脱于羁挚，所行又多限于绳规，乃不得不超乎世俗，为忿世嫉邪之言，冀世人醒悟，守真返璞，知死明生，勿逾分作私利之争，宁退让保故有之我。弃礼灭义，剖斗折衡，岂无因而发哉?"老子比孔子年长 20 岁左右，曾经为周王室守书，博览文典，又经世变，对成败祸福之道体悟极深。在周恩来看来，老子的明哲之处，就是他知晓孔子"所言未尽脱于羁挚，所行又多限于绳规"的局限性。换句话说，就是儒学明于知礼义而陋于知人心，不知道"仁义出，大道废；智慧出，有大伪"。鉴于当世人"假仁义以济私，恃斗衡而犯禁"的乱象，老子不得不站出来抒发己见，虽言多愤辞，但目的无非是促使世人醒悟，回到知雄守雌、见素抱朴的正道上来。

周恩来精通老子"无为而治"的思想，深喜其"生而不有，为而不恃，长而不宰"这一名言并实践之。胡长明先生说：周恩来跟人谈《老子》最精彩的话时说："'生而不有，为而不恃，长而不宰'。大概是道家最精彩的话了吧?"特别有意思的是，周恩来一生实践着老子的上述思想并道出了与老子思想相通的惊人妙语。周恩来曾说："领导群众的方式和态度，要使他们不感觉我们是在领导。"这与老子在十七章所说的"功成事遂，百姓皆谓我自然"的思想一脉贯通。显然，周恩来认为一切成功都是人民自己的成功，管理者应当把自身的活动"消融"在人民的创造过程之中，"无处无我而又看似无我"。尤其是他无论建立多大功业都始终让人民把崇敬的目光聚焦到毛泽东身上，而又常讲自己的缺点和错误。一如《老子》四十九章说的"圣人在天下，歙歙焉，为天下浑其心"。他学习汉代得道之大臣并远远超过之。毛泽东深感周恩来是懂得老子思想的优秀领导人，故曾特意将《史记·汲郑列传》推荐给周恩来阅读。汲黯、郑庄在汉武帝时皆位列九卿，而且都服膺道家思想，习治黄老之术。也许是毛泽东赞赏汲黯、郑庄不谋私利、忠心辅国的品德，认为他们与周恩来的为人有某些共通之处，所以才将他们的传记推荐给周恩来。据载，1973 年 3 月 26 日清晨，周恩来致信毛泽东："凌晨读史记汲黯、郑庄列传及太史公曰云云，深有所感，愧未能及。"（据新浪读书网）实则远远超过之。

## 十、《老子》管理哲学的特色

### （一）老子的管理思想有其深刻的唯物主义哲学基础——"道"（客观规律），这远远超过同时代其他学者

在老子的心目中，管理思想需有其哲学基础，因此，他的研究管理不能

不涉及哲学。老子的哲学基础就是“道”（客观规律）。“道”从哪里来的呢？他在二十五章中说：“有物混成，先天地生。寂兮寥兮，独立不改。周行而不殆。可以为天下母。”这个“物”不是器物，而是“道”。说明“道”是客观存在的，不是人的头脑所固有的，是不以人的意志为转移的。这足以证明，老子哲学不是主观唯心主义的。他在四十二章说：“道生一，一生二，二生三，三生万物。”过去以为万物是从“道”那里生出来的，属客观唯心主义。如果认为万物是从“道”那里生出来的，为何此前又说“天下万物生于有，有生于无”？在他的思想中，“道”和“无”是完全不同的概念。显然他认为万物是从“无”那里生出来的，“道生一”并非“生”统一的物质世界。其实，应理解为：“道”一诞生即“一”，“道”一诞生就是完整统一的客观规律，也就是以对立统一规律为核心的客观规律，“道”就是“一”。这恰与三十九章“天得一以清；……万物得一以生；侯王得一以为天下正”中的“一”相吻合。它生于且反映着“无”中生出一个混沌状态的天地原始这个统一体，因此是“一”，荀子也说“道出乎一”。如前所述，这个天地原始又有一分为二的物质存在，是阴阳对立的，阴阳二气交合即夸克交合、中子质子交合等而生多物。后来又由多物相互作用而产生千差万别的东西。老子思想与现代先进的宇宙学关于宇宙大爆炸的理论有着惊人的相似性。或者说，老子似乎猜到了宇宙大爆炸的混沌初开的那一瞬。这说明“道”不是上帝或神给的。特别是在四章说，“道”，“吾不知谁之子，象帝之先”。任继愈先生解释为“出现在上帝之先”①，《诗经》亦有“上帝”、“主”的概念。说明“道”不是客观唯心主义的。其所以如此，与其祖辈是天文史官和他的哲学思想是从宇宙自然那里发现、总结出来的是分不开的。因此，他也极力主张人们向天地自然学习。这一点是他与古代很多哲学家不同的地方。当今宇宙学家史蒂芬·霍金在《时间简史》最后一章里就批评了当代哲学家不关注自然科学的现象，而老子能从宇宙自然中探索总结规律，确属伟大。

### （二）老子管理思想的哲学基础“道”之核心是朴素的辩证法思想，这是其他学派所望尘莫及的

《老子》开篇就指出了“名”和“物”、“有”和“无”的辩证关系。“名”是人类对万事万物的标记或概括。万事万物不能全部一一对应地给予标记（名），同类者可以概括（名）。这里就有“物”的特殊性和“名”的一般性的辩证关系。“有”和“无”两个“名”也是对事物的概括，老子

① 任继愈．老子绎读．北京：北京图书馆出版社，2006．

说："无，名天地之始；有，名万物之母。"就是说，天地之始，用"无"来称呼；同时也告诉我们，天地之始，本是空无一物的，我们的宇宙天地是从"无"中生出来的。在宇宙大爆炸发生的那一瞬（宇宙学家称之为"创造时刻"或"宇宙创造"），万事万物才有了一个开端。故老子说"有，名万物之母"。宇宙大爆炸理论在20世纪90年代中期获得了大量支持的观测事实，此前抱怀疑态度的人"都不得不承认这是值得尊敬的科学而非凭空臆造"①。从"无"中生出来的最初瞬间有所谓最小的物质粒子如夸克（就现代认识水平看）等，说明"无"可以生"有"（"无"是否为暗物质或反物质，有待科学家深究）；特别是"无"与"有"是相对的概念，故"有"生于"无"。他在二章特别指出"有无相生"。同时还指出"难易相成，长短相形，高下相倾，音声相和，前后相随。恒也"。就是说，对立面是相互依存、永恒的。黑格尔说过："足以表示有无统一最接近的例子是变易。人人都有关于一种变易的表象，甚至都可承认变易是一个表象。而若加以分析，则变易这个表象，包含有'有'的规定，同时也包含与有相反的'无'的规定；而且这两种规定在'变易'这一表象里又是不可分离的。"这与老子的"有无相生"一致。老子在二十二章说"曲则全，枉则直，洼则盈，敝则新，少则得，多则惑"，明显道出了事物对立面在一定条件下可以相互转化的规律。他在四十章更为明显地指出了"反者道之动"，即事物的对立面在特殊情况下会走向自己的反面。又说"天下万物生于有，有生于无"。这不禁使我们联想到青年黑格尔的名言：凡是存在的都是合理的，凡是合理的都是存在的。即新事物只要合理，就会出现，黑格尔暗示了新的社会制度必将诞生。老子在这里似乎也在暗示人们，"损有余而补不足"的分配公平合理的新兴社会必将出现。由此看来，有着保守一面的老子其实不时地、不自觉地爆发着辩证法激情，其管理思想是积极向上的，这与"天不变"则君臣尊卑都"不变"的维持旧制的思想显然是不同的。

### （三）老子特别提醒社会管理者要随时注意矛盾对立面的不利转化，要居安思危，这比当时所有其他学者的哲学思想都略高一筹

以辩证法为核心的老子管理思想一个非常值得人们注意的观点是，要随时注意矛盾对立面的相互转化，不要把好事办坏了，不要把天下管丢了。如果说老子在二章讲"有无相生，难易相成，长短相形，高下相倾，音声相和，前后相随"，主要是告诉人们矛盾的对立面是相互依存的，那么他在

---

① ［英］约翰·格里宾. 大宇宙百科全书·译者前言. 黄磷译. 海口：海南出版社，2008.

二十二章说“曲则全，枉则直，洼则盈，敝则新，少则得，多则惑”，则主要是告诉人们，对立面在一定条件下是会随时相互转化的。他在四十章明确地说：“反者道之动。”即走向反面是“道”、是辩证法的运动。对立面在一定的条件下必有转化。坏事可以变成好事，好事弄得不好也会变成坏事。这一点，对于管理者特别是高层管理者来说，当切记、切记又切记！一定要居安思危。

老子的这一思想在后面的许多章里就落到了具体实践。例如，在十二章他说“五色令人目盲，五音令人耳聋，五味令人口爽，驰骋畋猎令人心发狂，难得之货，令人行妨”，即认为过分追求物质生活，会反受其所害；在四十二章说“物或损之而益，或益之而损”，即损益是随时转化的；在四十四章说“甚爱必大费，多藏必厚亡”，即吝啬太过，反而会大浪费，多聚财反而会大损失；在五十八章说“祸兮，福之所倚。福兮，祸之所伏”，即祸福互相依存，随时可能转化；在六十三章说“天下难事，必作于易，天下大事，必作于细”，即利用了难与易、大与细的转化，希望管理者从容易之处入手，从小事做起；在六十四章说“其安易持，其未兆易谋。其脆易泮，其微易散。为之于未有，治之于未乱”，更是告诫管理者，安定的局面是随时可能转化为危险的局面的，要居安思危，要把危险的苗头消灭在萌芽状态或者化险为夷使之向好的、有利的方面转化。

古代持形而上学思想的统治者总是喜欢搞固若金汤、铁板钉钉之类，以为在形式上一切搞得合乎他们的“尽善尽美”，就可以高枕无忧了，其结果往往适得其反，权力和江山往往毁于一旦。他们不顾民生，以苛政来管制，以死亡相威胁，而不是以道和德莅天下。老子在七十四章告诫说：“民不畏死，奈何以死惧之?”唐太宗则知道将人民比作水，说：“水可载舟，亦可覆舟。”老子提出要警惕对立面的不利转化，居安思危，乃是放之四海而皆准，俟诸百世而不惑的重要管理思想。

### （四）老子管理思想揭示管理之核心因素是人而不是物，也不是方法，这是以人为本的管理思想即人本管理思想。比当时的其他学者更详细、系统而深入

《老子》全书不是空谈哲学，也不是为了好看，而是为了用，为了管理。那种缺乏哲学基础的管理思想，是没有根基的管理思想，是不牢靠的思想，那种不谈实际的哲学思想必定是空洞的纯哲学思想。老子与此不同。他把他的哲学思想用到了管理方面，形成了他的非常深刻的、理论性极强的管理哲学。这就是历代各学派很多学者都从他那里吸取营养的缘故。从他的管理哲学中可以清晰地看到管理之核心因素是人，不是物也不是方法。

老子的管理哲学思想不仅以朴素的唯物辩证思想作为理论基础，而且紧紧抓住了管理的核心因素——人。因此，他的管理思想是以人为本的。特别可贵的是，他把唯物辩证思想用到了以人为本、民主管理的方方面面，这是当时其他学者莫可比肩的。

德国诗人海涅在他的长诗《波罗的海》里提过“生命来自哪里”的古老谜题，说：“一个青年向大海发问：生命，你从哪里来，又往何处去?”当今伟大的天文学家霍金在他的《时间简史·续编》开头也设问：“我们来自哪里，又将去往何方?”不过，他接着在书里科学地回答了这个问题。而老子则在2 500多年以前就解答了，他说“天下万物生于有，有生于无”。不仅如此，他还特别关注人并确定了人的崇高地位。在二十五章说“道大，天大，地大，人亦大。域中有四大，而人居其一焉”。因此，他认为要尊重人、爱护人，包括管理人和被管理人。他对管理人说要“爱民治国”，不要以智治国，不要欺骗百姓。在十七章说“信不足焉，有不信焉”。特别在四十九章提出要“以百姓心为心”，就是说要以人民的意志为转移。同时也劝管理人保养健康。他处处强调要以人为本搞管理，“善者，吾善之；不善者，吾亦善之”；对“不善者”也不要轻易“弃之”。他讲得最多的是管理人要修养自己，要悟道修德。他在五十一章指出“万物莫不尊道而贵德”，认为“道”对于管理最有价值。在三十五章说“道之出口，淡乎其无味。视之不足见，听之不足闻，用之不足既”。在三十二章说“朴，虽小，天下莫能臣。侯王若能守之，万物将自宾”。在二十八章说“朴散则为器，圣人用之，则为官长”。“德”则是“道”用于做人做事所应达到的境界和应有的品行。在五十五章说“含德之厚，比于赤子”。故在五十九章提出要“重积德”。

（五）老子的根本管理原则“无为而治”充满着民主思想，是其人本（民本）管理思想的具体方面，是对上古“无为而治”思想的继承和发展。其他学者无有出其右者

对于老子的“无为而治”，很多学者理解未透。怎么能“无为”呢?“无为”怎么能治，怎么能管理呢?孔子大概看过《老子》或“适周问礼”时听老子讲过“无为而治”的思想，他说“无为而治”大概只有舜做到了，舜只要高高地坐在皇位上就行了(《论语·卫灵公》)。后来能够理解“无为而治”的学者与孔子的解释相同：“无为而治”不是要都无为，只是君主或侯王不要什么都干，要让臣民去干。其实，今天深入看来，“无为而治”的本质就是民主管理的原则。老子的思想透露出深厚的民主思想。古代的最高统治者最容易犯的毛病就是什么都亲自去管，下面有大臣，他却经常越

组代庖。例如，老子在七十四章就劝说过在司法方面不要“代大匠斫”。各级官员容易犯的毛病就是管得太死。所以，老子就在十章劝说要“长而不宰”，即不要管得太死。为什么要这样呢？因为从哲学上讲，个别或特殊是最活跃的因素，一般或普遍不过是对个别或特殊的概括或抽象。虽然一般或普遍对个别或特殊有着反作用或指导意义，但在实施管理的时候应该放手让个别或特殊自由、舒心地去发展和创新，即在一定的方针政策下放手让臣民改革开放和创新。那样就会萌生许许多多的新事物，社会就会百花齐放，百家争鸣，繁荣发展。老子认为，政策太严，礼制太繁，舆论太多，法律太苛细，整天是上面而非下面的声音，就会把社会管死。这从他在后面讲的“圣人无常心，以百姓心为心”足可看出。就是说，管理人不要坚持成见，要与时俱进，经常调查、研究、了解民心民情，以百姓的意志为转移。老子的这种“无为而治”与上古的“无为而治”显然不同，他不只是让管理者“无为”，而且要管理者“以百姓心为心”（以百姓的意志为转移），听取民众意见，推行民主管理。因此，他的“无为而治”是发展了的，是很具特色且极有价值的，因此也是当时其他学派望尘莫及的。

（六）老子以人为管理的核心因素的管理哲学关注解决民生问题、人际关系问题，特别重视与人为善、社会和谐发展的管理目标，是其独有的和谐至治的目标管理的反映

董京泉在《老子道本体论及其方法论意义》一文中说：“经过长期的初步的研究，笔者对老子‘道’的规定性作了这样的概括：‘道’即是超越又内在于天地万物及社会人生的形而上的存在本体和价值本体，它的实质是天地万物最本质的共相，集中表现为矛盾法则或对立统一规律，对立面的协调、和谐或转化是其落脚点，自然无为是道的根本特性，真善美的统一是道在价值观上的集中表现。”① 后面三句话非常关键。这就是老子把他的哲学思想用于管理而形成的他的有特色的管理哲学。老子确实非常关注和强调对立面的协调、和谐或转化，具体包括人与宇宙自然的协调、和谐，君主与臣民的协调、和谐，大国与小国的协调、和谐，人民内部之间的协调、和谐，等等。最典型的是他在七十九章说的：“和大怨，必有余怨。安可以为善？是以，圣人执左契，而不责于人。有德司契，无德司彻。天道无亲，常与善人。”这是和而求同、求大同而不是貌合神离。“和大怨，必有余怨”，这是规律。“和大怨”后不可能什么怨气都一扫而光。在这种情况下，怎么处理才好呢？（过去有人解释“安可以为善”为“怎能称得善

① 董京泉．老子道本体论及其方法论意义．光明日报，2011－01－31．

行”，误）“是以，圣人执左契，而不责于人。”这就是老子给出的答案，是希望内心追求协调、和谐的典型表现。“天道无亲，常与善人。”就是教人为善的表现。他希望建立分配公平的社会制度则是追求协调、和谐的最根本的解决办法，同时也是他的政治理想。董京泉说：老子的道“也启示我们要学会以一种博大的胸怀、开放的心态和超越的精神追求去看待和处理现实中的各种矛盾和得失，特别是人与人的关系和个人与社会的关系问题”[①]。这是对的，但最根本的解决办法是要分配公平。他的分配公平绝不是平均分配。平均分配永远做不到，也不利于社会发展。这也是当时其他学者未能看到的。

### （七）老子很能注意抓住社会的主要矛盾和矛盾的主要方面谈管理，这种管理思想显然超出同时代的其他学者

老子认为在国家社会、人际关系各种错综复杂的矛盾中，并不是要管理人半斤八两、平均施力地去处理事情，而是要管理人善于抓住社会的主要矛盾和矛盾的主要方面。《老子》全书充分体现了这种管理哲学。抓社会主要矛盾和矛盾的主要方面进行管理，目的在于促进矛盾的对立面的转化，从而达到以人为本、与人为善、社会和谐发展的目标。在一切国家社会管理的复杂矛盾中，人的问题（关系或矛盾）是最主要的问题。因此，他始终牢牢抓住“人”这个核心因素对管理进行研究。在有关人的一系列矛盾关系之中，他又牢牢抓住了管理人与被管理人的矛盾，并且在处理任何矛盾时都能牢牢抓住矛盾的主要方面。因此，他写《老子》主要就是给管理人特别是上层管理人看的。因为国家社会的管理要靠他们；国家社会出了问题，主要责任在于他们。他对“损不足以奉有余”的社会现象忧心如焚。他在七十五章说：“民之饥，以其上食税之多，是以饥。民之难治，以其上之有为，是以难治。民之轻死，以其上求生之厚，是以轻死。”他牢牢地抓住了“上”之“有为”、“厚生”而施重税的问题，故劝说“上”不要追求奢华生活，才能使趋于激化的矛盾向平和的方向转化，使老百姓生活下去并安居乐业。在追求社会稳定与和谐发展的问题上，他认为在德教与礼教的关系上，应主要施以德教，显然，他认为人心是最主要的因素。他在七十四章说：“民不畏死，奈何以死惧之？”就是说，若民心已变，用死来吓唬又有何用？因此要从治民心入手进行管理。而治民心，又要以道、德为先。如果失去道、德而单用仁、义、礼、信去教育民众，则是本末倒置，是治表而非治本，是没有抓住主要矛盾和矛盾的主要方面。他当然不可能

---

① 董京泉．老子道本体论及其方法论意义．光明日报，2011－01－31．

如马克思主义完整地提出社会的基本矛盾是生产关系与生产力之间、经济基础与上层建筑之间的矛盾，但在实质上，他已初步进入其中，很注意调整生产关系及上层建筑，使之适应和有利于生产力及经济基础的发展。他的管理哲学在当时是远远超出其他学派的。

（八）老子根据辩证法思想希望管理者怀有为远大政治理想奋斗之雄志而心态常处虚无、阴柔、卑贱，不称强梁，这是其他学者未能深入考虑的高明之处

未能深入研究老子者总以为老子是消极无为、落后于时代的，其实恰恰相反，老子是有远大政治理想，是主张积极的“有”、“有为”、“大成”、成“大器”、成“大象”、成“大音”的。只不过他与其他学派不同，他不是那么直截了当，不那么“胡同里赶猪——直来直去”。同时也不主张张扬，不主张袒露、明显，而要看似无为。老子根据辩证法思想希望管理者怀有为远大政治理想奋斗之雄志而心态常处虚无、阴柔、卑贱，不明火执仗、不称强梁，而是运动地、看似柔弱实则坚毅地、稳健地达到自己的目的。

处虚静无为心态有什么作用呢？他在二十六章说“静为躁君”，是主宰动的。在十一章论证了“无”可以为“有”的好处：“三十辐共一毂，当其无，有车之用。埏埴以为器，当其无，有器之用。凿户牖以为室，当其无，有室之用。故，有之以为利，无之以为用。”因此，他主张“处无为之事”，其实是为达有为之目的。帛书《老子》“大器晚成 ”作“大器免成”，有学者以为这更接近祖本，更符合老子思想，因为他们以为老子的最终目标也是无为，是不要成大器。这个理解看似有理，其实值得商榷。老子主张无为而治，目标是要达到“治”，无为不过是手段。大器是要成的，不过不要急于求成，成了还要“大成若缺”（四十五章），即要看似有缺憾。

处阴柔有什么好处呢？老子在二十九章论述了强为之事反而难达目的。他说：“将欲取天下而为之，吾见其不得已。天下，神器。不可为也，不可执也。为者败之，执者失之。故，物或行或随；或歔或吹；或强或羸；或挫或隳。是以，圣人去甚，去奢，去泰。”显然，他主张治国要在远大政治理想的指导下从阴柔切入，要去过分、过头、过强、过硬的东西。在二十八章还说要“知其雄，守其雌”，“知其荣，守其辱”。守雌、守辱都是手段。故他在五十八章说“是以，圣人方而不割，廉而不刿，直而不肆，光而不耀”。即既坚持原则、廉洁奉公、为人直爽、光明磊落，又不显耀、不伤人、不刺眼。因为他认为“柔弱胜刚强”（三十六章）。他认为逞强称霸会走向反面，甚至败亡。因此，他在四十二章说：“人之所教，我亦教之：

‘强梁者不得其死。’”

为什么要处卑贱呢？因为一般人都厌恶卑下、低贱、阴、弱。故常居于此，是安全的，是便于进取和管理的。老子认为“万物负阴而抱阳”（四十二章），这是自然界的规律。的确，内心炽热而外表不显的自然物举目皆是。老子在四十二章说：“人之所恶，唯孤、寡、不谷，而王公以为称。”在六十一章又说：“大者宜为下。”如前所述，管理的核心因素是人，管理者是人，管理的对象是人，领导不仅要为人，而且要管人、用人，这都“宜为下”。他在六十六章说：“江海之所以能为百谷王者，以其善下之。”在六十八章又进一步说：“善用人者，为之下。”

总之，老子认为管理者怀抱远大政治理想的炽热之心不可丢，柔弱的处事心态和管理方法不可无。“故贵以贱为本，高以下为基。”（三十九章）“弱者道之用。”（四十章）“守柔曰：强。”（五十二章）

（九）老子的管理哲学思想全面系统，涉及国家社会管理和建设的方方面面，为同时代其他思想家所望尘莫及

综上所述，老子的管理哲学思想是以唯物的朴素的辩证法为哲学基础或思想基础的；在这种思想基础的指导下，老子发现并确定了管理的核心要素——人；在此基础上，他又提出且十分重视充满民主管理思想的“无为而治”。由此，他看到了“圣人”和百姓向往分配公平合理的社会制度乃社会发展进步的方向。这本身就体现了他的管理思想不仅有“道”的指导，而且有“德”的境界。他就国家社会的方方面面谈管理的时候，都系统地反映了这些思想，虽然均属高度概括，但涉及面较广泛。

老子研究了管理国家社会的多个方面。首先，他研究的是管理的主体，即管理人——“人主”、“侯王”、“三公”等，认为管理人的修养教育最关键，“尊道而贵德”是最重要的修养。他说：“立天子，置三公，虽有拱璧以先驷马，不如坐进此道。”（六十二章）他认为有不同层级的管理者（十七章），研究过“士”（十五章），觉得上士、中士、下士对“道”的态度各不相同（四十一章）。其次，他研究了管理的对象，主要是人民——“民”或“百姓”，包括其对管理者的态度、对自由和幸福的追求、对无诚信的抗议和对残酷剥削压迫的以死抗争心理等（七十四、七十五章）；从而研究了人际关系，如八章说的要善于“处众人之所恶”；由此，他又研究了教育问题，如三章提出要“使民无知无欲”、“使民不争”，“无知无欲”即不乖巧不贪得，故在十九章明确为“见素抱朴，少私寡欲”的教育方针；此外，司法、赋税、军事、外交关系、预测等都有涉及。其中每一个方面多有展开研究，只是详略不同而已。

## 十一、老子领导成效最优化解“极”简谈

在《老子》里，老子始终都在围绕领导的成效问题展开谈话。表面上他不喜欢用“最”这类极端的字眼，但实际上却认为他的领导和管理思想是最好的，按照他的这套思想进行领导，成效是最优化的，而且人们会摸不着边，即“莫知其极”。

他在五十八章说：“祸兮，福所倚。福兮，祸所伏。孰知其极？其无正。正复为奇，善复为妖。人之所迷，其日固久。”在五十九章又说：“重积德，则无不克；无不克，则莫知其极；莫知其极，可以有国。”这个“极”就是奥秘，就是原因。他总觉得人们难以了解这个奥秘。他认为，按照他的这套思想进行领导，使国家社会和谐至治，人们还不知道是怎么治理好的，不知道是什么原因或根据什么手段达到目的的。也许是为了引起领导者和读者的注意，他故意设此悬念。他在很多章里都设有这类悬念。如二十七章说“善行，无辙迹；善言，无瑕谪；善数，不用筹策；善闭，无关楗而不可开；善结，无绳约而不可解”。在五十四章则说：“善建者不拔，善抱者不脱，子孙以祭祀不辍。”怎么个“善”法？他有时不讲穿了。越到后来，他越要刺激人们思考和重视他的整套领导成效理论和管理哲学。他在七十章说：“吾言甚易知，甚易行。天下莫能知，莫能行。”或者，易知而难行。在七十八章说：“弱之胜强，柔之胜刚，天下莫不知，莫能行。”为什么？他在这里不解答，而是希望领导者和读者多问几个为什么，以便接受他的理论。

达到领导的最佳效果而“莫知其极”，这个“极”，其实老子自己在作解。虽然有的不很明确，但有的非常明白。最根本的答案就是“道”和“德”，按照“道”和“德”来领导，来管理国家社会，就能达到最佳效果。因此，他强调“道”和“德”超过“仁”、“义”、“礼”，说“万物莫不尊道而贵德”。全书叫《道德经》就是这个原因。

在这里，“道”是最重要的。不过，光这么说太玄了，不容易懂，于是，他想具体一点。即用了很多不同的名称、从不同的方面来解释“道”就是管理哲学，就是唯物主义的辩证法思想，就是对立统一规律包括系统论思想、事物循环往复的思想，故又叫“朴”，又叫“谷”，又叫“一”。

光讲一个“德”也太抽象，太不容易让人了解，因此，他在不同的管理方面都有一些具体的“德”，如有“德善”、“德信”、“慈”、“俭”以及“仁”、“义”、“忠”、“孝”、“诚”等。老子认为，这些“德”都要体现在人身上，在人与人的关系上，以至上下级、各诸侯国之间的关系上。因此，正如前面所述，他特别重视人。因为人是管理的核心要素。

领导的高度！领导的深度！领导的力度！永远不能忘记这个以人为本的对领导者的希望和评价标准。这也是需要挖掘才能看到的。显然，老子认为领导者心里要时刻如此提醒自己。领导的高度包括理想的高度和理想的引导，而理想可能因时间的推移和事物的变化而被淡忘不能恪守到底。因此，这种经常的自我提醒是十分必要的。至于为什么有的理论"莫能行"，那是因为他的政治理想太超前，当时行不通。

本书写作改了几次书名。最初叫《我国第一部管理哲学著作〈老子〉新解》，后来叫《人、人、人——我国第一部管理哲学〈老子〉新解》，后来又改成《领导：高度、深度、力度——老子和谐至治管理思想 81 题》，最终才改成现在的书名。自我感觉认识是不断加深的，很多问题还可以进一步探索。《老子》真是如尼采所说的，是一口永不枯竭的井泉。

# 道经　自然之道与管理人法道

## 一章　永恒之道众妙之门管理之本

从本章至三十七章为“道经”，主要是讲直接用“道”施教、修身、治国的。开篇讲了“道”的名称、由来、功能、价值等。老子认为，“道”对于国家管理者即领导人来说，是管理国家社会之本，即管理国家社会之根本理论，亦即管理之哲学基础。故先讲“道”。

老子讨论了“道”和“名”这两个概念，并提出了“常道”、“常名”的概念。所谓“常道”即永恒之“道”。他认为这永恒之“道”是不可言传的。只有一般的“道”是可以传教、学习和践行的。此前古代的“道”却属于可以传教、学习、践行的“道”。永恒之“道”大概要靠自己在实践中去体悟，在体悟中去概括了。

“道”，无论是一般可以言解的“道”，还是不可以言传的永恒之“道”，都是极其重要的，后者尤其如此。这是做人做事永远应当掌握的，从事国家社会管理工作的领导人尤其如此。

最为有趣的是，老子提出了对“无”和“有”这两个最普通概念的最高深的概括，并认为这两个概念的对象同源而异名，是众妙之门，即认识一切事物微妙变化的总门。

他认为要用“道”这个理论来指导管理，就应从幽深的众妙之门进入，然后及于各个层次进行探索和应用，其中有着极为重要的暗示。

**【原文】**

道可道①，非常②道；名可名，非常名。

无，名天地之始；有，名万物之母。③

故，

常无，欲以观其妙④；

常有，欲以观其徼[5]。

此两者，同出而异名，同谓之玄[6]。

玄之又玄，众妙之门。

【注释】

① 道可道。第一个“道”，名词，指规律。古已有之。《尚书》有“无有作好，遵王之道”，“王道正直”，“王道荡荡”。《周礼》规定国子要“修德学道”。第二个“道”，动词。可道，可以言传和借以践行的路径，妙语双关。当时人们说话叫“曰”、“言”、“语”、“谓”，老子用“道”，有传达和借以行走两个意思。

② 常（包括下面三个“常”字）。马王堆汉墓帛书《老子》甲、乙本（以下简称“马王堆甲、乙本”）作“恒”。义同。

③ 王弼本《老子》（以下简称“王弼本”）断句为：“无名，天地之始；有名，万物之母。”联系下一章“有无相生”句，断为“无，名天地之始；有，名万物之母”较妥。

④ 妙。王弼注：“微之极也。”

⑤ 徼。终归也。

⑥ 玄。深幽神秘的意思。

【译文】

“道”，可以用语言表达出来的和借以行走的，不是永恒的“道”；“名”，可以用语言表达出来的，不是永恒的“名”。“无”，是对天地原始的概括和命名；“有”，是对万物本原的概括和命名。因此，永远应从万物显露形体之处体会和认识那个“道”的玄妙；永远应从万物显露形体之处体会和认识那个万物之本原。“无”和“有”，这两者来源相同而名称各异，可以说它们都是幽深的。它们幽深而又幽深，是观察和认识一切微妙现象的总门。

【解说】

老子为什么开篇就讨论“道”这个概念，“道”的概念从何而来，“永恒之道”是什么呢？因为在老子看来，“道”是客观规律，是管理（领导）的最根本的理论基础，即管理哲学。

“道”这个概念古已有之，并非老子新造，亦非当时人所提出。据王崇静先生《老子的解说》一书所载，老子从放鹿山常先生研习过自然生命法理乐天地大道，并想以此去造福众生，利国利民。他的师弟尹喜“最佩服老子虚怀若谷、深究天道奥秘的探索精神”。何新先生《老子新解》则说老子世族为观测天文星相的史官，并守藏国家图书。老子所言“道”以及后来道家、道教之“道”，初义皆非抽象之解，乃指天道也，即宇宙之道，统率万物之道。道乃秩序的周期。《古文尚书》："满招损，谦受益，时（是）乃天道。"以后引申为宇宙自然以至人类社会运动发展之规律。古书《建言》有"明道若昧，进道若退，夷道若类"。又《尚书·洪范》有"无有作好，遵王之道"，"王道荡荡"，"王道正直"。《春秋左传·襄公三年》引"王道荡荡"，说"晋国祁奚就是这样的能不偏私举贤的遵道有德之人"。又《国语·周语》单子引先王语谓定王曰："先王之令有之曰'天道赏善而罚淫'。"至于《周礼》，则规定王公要"坐而论道"、国子要"修德学道"。当然，这些都是可以言传的"道"。老子就是从积极地研究古书和探索宇宙自然来丰富"道"之概念的含义并提出议论的。

老子之所以重视"道"，是因为在他看来，这是万事万物的总规律和总理论，即理论基础。他认为管理国家社会不能离开这个理论基础的指导。至于"常道"即永恒之"道"更有指导价值。他自认为感悟到了这种永恒之"道"的存在。正如绝对真理，人们可以接近，但不能穷尽。屈原在《远游》里也说"道可受兮，不可传"。即可感悟，不好表达。老子如此重"道"，并将其提到哲学的高度，确是第一人。

事实上，个人在长期实践探索中体悟到的精微幽深之"道"确实存在，且确是难以言解的。据《庄子》记载，同在春秋时期，木匠轮扁与齐桓公论读书就涉及这个问题。

做车轮子的木匠轮扁在齐桓公那里做车轮时，看到齐王在堂上读书，就问他读的是什么书，齐王答是古代圣人之书，书里的话是圣人的话。轮扁问这些圣人是否还活着，齐王说他们早就死了。轮扁说："既然如此，您读的书里的话就不过是古人的糟粕罢了。"齐王听了十分恼怒，要求轮扁给个说法，否则就要杀他的头。轮扁不慌不忙，娓娓道出了他一生做车轮的经验和感受：做车轮必须不快不慢，砍木头必须深浅得当，这样才能做出好的车轮。齐王说："这与我读书有什么关系?"轮扁回答："做车轮要不快不慢，砍木头要深浅得当，快慢到什么程度、深浅到什么程度全靠我的手感和心灵的体悟，这是言语说不清楚的。就是我的儿子也无法传授给他，要靠他自己去体悟。古圣人的思想和道理随他们一起死去了，写在书上的不过是古人的糟粕罢了。"齐王听了颇感有理，于是点头认同。庄子这则寓言强调了亲自实践的重要性，认同了老子认为某些微妙感悟难以言传的思想。

老子认为有的"道"可以言传，有的不可以言传，也是有一定道理的。不过，最好是说"道"有的可以言传，有的难以言传。随着认识的加深和语言的发展，一时难以言传的"道"就会变得可以言传，当然随后又会有新的难以言传的东西出现，而人类语言等又会进一步发展，人类的认识也因此不断前进。他之所以这么说，也是希望有国君用他这个人才，他也想直接参与国家社会的管理。可惜，社会变化太快，除楚王一度参考过他的意见外，当时没有人用他。

不过，尽管老子本人未曾受到重用，但很有趣的是，作为规律的这个“道”的概念自产生并经老子发挥以后，就没有公开反对者。相反，其得到了广泛的认同和借用，先秦各个学派无一例外地对其加以利用。为什么没人反对？就因为它是规律，有谁会去反对和抗拒规律呢？例如，《国语·晋语》说，晋国饥荒，乞求向秦国买粮。有人说晋国曾对秦国无礼，建议不要卖粮给他们。秦王说：“寡人其君是恶，其民何罪？天殃流行，国家代有。补乏荐饥，道也，不可以废道于天下。”问公孙枝：“予之乎？”公孙枝回答说：“君有施于晋君，晋君无施于其众。今旱而听于君，其天道也。晋若弗予，而天予之。苟众不说其君之不报也，则有辞矣。不若予之，以说其众。众说，必咎于其君。”这里，君臣都拿“道”作理论根据。老子则把“道”用于管理，创立了管理哲学。

老子对“无”和“有”的界定尤为有趣且极其伟大。他认为“无”是对天地原始的概括和命名，“有”是对万物本原的概括和命名。这一真理直到20世纪才被英国著名的宇宙学家、当代最伟大的科学家史蒂芬·霍金用科学证明。“天地之始”即我们的这个宇宙本“空无一物”，在宇宙大爆炸发生的那一瞬，万事万物才有了一个开端。老子说“有，名万物之母”与此相合。

老子认为“无”与“有”同源而异名，极其幽深，是我们观察和认识万物的总门，管理人即领导者就应由此而入，对各个层次的规律（道）进行探索和体悟，以便正确、有效地管理国家社会。

早于老子的齐国大臣管子（名仲）就著有多篇论述管理的文章，后来加上其他学者的文章编成了《管子》。“道”的治国价值在《管子》一书就有论述，如其第二篇《形势》（是否为管子亲著不得而知）就说过：“欲王天下而失天之道，天下不可得而王也。得天之道，其事若自然；失天之道，虽立不安。其道既得，莫知其为之；其功既成，莫知其释之。藏之无形，天之道也。疑今者，察之古；不知来者，视之往。万事之生也，异趣而同归，古今一也。”在战国末年，韩非子则说“道”是要用来治国的，也是丰富发展于治国的：“所谓有国之母，母者，道也；道也者，生于所以有国之术。”韩非子在这里明确指出“道”是产生于国家社会管理的需要的。“有国”即掌握和管理国家。他还明确指出“道”即是“理”。也就是道理、规律。他不像现在有些学者说“道”还是万物的本原。他是这样理解的：“道者，万物之所然也，万理之所稽也。理者，成物之文也。道者，万物之所以成也。故曰：‘道，理之者也。’物有理不可以相薄，故理之为万物之制。万物各异理。”显然，他理解的“道”就是“理”，就是规律。这些规律是为万物制约和反映的，又是制约和促成万物发展的。

老子之所以要用“无”与“有”之名给事物命名，也是管理国家社会的需要。正如《管子》所言：“有名则治，无名则乱，治者以其名。”由此可见，老子开篇讲“道”的特点和“有”、“无”的价值，就是为了治国，《老子》就是一部管理国家社会的专著，即“有国之术”或“王术”。

显然，在老子看来，要治国，就要讲治国哲学，即管理哲学；要讲管理哲学，就要从宇宙自然的规律开始，从最根本的概念“有”、“无”和“道”（规律）开始。因为人类社会归根到底也是宇宙自然的一部分，人类社会系统是从属于宇宙自然之大系统的，其运动受大系统运动的制约。显然，他在暗示人们特别是国家社会的管理人，探索国家社会的管理规律不能“胡同里赶猪——直来直去”，也不能只研究国家社会现象本身，“汝果欲学诗，功夫在诗外”，更重要的是探索宇宙自然之规律，以便在管理国家社会的实践中学习之、效仿之、接近之，从而创造有关管理之哲学，进而创名、制，创具体管理方法等。

同时，他还暗示管理的根本要素——人——是从哪里来的，即由“无”中生出来的；又暗示着他的服务于人的政治理想——分配公平合理的新社会虽然当时没有，但将来会从“无”中生出来；当然还暗示着一切管理的新方法、新手段都可以从“无”中创新出来。正如他在后面所说的：“天下万物生于有，有生于无。”同时也暗示着不好的东西也可以无中生有，不可不察。观察研究人、人类的国家社会以及管理国家社会的方法等，都要以“有”、“无”作为基本的微妙入口。所有这些哲理就是管理者首先要学习和运用的。

**【诗赞】**

感悟常道，何处入手
观察万物，哪里开头
——“无”、“有”
老聃以言赠善友
特别是国家要员百姓领袖
别忘了

——“无”、“有”
寻源亘古宇宙的微妙入口
把握天地万物的可靠枢纽

函谷关太极图（本书作者摄）

# 二章　管理人应处无为之事行不言之教

要从“有”、“无”同源异名及其幽深之处观察前人认识事物精微变化的规律——“道”，那就要探索辩证法思想。因为在老子那里，辩证法思想乃是“道”的核心。

本章集中阐述了老子的辩证法思想，承上启下，从“有”、“无”两个概念开始，对难、易，长、短，高、下，音、声，前、后等进行了例析。基于此，提出了管理的根本思想和最高原则——处无为之事，行不言之教。

当然，这还不够，老子又辩证地分析，认为还要“功成而弗居”，这样管理才够全面，也才能反映国家领导人以至各层管理者应有的气度和境界，这也是管理者对待人民的态度问题。

**【原文】**

天下皆知美之为美，斯恶矣；皆知善之为善，斯不善矣。

故，

有无相生，难易相成，长短相形，高下相倾，音声相和，前后相随①。恒也②。

是以③，

圣人处无为之事，行不言之教；万物作焉而不为始，生而不有，为而不恃，功成而弗居。夫唯弗居，是以不去④。

**【注释】**

①“有无相生”等六句。王弼注：“此六者，皆陈自然不可偏举之数也。”即代表性的矛盾对子。

② 恒也。王弼本无，据马王堆甲、乙本加。

③ 是以。所以或因此。

④“圣人处无为之事”至“是以不去”。荆门市博物馆编、文物出版社 1998 年版《郭店楚墓竹简》（以下简称“楚简”）《老子》甲本作：“圣人居亡为之事，行不言之教。万物作而无为始也，为而不恃也，成而弗居。夫唯弗居也，是以弗去也。”多语气词“也”，与王弼本大不同，疑为战国末至汉时所加。“亡为之事”之“亡”显然为传抄所误。

【译文】

普天下的人们都知道美之所以为美，这里就包含有知道什么是丑了；都知道善之所以为善，这里就包含有知道什么是不善了。因此，有和无相互对立而产生；难和易相互对立而形成；长和短相互对立而体现；高和下相互对立而依靠；音和声相互对立而应和；前和后相互对立而跟随。因此，圣人以“无为”的原则处理世事，以“不言”的方法进行教化。放手让万物自然生长变化，万物滋生繁茂了而不据为己有，助长了万物生长发育而不自恃有恩，事业成功而不居功。也正因为不居功，所以圣人的功绩永存。

【解说】

本章开篇，老子用具体的社会道德观念“美”与“恶”、“善”与“不善”在人们认识过程中的辩证关系作为引论，以论述基本属自然界的抽象的矛盾对子的辩证关系：“故，有无相生，难易相成，长短相形，高下相倾，音声相和，前后相随。”这样论述的目的在于证明接下来的结论：“是以，圣人处无为之事，行不言之教。”

显然，辩证思想的阐述最后落脚在管理。不过，要让管理人实行他的这种管理原则，又必须从辩证思想角度来讲明道理，这也是用“道”这一理论基础指导管理的必经之途，因为“道”的核心是辩证法，辩证法的核心在老子那里显然是朴素的对立统一思想。

他为什么要在连续列举自然界的一些矛盾关系时把“有无相生”置于首位？联想一下上一章，这个问题不是十分有趣而且极其严谨吗？

惯于思考的人一般都曾仰天或者俯首默然发问：“我们从哪里来，又向何处去？”老子之后的屈原写过《天问》，并在《离骚》中说“路漫漫其修远兮，吾将上下而求索”。马克思的友人德国著名诗人海涅写下了列宁极为喜爱的长诗《波罗的海》，并在诗中叹道：一个青年向大海发问：生命，你从哪里来，又往何处去？为此而苦苦思索着的，有秃顶的头，有白发的头，有戴假发的头，有戴博士帽的头……大海咆哮着，一个傻子在等待着回答。著名天文学家史蒂芬·霍金在他的《时间简史·续编》中也有类似的开篇诗句：“我们来自哪里，又将去往何方？”非常有趣的是，《大宇宙百科全书》的作者约翰·格里宾在写该书“序言”时竟以此为题：“我们来自何方”。他写道：“我们来自何方，是人类可能提出来的最深奥的问题，而对此问题能够给予大致完整的回答，应该说是人类思维最伟大的成就。”我们的老子在 2 500 年以前就曾获得这样伟大的成就。他在一章指出了天地始于“无”，在本章指出了“有无相生”。我们这个宇宙万物包括银河系、太阳系均来自“无”，因此，我们人类也是由“无”而生。

“有无相生”，这是多么伟大的哲理呵！无中生有和有亦生无，已得到现代科学的全面证实和广泛认同。

《大宇宙百科全书》的中译本为北京天文台专家黄磷所译，他在“译者前言”里赞扬该百科全书作者的讲述使读者感到仿佛被带到了宇宙创生的那一刻，似乎亲眼目睹了在那短促的难以想象的瞬间，宇宙是如何因量子涨落从“空无一物”中诞生，而后又如何经历约150亿年的演化而成为今天的样子。

原来在150亿年前宇宙大爆炸后的万分之一秒时，连单个粒子（如质子、中子、电子）都不能独立存在，宇宙成了一个大火球，温度高达绝对零度以上1万亿度。火球辐射的单个光子携带着极大的能量，按照爱因斯坦的著名公式$E = mc^2$，以能量换取质量，将自己转化为粒子对，随着温度的下降，粒子对如质子与反质子，中子与反中子不断产生，又不断被湮灭。当一个粒子遇到一个等价的反粒子就会被湮灭，只留下辐射。结果是辐射不断转化为物质，物质不断转化为辐射。这就是无中生有和有亦生无，就是“有无相生”的表现（当然，这个“无”也不是绝对的）。我们这个宇宙的物质和我们人类就都来自于此。质子、中子而后原子核、电子，原子核、电子而后原子，原子而后分子，分子而后天地万物。

老子为什么要讲“有无相生”的高深道理呢？目的就是要管理人明白“处无为之事，行不言之教”的好处。矛盾的对立面既相互依存，又在一定的条件下相互转化。在老子看来，侯王等管理人为“无为”就会有为，无为并非什么也不干，而是不干具体业务技术工作；行不言之教，并不是不要教，而是说要多以身教代言教，效果可能更好。后世秦之相国吕不韦召集众多学者集体创作的一部重要的著作《吕氏春秋》也说：“大圣无事，而千官尽能。此（乃）谓不教之教，无言之诏。”（《吕氏春秋·君守》）

可惜的是，老子讲的这些“有无相生，难易相成，长短相形，高下相倾，音声相和，前后相随”等辩证法，后来某些学者并未读到或未读懂。西汉董仲舒在《举贤良对策》（三）说：“道之大原出于天，天不变，道亦不变。”他的“道”之核心是三纲五常。“天”主要是指天意，意即按天意建立的封建社会之“道”（三纲五常）也是永恒不变的。在他看来，王道之“三纲”取诸阴阳之道。阳为主，阴为从，“君为阳，臣为阴；父为阳，子为阴；夫为阳，妻为阴”。臣、子、妻受君、父、夫的统治之道也是不能变的。董仲舒以形而上学之哲学来论证封建制度和君主统治的合理性和稳定性，后来成了束缚人民的精神枷锁，造成了中国思想史上的一个悲剧。在老子的辩证法思想里，一切矛盾对子都是相互依存并在一定条件下可以相互转变的。天地是变的，高下是变的，前后是变的，等等。以为“天不变”，是静止的，那是错误的观点。“高”不会永远是高，“前”不会永远是前。故处卑下、处人后，并没有什么绝对不好；相反，随时有可能被推向高贵和走到前面。显然，老子是针对那些形而上学的思想特别是那些用形而上学的思想来为森严的等级制度制造理论根据的学者而言的，而根本地劝说君王要“处无为之事，行不言之教”。可惜的是，“董仲舒们”没有一个懂得老子伟大的辩证法哲学思想。

他们只知其一，不知其二，以为教就只有言教，只有劝说，只有学校，只有教师，殊不知还有更重要的教育——不言之教。不言之教胜过劝说，社会现实给人耳濡目染的效果胜过课堂说教百倍，公众人物特别是管理人的影响又胜却万言劝说。如果一个社会道德滑坡，以为主要可以靠学校来解决，那将很难解决。这不是靠仁义道德之规范和说教便可挽救的，主要应让社会给出示范，管理人的行为不仅是管理，而且也是一种教育。人们互相影响、互相教育和受教育。老子非常注重这一点，在他心目中，社会道德滑坡，根本的不是一个需要言教的问题，而是一个需要“以德莅天下”的实践问题。由此可见，他真是一位了不起的教育家。

接下来，老子又以同样的辩证道理说明管理人要“功成而弗居”。不居功，功绩自会永存；不居功，功绩不一定不彰显。他讲的“行不言之教”是想说身教重于言教，实践之教好于说教。“功成而弗居”也是“行不言之教”。

据西汉刘安主持、集体创作的《淮南子·卷一》所载，以前舜在历山亲自耕作，一年后，那里的农民都争着去耕贫瘠的土地，而把肥沃的土地让给别人；舜在江边钓鱼，一年后，渔民都争着要在水浅流急的地方捕鱼，而将河湾、深潭让给他人。那时，舜既不喋喋不休地说教，也不指手画脚地干预，他只是保持自然无为的信念，而民众因此受到感化。假如舜没有这种信念，即使能言善辩，挨家挨户去劝说，也不能感化一个人。因此，不言之道，广大无边啊！① 显然，作者们认为，“不言之教”远远胜过喋喋不休的说教。

周恩来总理最欣赏十章“生而不有，为而不恃，长而不宰”这一名句，在本章也有类似的意思：“生而不有，为而不恃，功成而弗居。”这是老子告诫管理者对待人民应有怎样的态度——放手让人民群众和万物自由生长变化，万物滋生繁茂了、人民富裕了，而不要据为己有；成就了人民群众的事业和助长万物生长壮大也不要自恃有恩；社会管理好了，发展了，事

---

① （西汉）刘安. 淮南子. 北京：燕山出版社，2009.

业成功了，也不要居功。

**【诗赞】**

无有，相互依存
有无，相互产生
一切对立事物
都会相反相成
所以
天下管理人都应心知肚明
以无为处事，必事有所成
行不言之教，胜千舌万唇
对待人民，要像母亲
不言之教，最为根本
功成弗居，名利度外
既是做人，也是教人

天下万物生于有，有生于无（本书作者画，以下同）

# 三章　圣人之治在于使民返璞归真

老子觉得，光有管理的理论基础即管理哲学和管理的最高原则是不够的，还必须有具体措施，于是，他在本章主要讲了要使民易治、使民有为，必须“弱其志，强其骨。常使民无知无欲”。这是他认为的圣人治国原则之一。这种原则和孔子的“民可使由之，不可使知之”的主张看似一样都属愚民政策，其实并非如此。老子是要使被扰乱了思想的百姓返璞归真，回到大道方面来，以达到无为而治的目的。

**【原文】**

不尚贤，使民不争①；不贵②难得之货，使民不盗；不见可欲，使民心不乱。

是以，

圣人之治：虚其心，实其腹③，弱其志，强其骨④。

常使民无知无欲，使夫智者不敢为也。

为无为，则无不治。

**【注释】**

① 尚贤。推举有才能的人士，崇尚贤名。这里主要指后者。“使民不争”，《周礼·地官司徒第二》有“二曰以阳礼教让，则民不争”。

② 贵。王弼注：“贵者，隆之称。”即重视的意思。

③ 虚其心，实其腹。王弼注：“心怀智而腹怀食，虚有智而实无知也。”

④ 弱其志，强其骨。王弼注：“心虚则志弱也。”此两句，均意指使老百姓体健心虚，无争名夺利等非分之想。

**【译文】**

不推崇贤能人之贤名，使人民不至于争名夺位；不重视稀世珍宝之货，使百姓不至于干偷盗之事；不让百姓接触引起欲望的事物，使他们的思想不至于被扰乱。所以，圣人管理国家的做法是：净化百姓的心灵，满足百姓的温饱，削弱百姓的志气，增强百姓的筋骨，永远使老百姓无巧智之知、无贪得无厌之欲，使有智慧有知识的乖巧之人不敢轻举妄动。按“无为”的原则进行管理，就没有管理不好的。

【解说】

本章开篇，老子用“不尚贤”、“不贵难得之货”、“不见可欲”及其效果作为引论，然后得出圣人之治的原则。管理要以人为核心，一切方法要围绕“人”这个“太阳”转，那就要研究人心、民心，研究人们在想什么、追求什么。老子正是抓住这个核心问题，按照上古的管理经验提出了这样的原则。

从老子的引论和当时的史料可以看出，当时社会存在着严重的争名夺位、偷盗抢掠和民心大乱的情况。老子在去陈国国都宛丘求学路上遇上当时名盛一代的学者常枞的学生朴然，并在其指点下在放鹿山找到了常先生，在求学的过程中又遇上得意知己尹喜。两人学业结束后，尹喜邀老子去洛阳谋职，老子无意仕途，想去楚国国都郢都了解当时的政治状况和风土民情，于是只身去了郢都，一路上看到了许多令人不忍目睹的心酸场面。到了郢都后，他更体会到当时统治者的贪图名利、追求奢华及其给民众所带来的极大灾难。后来，他在楚国看到楚王发令出兵攻打蔡国，在周室又看到王位之争的一幕幕残忍景象，因此，老子提出“不尚贤，使民不争；不贵难得之货，使民不盗；不见可欲，使民心不乱”的思想，以预防社会动乱和不安。并由此提升到圣人的治国原则：“常使民无知无欲，使夫智者不敢为也”。只不过要“虚其心，实其腹，弱其志，强其骨”，这些原则看似消极，实则积极。

“不尚贤”应是不尚贤绩和贤名。如果是不尚贤能，这种思想当然就是错误的。《吕氏春秋·谨听》通篇否定甚至批评了不尚贤能的思想，说：“昔者禹一沐而三捉发，一食而三起，以礼有道之士，通乎己之不足也。”“主贤世治则贤者在上，主不肖世乱则贤者在下。”认为要举贤任士。不过，老子指的主要是不尚贤绩和贤名。周朝已有推荐贤能之士的制度，他不会反对这一条的，他只是反对崇尚贤名。这可以从七十七章“圣人为而不恃，功成而不处，其不欲见贤”一语看出。就是说，圣人有贤绩却不喜欢见于贤名，不想被歌功颂德。

“虚其心，实其腹，弱其志，强其骨”这种治国原则在求稳防乱乃至图强方面在历史上起过积极的作用。春秋时期的齐桓公、晋文公称霸就采取了这个办法。这个办法在《国语》中亦有记载，齐桓公采用谋士的建议，除训练军队以外，对百姓也进行详分层级的严密组织和弱志强骨的措施，让百姓能吃饱肚子，全国简直就像一个大军营，没有自由求学和个人发展的可能。那些详分层级的组织有分层的统一领导，一旦开战，百姓亦是军人，结果成就了霸业。晋文公分别让百姓虚其心实其腹，身体强健了又受过训练之后，一度准备称霸，大臣子犯劝阻："百姓虽然经过训练，身体强健，但是不懂得义，还没能各居其位，不能用。"后来，晋文公采用去郑国迎周襄王返国的办法使人民懂得了什么是义。他以为可以使用百姓了。子犯又劝阻说："百姓还不懂得什么是信，不能用。"后来晋文公在与原国作战中坚持执行原来发出的退兵命令而放弃原国可能投降的战果，教育百姓懂得了什么是信，结果民风大变。后来，子犯又劝晋文公要让百姓懂得礼，养成恭敬、谦让的品德。晋文公照做，以礼仪行事，据礼判断是非。子犯说："现在可以用民了。"结果晋文公伐曹，攻卫，取得齐国之地，又大败楚军，成了当时霸主之一。老子是反对侵略战争的。他提出圣人之治的上述原则并不是要管理人去征战争霸。他的目的在于各国自强以自保，而百姓则安居乐业，温饱健康，国家安定。王弼认为心虚则志弱；而老子说的"虚其心"不仅指谦虚，还指不把名利、地位放在心上。

但是，老子主张"常使民无知无欲"难以为人理解。任继愈先生说"法家韩非子对此很欣赏，并用作法家治理老百姓的思想。这里可以体现老子与法家之间有一道暗流联通"。法家先驱管仲在《管子》一书中从人性"好利"的观点出发，提出了以"利民"取民心的"利民政策"，说："得民之道，莫如利之。"（《五辅》）"旦暮利之，众乃胜任。"（《版法》）人民得到实惠，则"虽不召而民自至"（《形势解》）。即老百姓会自发地来投奔和拥护君主。老子提出"常使民无知无欲"岂不与此相反吗？其实，老子并不是要老百姓没有知识没有欲望，也不是像某些学者说的是让老百姓"眼不见，心不烦"，而是不要有伪诈之巧智和贪得无厌的欲望。"常使民无知无欲"恰与前面"虚其心"、"弱其志"义相衔接。

如果老子的"常使民无知无欲"是不要知识不要欲望的愚民政策，那当然必须批判。封建统治者确实有扼杀人民的理想、智慧，纯粹把他们当成身强力壮的生产工具使用的思想，这是十分卑鄙的。这与马克思主义的"以人为本"，促进"个人全面发展"的思想有着天壤之别。马克思主义的"个人全面发展"在马克思和恩格斯合著的《德意志意识形态》中第一次提出，后来在《共产党宣言》、《资本论》、《反杜林论》中也有过论述。马克思和恩格斯于1848年指出："每个人的自由发展是一切人的自由发展的条件。"（《共产党宣言》）马克思在《资本论》中说未来的新社会将是"一个更高级的，以每个人的全面而自由的发展为基本原则"的社会。1878年，恩格斯在《反杜林论》中进一步指出："通过社会生产，不仅可能保证一切社会成员的富足的和一天比一天充裕的物质生活，而且还可能保证他们的体力和智力获得充分的自由的发展和运用。"毛泽东在马克思列宁主义关于人的全面发展理论的基础上，根据新中国社会主义革命和社会主义建设的需要和发展提出了党的教育方针：“使受教育者在德育、智育、体育几方面都得到发展，成为有社会主义觉悟的有文化的劳动者。”后来，邓小平提出要培育“有理想、讲道德、有文化、守纪律”的“四有”新人。我们学习、实践的科学发展观，其核心就是“以人为本”，包括强调“促进人的全面发展”，做到发展为了人民，发展依靠人民，发展成果由人民享受。由此可见，只有以马克思列宁主义为理论基础的中国共产党才是伟大的人民领导者，才是以人的全面发展为管理国家社会和发展社会经济的根本目的的。剥削阶级统治者自然要愚弄人民，推行愚民政策。可以说，过去所有剥削阶级包括其自树的知识界的代表人物的发展观，都没有关于人的发展这样的内容，人民仅是他们的生产工具，只有伟大的马克思主义及以此为指导思想的中国共产党才第一次把以人为本、促进人的全面发展纳入发展观，并作为其核心。这是划时代的伟大的发展观。

不过，老子不是奴隶社会、封建社会统治者自树的知识分子代表人物，他虽然没有提出要促使人全面发展的思想，但他提出的“常使民无知无欲”，不能单从字面上看，不能作愚民政策来理解。他是要永远使老百姓无伪诈之巧智、无贪得无厌之欲望，从而返璞归真。有些学者将此句翻译为“永远使老百姓没有知识、没有欲望”或“永远使老百姓无知识无欲望”，这些译法均欠妥。蒋信柏先生在其编著的《道德经》中翻译得较好一些：永远使人们没有伪诈的心智，没有争名夺利的欲念。周卫先生在《〈道德经〉新译新评》中则翻译为：不知名利为何物，更无贪欲在心头。这样的理解都是正确的。蒋信柏说：“整句话的意思是使人们没有投机取巧、争名夺利的欲望。天下人的欲望淡了，人心也就厚道了；人心厚道了，天下自然就太平了。”这种说法是合理的。

老子的管理思想有两个重要方面，为使人民安居乐业，自由发展，一是要防止来自下面的争名夺利和因贪欲而妄为，或盲从某些捣乱者；二是要控制来自上面的搅扰百姓自由发展的苛细礼制。这里主要是讲第一个方面。

“常使民无知无欲”，可以起到防乱和净化人心的双重作用。人民要自由全面地发展，国家必须给予其一个安定和谐的社会环境。当时其他学派也看到了这一点，只是做法不同。儒家想按周朝的老方法包括“非礼勿视，非礼勿听，非礼勿言，非礼勿动”之类进行“礼教”，以使人民安分守己，这显然是需要的，但比较生硬、机械，是舍本求末的做法。儒家经典的《礼记》开头一篇就说：“人有礼则安，无礼则危，故曰礼者不可不学也。”

这就是重“礼教”的依据。周卫说：“孔子极力提倡‘克己复礼’，企图以周礼为蓝本，来重建社会道德体系，而老子则坚决反对这一主张。”周礼极其繁杂，等级森严，连埋马、埋狗都有不同礼法，有些礼制连他的弟子也有怀疑。为什么不能与时俱进呢？更何况“人有礼则安，无礼则危”并非最好。应该说“人有德则安，无德则危”，故应悟道修德。老子则看到了问题的源头，认为最重要的是从净化人的灵魂入手进行心灵教化，即进行德教，这样才能“使夫智者不敢为也”。人心厚道无贪欲，自然就不会听信那些妄为的作乱者，所谓“智者”也就捣乱不起来了。如果光有“礼教”和礼法的约束，而人心有伪诈、有贪欲，则越施行“礼教”、越约束百姓，则越乱套。故后人批评说“礼教杀人”。“复古不但可笑，而且可耻。”[①] 如果从根本上入手，同时施以“礼教”和礼法中好的部分，则情况就大不相同了，这是老子与儒家的重大分歧。《淮南子·卷二·俶真训》批评了孔、墨弟子自己都做不到，焉能教人，说是“用皮毛末节去归返根本”，认为“如果能通达性命之情，那么仁义自然会依附于身，行为举止哪能搅得了人心呢?”[②]“常使民无知无欲”还有另一个重要作用，即促进人回归本性，返璞归真。这不只是治国的手段，也是治国的目的。人在争名夺利愈演愈烈的社会里，本性是被扭曲的，心情也是不舒畅的，亦即不自由的，是不符合人的本性和全面发展的。有共产主义的思想品德才是返璞归真的结果。当然，这需要物质基础，需要社会财富的极大丰富，但是教育必须提前开始，必须从根本入手。人的思想觉悟不断提高，精神境界不断升华，不断脱离低级趣味，做高尚的人，既是人类社会发展的必然趋势，也是教育的最高目标。

本章最后，老子又得出了“为无为，则无不治”的结论。这一结论恰与上一章的“处无为之事，行不言之教”的原则相衔接。在这里，能不能得出“为无为，则无不治”的结论呢？这一结论看起来的确有点突然和牵强，但是，如果按照他的辩证法仔细一想，就不会感到牵强，反而会觉得顺理成章。因为老子讲的“无为”是希望高层管理人要管宏观、管政策，而不要管具体业务技术，具体业务技术的应用即“有为”应由臣子和百姓去做。既然要臣子和百姓去“有为”、去做具体之事，就要让他们无杂念、身强健，这样相辅相成，当然就“为无为，则无不治”了。后来的齐桓公让管子全权负责管理国家大事，管子则又分工下去。据《吕氏春秋·勿躬》

① 陈成国．周礼·仪礼·礼记·后记．长沙：岳麓书社，1991．
② （西汉）刘安．淮南子·卷二·俶真训．北京：燕山出版社，2009．

记载："管子，人臣也。不任己之不能，而以尽五子之能，况于人主乎？人主知能不能之可以君民也，则幽诡愚险之言无不职矣，百官有司之事毕力竭智矣。五帝三王之君民也，下固不过毕力竭智也。"《吕氏春秋·为欲》还说："善为上者，能令人得欲无穷，故人之可得用亦无穷也。""故古之圣王，审顺其天而以行欲，则民无不令矣，功无不立矣。"

另外，"为无为，则无不治"，倒是透着民主管理的精神。他是要"上"无为，而不是要"下"也无为。相反，是要放手让臣民去改革、开拓、创新、进步。"上"只要集中臣民的意志和建议就行了。这就是他的"无为而治"思想，是民主的管理原则。

**【诗赞】**

社会和谐，人民幸福
老子赞誉：圣人之治
圣人之治即无为而治
无为而治即民主至治
但须育民无伪无贪欲
使民身强体壮胸怀虚
促进德智体美都发展
这是教育之大势所趋

# 四章 客观规律幽隐存在需要感悟

老子又感叹起“道”这个管理的理论基础来了。“道”岂止是管理的理论基础，老子认为它是指导思考一切问题，指导研究一切事物，指导做好一切工作的理论基础。它幽隐虚缈而又确实存在，且取之不尽，用之不竭。老子也困惑不解，不知它来自何方。如此议论，旨在希望管理人认真深入探索、感悟。

**【原文】**

道冲①，而用之或不盈②。
渊兮③，似万物之宗④；
挫⑤其锐，解其纷，
和其光，同其尘；
湛⑥兮，似或存。
吾不知谁之子，象帝⑦之先。

**【注释】**

① 道冲。何新《老子新解》（北京工业大学出版社 2007 年版，以下简称“何新解”）：道冲，有三解。“冲，读为盅，空也。”此与四十五章“大盈若冲”相吻合。

② 盈。满。也与上句合。

③ 兮。马王堆甲、乙本作“呵”。加上如前所述加“也”，可见汉代语言有点口语化。

④ 宗。任继愈《老子绎读》（北京图书馆出版社 2006 年版，以下简称“任继愈《绎读》”）：字义原为祭祖先的神坛，可译为“祖先”。

⑤ 挫。马王堆甲、乙本作“锉”。

⑥ 湛。何新解：久也。久而长存。湛音通神音。

⑦ 帝。任继愈《绎读》：上帝，从之。《诗经・大雅》有“皇矣上帝，临下有赫。……帝谓文王”，“不识不知，顺帝之则”。

**【译文】**

“道”本是空虚的，而用它则不可穷尽。它是那么渊深，像是万物的祖业。锉掉自己的锋芒，解除自己的困扰，含蓄自己的光芒，混同自己于尘世。是那样幽隐虚缈而又确实存在。我不知道它为谁所生，在上帝诞生之前就存在了。

**【解说】**

老子对“道”即宇宙自然的客观规律感悟至深，觉得“道”幽隐而客观存在，虚无缥缈而就在身边。当时没有科学实验设备，也没有今天如此发达详备的语言，对“道”这个东西只能通过观察和感悟，要说清楚也不容易，怪不得他在一章就说过“道可道，非常道”。他这样说，一方面确实如此，另一方面要表现他感悟到了“道”且是永恒之“道”，以及其对管理国家社会的重要性。他并非为研究哲学而大谈其道，而是为研究和服务于管理，归根结底，是为了服务人民。

西方有一个《哲学家和船夫》的寓言故事，说的是哲学家过河时在船上与船夫闲聊。闲聊中哲学家问船夫：“您懂哲学吗?”船夫说不懂。哲学家说：“那您就失去了世界的一半。”又问：“您懂数学吗?”船夫又说不懂。哲学家又说：“那您就又失去了世界的一半的一半。”忽然，狂风大作，船被掀翻，他们双双落水。船夫问哲学家：“您会游泳吗?”哲学家说不会。船夫说：“那您将失去整个世界。”

这个寓言一般被用来证明实践的重要性。但是，我们可以从中看到哲学家和船夫头脑里关于世界的不同理解。显然，哲学家把精神世界看得非常重要，认为哲学是世界的一半，甚至把数学又看成世界的一半的一半。过于强调精神且并未将实践置于第一者当然是不对的。但是精神世界确实存在，哲学和数学这两个最抽象的学问确实存在，也是很正确、很了不起的。老子的目的是要让管理人懂得“道”这个当时的哲学对于管理的重要性；要管理人懂得他宣传的“道”这个可用于管理的哲学确实幽深并存在着。

“道”的概念来源于古代，“道”的认识和体悟要靠自己。“道”存在于天，也存在于地，以及万事万物。庄子对此感悟甚深。《庄子·知北游》以寓言故事的方式说了这么一件事，东郭子问庄子：“所说的道，存在于何处?”答：“无处不在。”东郭子说：“一定要具体说才行。”庄子说：“在蚂蚁那里。”“怎么这样卑下?”“在野草那里。”“怎么又更加卑下?”“在瓦块砖头那里。”“越说越不像话!”“在屎尿里头。”东郭子不说话了。庄子说：“您的问题，问得就不对。……您一定要我说出道在哪里，说明你觉得道是脱离物的。”显然，庄子认为“道”确实无处不在，物物有“道”，不离于物，这与老子的观点是一致的。列宁在《谈谈辩证法》一文中说，从任何命题开始均可探索到辩证法，如“伊万是人”、“哈巴狗是狗”、“树叶是绿的”这些命题里都存在辩证法，即有“一般存在于个别之中”的辩证关系。

老子在这里特别强调了“道”的客观性。目的是要告诉管理人，“道”不是人造的，更不是老子所臆造和杜撰的。“道”是“万物之宗”，与万物同在。在还没有人类和“上帝”这个概念之前就有了，在未有中子和质子之始，在只有目前技术所认识的最小粒子夸克时就有了。因此，永远应根据和遵循“道”（规律）来行事和从事管理，并深入探索。老子同时也暗示了他在后面所传之“道”来之不易，是研究感悟出来的客观规律，是唯物主义的哲学思想。

**【诗赞】**

去无踪迹来无影
含蓄光耀混于尘
摸不着也看不清
感觉渊深又幽隐
上帝尚未诞生
道已天马行空
万物诞生是按道而诞生
道就在万物之中生存
老聃已破此难题
道并非谁的作品

思

# 五章 管理人应像天地一样无所偏爱

既然“道”如此重要，既然“道”是管理的理论基础，那么，到底要怎么做才是按照“道”来管理呢？除前面说的，很重要的就是要向天地学习，像天地那样没有私人感情，像天地那样虚空清静，这同时也是无为的一种表现。

**【原文】**

天地不仁①，以万物为刍狗②；圣人不仁，以百姓为刍狗。

天地之间，其犹橐籥乎③？虚而不屈，动而愈出。

多言④数穷，不如守中。

**【注释】**

① 天地不仁。王弼注：“天地任自然，无为无造，万物自相治理，故不仁也。”

② 刍。任继愈《绎读》：“音 chu。”“刍狗，古代祭祀时用草扎成的狗。”认为人们对刍狗既不爱不重视，也不恨不轻视。何新解：刍，即草之别体，音近而义通。刍狗，草狗也。

③ 橐籥。何新解：“读若驼月。”籥，即竽，古代乐器。另有解释为古代皮制风箱。今从何新解。

④ 多言。马王堆甲、乙本作“多闻”，误。马王堆甲、乙本多有误抄或改动。

**【译文】**

天地任万物自生自灭而无所谓仁爱，把万物视为祭祀用过的刍狗而不顾惜；圣人任百姓自生自养而无所谓偏爱，把百姓看做祭祀用过的刍狗而不施以所谓仁爱。天地之间，它不像一个大风箱吗？空虚而不会空竭，愈鼓动，出风愈大。（“仁义”之类的）议论太多，必定困惑难行，不如保持虚静。

**【解说】**

讲管理为什么要扯到天地？为什么要提起圣人？原来老子是在要求管理人学习天地，学习天地就可以学习到“道”，从而可以应用于管理；也是在要求学习圣人，因为圣人有圣人的管理理念和管理之“道”。老子认为，圣人的管理理念和管理之“道”就是向天地学习的结果，故他认为管理人也可以直接向圣人学习。他自己就是受人尊敬的圣人。

圣人的重要特点之一是“不仁”。圣人的这个特点是向天地学习的。因为天地本来就“不仁”。在老子之前，“仁”这个概念就已经在社会上普遍使用了，不过很空泛，而一旦进入具体，就是偏爱，就是私情。

所谓“不仁”，就是不讲所谓仁爱，更具体地说，就是不讲偏爱，不讲私情，不讲个人关系和私人感情。这是与当时其他学者和许多管理人的重大差异。“仁”，充满着人性的东西尤其是情感的东西，而不含理性。就是说，到底是按照情感来管理好呢，还是按照理性来管理好？按情感来管理，必然产生私情，在当时必然会强化维护统治者的感情而削弱对百姓的感情。当时一些学说之所以为统治者张目，为强权政治制造理论根据，以及对不利于统治者的文献记录作删改等就是情感所致。老子认为应按理性、按天地“不仁”，即按不偏不倚的原则进行管理。当然，这样一点情感也不带进来的管理是不太可能的，但是老子当时就是这么想的，所以他不太重视仁、义、礼、智这些空泛的东西。

老子在这一管理哲学著作开头（四章）为什么第一句就说“天地不仁”这种刺耳的话语？仔细一想，似乎也是平心而又严肃地告诫人们不要老是拿“仁”、“仁爱”、“仁慈”这些听起来很美好其实很虚伪的理念来管理，更不能喋喋不休地挂在嘴上。讲多了，反而会污染人们纯洁的灵魂，使社会不安甚至使人变得虚伪。

任继愈先生说：老子反对“仁”，认为“仁”并不是最高境界，这一点恰恰与孔子相反。他认为，天地无所谓仁慈，任万物自生自灭。圣人无所谓仁慈，任百姓自生自灭。老子的《道德经》把治天下看做头等大事，伦理学放在第二位，所以说“失道而后德，失德而后仁，失仁而礼。夫礼者忠信之薄而乱之首”。

用什么理论作为管理的思想基础，是老子与当时其他学者特别是儒家（老子之前就有）的重大分歧。从三十八章可以看出，老子并不是反对“仁”，也不是任百姓自生自灭。老子是不主张将仁、义、礼作为管理的根本理论依据或原则，而主张用道、德作为根本理论依据和原则。老子是反对天天喋喋不休地用仁、义、礼、智等空泛的议论去干扰百姓的生活。

按照“不仁”即不偏不倚的公平原则进行管理确有重要参考价值，这是民主、公平的一种趋向，这是一视同仁、公开、公平、公正的一种趋向。“不仁”亦即“至公”，最受后贤称道。《吕氏春秋·贵公》说：“天下非一人之天下也，天下之天下也。阴阳之和，不长一类；甘露时雨，不私一物；万民之主，不阿一人。伯禽将行，请所以治鲁，周公曰‘利而勿利也。’荆人有遗弓者，而不肯索，曰：‘荆人遗之，荆人得之，又何索焉?’孔子闻之曰：‘去其“荆”而可矣。’老聃闻之曰：‘去其“人”而可矣。’故老聃则至公矣。”并感叹：“天地大矣，生而弗子，成而弗有，万物皆被其泽、得其利，而莫知其所由始，此三皇五帝之德也。”这也正是老子的思想，也只有具有如此思想才能达到最伟大的境界——至公。

在老子思想中产生这种趋向并非偶然，一定是受到当时一些暴政，一些极不公平、贫富极不均衡的现象（如他在“德经”里批评的侵略、重税等）影响所致。孔子亦曾感叹：“不患寡（贫），而患不均（安）。”这说明，老子一定认为按情感管理是不理智的，是会引起麻烦的。无怪乎古书说：“大道之行，天下为公。”其中就有要求公平的意思。《尚书·洪范》有“无有作好，遵王之道”，并吹嘘“无偏无党，王道荡荡。无党无偏，王道平平。无反无侧，王道正直”。这些记载无疑直接影响了老子这位饱读古籍的国家图书馆馆长。不过话又说回来，根本不要仁、义、礼、智也不行。管理社会既要有“道”，又要有制度和具体的德性，只是不要过分宣传而已。

学习“天地不仁”还有另一层意思，即在以人为本、对任何人不抱私情的同时，也要与人生存的环境即与宇宙自然相安处好，而不能与之为敌，不能破坏生态环境。这一点是《老子》题中之意，也应引起学者们的注意。

学习天地，还有一个要点，即要少议论。天地就是默默地运行的。他认为议论太多，特别是以“仁义”等空泛的概念为主题（有人解释为政令，误）的议论多了，必然困惑难行，引起麻烦，还不如保持虚空、清静好一些。老子之前就已批判“仁”的高调，而事实上则基本落到剥削阶级身上去了。他认为，讲“仁义”还不如直接讲“以百姓心为心”、讲减税（七十五章）、讲公平分配（七十七章）。

**【诗赞】**

天地不言不语也不仁
圣人不怀偏爱怀公平
不言不语，自然和谐
多言仁爱，必少真信
后人多参考
公平得人心
老子，真是——
大公无私大爱无垠
云水襟怀世人尊敬

# 六章　阴柔之道乃天地之根管理之魂

老子在本章又要论“道”了，不过，本章的议论与前面的议论有所不同。不同之处在于本章老子将指出“道”具有阴柔的性质，或者他要让人产生此种感觉。他为什么要这样做呢？因为他想让管理人以阴柔的态度从事管理。

**【原文】**

谷神①不死，是谓玄牝②。

玄牝之门③，是谓天地根。

绵绵若存，用之不勤④。

**【注释】**

① 谷神。王弼注：“谷中央无。谷也无形无影，无逆无为，处卑不动，守静不衰，谷之成而不见其形。此至物也。处卑而不得名，故谓。”

② 牝。音批，去声。本指母牛的生殖器，泛指雌性动物包括女性生殖器，即母性之意。何新解：玄，即神也。玄牝，即神牝也。即大母神。亦为月神西王母也。

③ 玄牝之门。王弼注：“门，玄牝之所由也。”抽象的母性生殖器之门。

④ 绵绵若存，用之不勤。马王堆甲本作“绵绵呵其若存”，乙本作“绵绵呵，其若存，用之不堇（勤）”。勤，即尽。

**【译文】**

“道”的那空虚的神妙作用不会消亡，这就是所谓玄妙的母性。玄妙的母性之门，就是被称作天地万物的根源。它绵绵不断无形而实存，用起它来则不会穷尽。

**【解说】**

谷为山谷，引申为空虚。山峰山顶属阳，山谷沟壑属阴。谷神即“道”，老子此比喻意在证明“道”是阴柔的。

牝是各种雌性动物包括女性的生殖器官。玄牝即抽象而又抽象的母性生殖器官。牡属阳，牝属阴，玄牝即阴柔之道。老子在此再次暗示“道”的阴柔性质。

老子竟然把雌性包括女性生殖器官写到书里，这是多么大胆！多么率真！多么具有自然科学家的唯真理是从的品德！这里没有丝毫的虚伪。仅从这一点也足以看出老子思想的伟大，显示出其与老百姓的亲近和平等。他之所以要作这种比喻，之所以要暗示“道”的阴柔性质，无非其本人的感悟如此，无非希望管理人能以阴柔的态度来从事管理。国家机器本属阳刚之具，权力本属铁腕，他却希望以阴柔之道作为管理的理论基础，这是真实的吗？这是可行和有效的吗？从他在全书里主张“负阴抱阳”，主张谦让、宽恕、不以智治国、反对暴政、反对侵略战争、反对争夺等来看，他的这种主张是真实的。至于是否可行有效，当时没有实践，也没有多少管理人了解他这一套，战国时期和封建社会各个朝代中后期恰好相反，他大概只有在古书里看到一些例证，认为尧、舜、禹都是以阴柔之道来进行管理的。不过，更主要的是他的“道”的核心——辩证法思想使他如此主张的。

他的朴素的辩证法思想就是：矛盾的对立面既互相对立，又互相依存；既互相联系，又会在一定的条件下互相转化。他肯定不会认为阴柔永远是孤立的、被动的、消极的和呆滞不变的。他在后面许多章里讲明了要“处下”、“处后”、“处弱”、“处阴柔”等道理，他认为处下反而能处上，处后反而能居前，处弱反而能走向强，处阴柔反而能走向阳刚。同时，这证明了“物壮则老”的道理。因此，他认为用阴柔之道来管理必定能够取得很好的管理效果。这种阴柔之道不是不要武力，不是不要责罚和法律，只是认为要正确地、用阴柔的态度去使用。君子藏器，要永远“负阴而抱阳”。这也是中国人的传统美德。

翻翻历史，封建社会几乎每个朝代的前期都曾奉行过老子的阴柔之道。行这种阴柔之道本身就有其海纳百川的宽容态度，采纳了各家学说的优秀成果而不主一家，其效果也是显著的：思想文化与物质财富并茂，臣民百姓与君王社稷俱安。汉、唐、宋、明等各代前期尤为显著。

他感叹地说：“玄牝之门，是谓天地根。绵绵若存，用之不勤。”即告诉我们循阴柔之道，可以找到天地之根，看到万物之母。阴柔之道是生命之“门”，是万物生长、发展之“门”，因此，也是管理的根本，是真正的人本即民本管理的根本。他这种管理思想的哲学根据就是，对立面在一定的条件下会互相转化。他很注重向管理的目标方向（社会和谐安定，人民幸福自由发展）转化或发展。以阴柔之道进行管理包括以德教先行进行管理，则将不断走向强盛。换句话说，就是管理人要不断调整其管理心态和管理方法，永远使自己处于积极主动去推动社会进步的一面。

**【诗赞】**

道，无所谓生
道，其存至永
天地万物，以道为根
管理社稷，唯道是从
负阴抱阳，君子藏器
虚怀阴柔，高雅心境

# 七章 管理人应效法天地有无私精神

老子认为，管理人学习“道”和运用“道”来进行管理，就要具体学习天地，因为“道”是从自然宇宙包括天地那里观察总结出来的。天地有很多特色，除无偏爱之外，无私是其重要特点。管理人应像天地那样无私，才能达到长治久安的目的。

**【原文】**

天长地久。天地所以能长且久者，以其不自生，故能长生①。

是以，

圣人后其身而身先；外其身而身存。非以其无私邪？故能成其私②。

**【注释】**

① 长生。景龙本、敦煌本等多个版本作“长久”，误。王弼本作“长生”。

② 无私。即无我。无我即忘我，无为于我，即“后其身”、“外其身”，故能成其私。

**【译文】**

天地长久存在着。天地之所以能长久地存在着，是因为它不为自己而生存，所以能够长生。因此，圣人退让居后，反而能够居于先；把自己置之度外，反而能够保全自己。这不就是由于自己无私吗？这样反而成全了己私——长治久安。

**【解说】**

老子在本章为什么开篇就说出“天长地久”这一成语或说公理呢？“天长地久”这一成语是否成于老子之前姑且不论，但至少是一个公理，是人人早已认识早已承认的公理。老子为什么开篇便引用这一公理呢？一是因为老子希望管理人学习天地的特点，二是因为老子作为管理的理论家，喜欢从常理入手来引发议论。

天长地久，是客观存在的事实，是自人类诞生以来，人类就一直看到的客观事实。人类过去一直看到，天和地从来没有消失过、没有毁灭过。这是为什么呢？老子的答案是：以其不自生，故能长生。

“不自生”不能理解为不自我生长，而是指生存不为自己之生存。这与七十五章说的“无以生为者”相吻合。本章的思想与七十五章批评统治者“求生之厚”的观点也基本一致。只不过本章是正面从天地为什么“能长且久”开始议论的，认为无私才能长生。

接下来，老子又讲了人类社会的两个道理：一是圣人后其身而身先；二是圣人外其身而身存。这两个道理即：一是居后反而能够处先；二是身己度外反而能保存自己。老子为什么要在举出自然的道理之后又举出此人类社会的道理呢？其根本目的就是要揭示出“无私”的价值，提出管理人应当无私，无私反而“能成其私”的观点。这个“私”字有双重含义：一是自己；二是作为管理人要达到的长治久安的目的。

周公也许就是老子内心深处的一个例证。周公也确实是一个优秀的以长治久安为政治目标的管理人，一个以道佐君者。武王战胜商的第二年得了重病，这时武王身关天下安危，周公竟亲自祈请于太王、王季和文王，求以自己代替武王去死。武王死后，成王年幼，周公代理政事，又遭成王怀疑。周公不顾危险处境和委屈，仍然效忠周室完成东征并取得大胜。此时，成王对他的怀疑仍未消除，周公也仍然身己度外，直到他想替武王去死的祝告册书被成王从“金滕”取出看到后，君臣之间的隔阂才得以消除，他才受到应有的尊重。显然，老子认为管理人应像周公那样无私，才能搞好管理。《吕氏春秋》专设“去私”一章，说：“天无私覆也，地无私载也，日月无私烛也，四时无私行也，行其德万物得遂长焉。”这部管理学著作也主张以无私的原则进行管理。

【诗赞】

后其身，外其身
无私无欲百事成
圣人做人好心态
领导管理大根本

天地无私

# 八章 管理人应学习水济万物而不争

学“道”用“道”，就是学习天地，用天地之规律。水，在老子看来，属天地。因此，老子认为应学习水。要了解水的特点和近于水的优点，换句话说，就是管理人应能像水那样处一般人讨厌的地方、处下、利万物而不争。不争，才无忧、无过。

**【原文】**

上善若水。

水善利万物而不争，处众人之所恶①。

故，

几于道②。

居善地，心善渊，与善仁，言善信，正善治，事善能，动善时③。

夫唯不争，

故，

无尤④。

**【注释】**

① 处众人之所恶。处，马王堆甲、乙本作“居”。所恶，崔存之校订王弼本为“主恶”，误。今从任继愈《绎读》。恶，王弼注：“人恶卑也。”

② 几于道。接近于道。何新解：几、近，古通用。

③ 居善地，心善渊，与善仁，言善信，正善治，事善能，动善时。地，卑下；渊，深藏；与，与人相处；正，政；能，才能。

④ 尤。通“忧”。

**【译文】**

最高的德行就好比水的品质。水善于滋养万物而不与万物相争，它愿意处于众人厌恶的低下之处。因此，其品行能接近于道。（最优秀的管理者）要像水那样，处身要安于卑下，思想和心态要清明而深沉，待人要坚持仁爱，言谈要恪守诚信，行政要善于管理，办事要充分发挥自己的才能，行动要合于时机。正因为能够（像水那样）与世无争，才不会出现过失和忧患。

【解说】

老子开宗明义地指出“上善若水”，理由何在？老子说水的根本优点在于最接近“道”。这个根本优点就是“利万物而不争，处众人之所恶”，即所谓任劳任怨，毫不利己，专门利人。孔子认为玉有十德，若详细分析，水也有十德：一是与世无争；二是滋润万物而不张扬；三是润物公平、不分贵贱；四是甘处卑下；五是能上能下；六是愿处一般人厌恶之地；七是心态清澈平静；八是本质纯洁；九是与人为善且最柔和；十是可以克刚。

正因为如此，老子认为管理人应充分学习水的这些优点。应像水那样安于卑下，那样深沉，那样柔和亲切，那样诚信，那样清净，那样易于管理，那样充分发挥才能，那样善于待机而动，但最重要的是“利万物而不争”。这是管理人应具有的德性。只有不争，才无忧、无过失。

《尚书》里有一篇短文叫《甘誓》。“甘”是夏代有扈国都南郊的地名。“誓”是誓师大会上宣讲的誓言。据《史记·夏本纪》记载，大禹十年，禹东巡狩，死于会稽，死前把政权交给了益。三年之后，益又把政权让给了禹的儿子启。贤明的启受到诸侯的拥护，称夏后帝启。只有夏的同姓诸侯有扈氏不服，因此，夏启起兵征讨，大战于甘地。《甘誓》就是夏启发表的誓词。这次战争以有扈氏的失败告终。这是“争”给有扈氏带来的“忧”和恶果。

可惜，老子提出的“不争”没有涉及原则性问题。如果不管正义不正义，不管是非，反正不要争，这就没有原则性。不争对个人的生存和官位也许多属有利，但作为管理人也许有时对社会不利。《淮南子·齐俗训》记载：“昔有扈氏为义而亡。”说明人家认为有扈氏争得有一定的道理。其实，自古有让贤的传说，尧、舜如此，甚至让给不同姓的贤者，有扈氏不服而争并无道理。当然，《淮南子》的说法还有待商榷，但这些记载告诉人们，为了坚持原则，有时是要争的。老子认为，争就会招致危险，难保官位。另外，老子亲见了周王室之争，这是他辞职离周隐退的原因之一。争在老子内心是危险的行为，他主张不争。当然，应当特别指出的是，承前章所述，老子主张的是管理人不能为私利而争，而要无私无欲。但是，如若是为了国家利益，则不得已可以进行战争，如五十七章就说：“以正治国，以奇用兵。”

在非特殊情况下，利万物而不争，的确是最好的美德，管理人尤应与世无争。

在本章，我们也看到了老子并不是绝对反对“仁义”的，而是认为不能常挂在嘴皮上。林语堂先生在其《中国先哲的智慧》一书“想象的孔老会谈”中引《庄子·天运》说，老子对孔子说过：“要知道，名声是天下共用的，不可多取，多取便容易造成混乱；仁义是先王的旅舍，只可留宿一夜，若是久居常见，责难也就相继而起。”《庄子·德充符》还说孔子感悟了学习水的价值，说：“人不到流动的水面上照自己的影子，而到静止的水面去照。这个意思就是说，唯有静止的东西才能吸引那渴求静止的人。”的确，激流照不见影子，心静才能判断是非。从事管理不能感情用事，而必须公平无偏私。也只有这样才能使民心纯洁、清净，使国泰民安。

【诗赞】

利万物而不争
处众恶而无恨
上善在怀
忧不入梦
干部无争
并肩为民

上善若水

# 九章　管理人应知功成身退本属自然

老子在二章讲到管理人要“功成而弗居”。不居功是管理人应有的美德，这样，其功业才能保存，地位也不易失去。在上一章讲到，管理人要像水那样与世无争。不与争功更是管理人的基本为官原则，争功是很危险的，不争功名，不争利禄，才会无忧。这里，老子进一步要求做臣子的要功成身退。他用哲学道理说明功成身退才合天道和自然。

**【原文】**

持而盈之①，不如其已。
揣而锐之②，不可常保。
金玉满堂，莫之能守。
富贵而骄，自遗其咎③。
功成身退，天之道④。

**【注释】**

① 持而盈之。马王堆甲、乙本作“植而盈之”。持，执。盈，满。
② 揣而锐之。《集韵》：“揣，冶击也。”即令尖利。王弼注：“故不可长保也。”
③ 咎。《说文》：“灾也。”
④ 天之道。马王堆甲、乙本作“天之道也”。

**【译文】**

追求圆满，不如适可而止。追求锋刃锐利，不能长久保存。金玉堆满仓库，没有人能守得住。得到富贵而又骄纵，就是自己给自己带来灾祸。完成功业引身而退，这就合乎自然之道。

**【解说】**

本章和上一章看起来似不相衔接，其实非常顺理。前面各章均是希望管理人要以“道”行政，这一章也是讲要学习和运用天地规律进行管理。他认为“功成身退，天之道”。并举了多个例子，使论证深入浅出。

手里捧得满满的，不如放下来。老子一开始喻以自然法则，即认为不要追求圆满。接下来举人为事物之比喻，磨刀磨得锋刃锐利也会生锈变钝，永远锋利是没有的事。然后，又举积累再多财富也很难守得住的例子，说明要适可而止。至于富贵而骄纵，那会自寻倒霉。老子说这些常理的目的集中于一个他认为的永恒的真理：功成要身退，即做臣子的大功告成以后要及时抽身出来。

老子自己实践了这条“天道”。老子曾两任国家图书馆馆长，第一次是经忘年好友尹喜推荐做了东周国家图书馆馆长，作出了很大成绩后归隐回乡。第二次是国家图书馆遭到破坏，东周王室特召他回去再任此职。据王崇静先生《老子的传说》一书研究说，老子怀着对文史资料的莫大爱惜，又一次接受了任命。复职之后，他对被破坏、抢劫后损失极为严重的守藏室资料做了大量的修复、增补、收集工作，再一次为人类文明的传播作出了极大的贡献，此次回洛阳（东周首都），他还受到了来自鲁国的孔子的极度崇拜，并向孔子讲述了易理和天地法则，也为儒家学术思想的形成和传播起到了极大的启发作用。经过很长时间的努力之后，他深感功成事遂，加之王室之争的影响，他毅然向周天子递交了辞呈，走上了归隐悠游之路。他感觉这很好，于是在写本章时希望管理人学习和运用“天道”，要功成身退。

此后，能深通此道并坚决实行的臣子不少，第一个典型的臣子是战国时期的越国大臣范蠡。范蠡本是楚国三户地方人，他有志从事管理，兴邦治国，他和文仲一起投奔越国并受到重用。越王勾践不听范蠡的劝告，兵败于吴国，做了吴王夫差的奴仆。是范蠡献计勾践让他十年卧薪尝胆，又是范蠡帮助勾践振兴经济，并献美女迷住吴王。最后，趁吴王夫差与诸侯争霸，帮助勾践一举打败了夫差，消灭了吴国，并背着勾践杀掉了夫差，灭掉了后患，使越国成了新的霸主。勾践万分感谢范蠡，提出要与之平分江山。但是，范蠡将一切都推辞掉并归隐了。后来勾践派大批人马寻找他，但始终没有找到。这是最典型的功成身退一例。以后各代多有此种事例，包括唐代的肖蒿、清代的曾国藩等。

老子为什么认为这是“天道”呢？其根据就是物极必反的辩证法思想。满招损，谦受益。在古代那种剥削阶级统治的社会，老子看到了臣子功高盖主的危险性，故有如此感言。无疑，他同时也看到了管理人争利失位会给国家社会带来祸患。

**【诗赞】**

满堂金玉难能守  
荣华富贵莫要骄  
江山代有人才出  
功成身退天之道

# 十章　管理人应爱民如子而不用权谋

如果说上一章是劝臣子的，那么这一章则是劝所有管理人尤其是身为人君的最高管理人的。最高管理人要讲出“爱民治国”四个字是容易的，但是怎么爱民、怎么治理好国家就没有那么简单了。《国语》记载，战国时期卫国一个国君曾跟他的谋臣说：我原以为国家好治，没想到那么难治。谋臣说：以为易治，那就难治。看到难治，那就易治了。不过究竟要怎么治呢？怎么体现爱民呢？老子提出了自己的看法，即三个重要原则。

**【原文】**

载营魄抱一①，能无离乎？
专气致柔，能如婴儿乎？
涤除玄览②，能无疵乎？
爱民治国，能无知乎③？
天门开阖，能为雌乎？
明白四达，能无为乎？
生之、畜之。
生而不有，为而不恃，长而不宰，是谓玄德。

**【注释】**

① 载。何新解：载，有“裁”、“乘载”两义，从第二义。营魄，即魂魄。营，通魂；魄，即皮。载营魄抱一，即魂魄一体，也即对立面的统一。

② 涤。马王堆甲、乙本作“脩”。览，马王堆乙本作“监”。古代“监”通“鉴”。玄览即为玄鉴（镜）的意思。

③ 能无知乎。知通智。马王堆乙本作“能毋以知乎”。意思相同，但版本有误。

**【译文】**

精神与形体对立而统一，能不分离吗？积聚精气而达于柔顺，能像婴儿一样吗？清除杂念入于静观，能清明无瑕疵吗？以爱民的原则来治国，能自然无为而不用巧智吗？鼻口开合，吸纳对立，能甘守雌性之柔和吗？聪明而通达天下事理，能做到无为吗？要自然而然地让万物生养、繁衍。让万物生养而不据为己有，助长了万物而不自恃有功，管理了万物生长而不加以干扰，这就是幽深之德。

**【解说】**

老子在本章开头就基本是照例讲有关管理之哲学道理的，全篇以反向思维的方式行文，由哲理至治国之理念。

老子认为精神与身体是对立统一体，相互是离不开的，离开了就不成其为“人”。这是最基本的哲学道理之一，它是“道”的核心内容之一。老子认为治国若以“道”为理论基础，就要熟悉和运用这些哲学道理。他认为积聚精气以至于柔顺得像婴儿那样，进入静观要把杂念全部清除而不留瑕疵，并由此引入治国方面，提出了三个重要原则。

老子提出的三个重要原则：一是“无知”，二是“为雌”，三是“无为”。

“无知”即“无智”，即不用巧智，不用权术。俗语说：司马昭之心，路人皆知。老百姓心里有一杆秤，用巧智权术治国，老百姓都明白，欺骗了人民，人民也会欺骗他，包括君王。因此，老子在十七章说：“信不足焉，有不信焉。”可见老子最痛恨以智治国。他在六十五章更明确指出“以智治国，国之贼；不以智治国，国之福”。

“为雌”即“守雌”，亦即守柔。老子认为在处理矛盾对立时，要能甘守阴柔的姿态。他在三十六章中指出了“柔弱胜刚强”。雌性亦即母性。老子认为管理人要始终以母性的姿态从事管理。

“无为”是其总原则。全书贯穿着“无为”、“无为而无不为”的思想。老子说，即使再聪明敏锐，能做到“无为”吗？聪明且敏锐的人最不容易“无为”，而治国却要求“无为”，这就很不容易，故老子要问：“能无为乎？”

在上述三个原则中，老子有意识地把“无知”排在第一，是议论的重点。“为雌”、“无为”在其他章有其专论，在本章，老子的重点显然是“爱民治国，能无知乎？”可见他是多么希望管理人以纯真的态度来治理国家。

既然要不用巧智权术治国，管理人就要“生而不有，为而不恃，长而不宰”，即要自然而然地让万物生养、繁衍；让万物生养而不据为己有，助长了万物而不自恃有功；管理了万物生长而不加以干扰。为什么要这样？显然，这是非常超前的管理思想。老子在三章就提出了教育的目标是要使民返璞归真，而在这一章则提出管理人要让人民和自然万物自由发展，不要为了管理而管理，不要把人民管得太严，不要居功，不要干扰老百姓和万物的生活和自由发展，就是说不用巧智权谋，而完全靠自觉。人民一旦返璞归真，这种自觉就顺理成章。不过这就有点共产主义社会的味道了。

马克思主义认为，“人是自由的自觉的”类存在物[①]，在共产主义社会，“每个人的自由发展是一切人自由发展的条件”[②]，“共产主义是私有财产即人的自我异化的积极的扬弃，因而是通过人并且是为了人而对人的本质的真正占有；因此，它是人向自身、向社会的人的复归，这种复归是完全的、自觉的而且保存了以往发展的全部财富的。这种共产主义，作为完成了的自然主义，等于人道主义，而作为完成了的人道主义，则等于自然主义，它是人和自然界之间、人和人之间的矛盾的真正解决，是存在和本质、对象化和自我确证、自由和必然、个体和类之间的斗争的真正解决。它是历史之谜的解答，而且知道自己就是这种解答”[③]。当然，我们很难断言老子已经猜到了未来必然实现的共产主义社会的基本模样，但是我们完全可以看到他老人家对管理人寄托的这种了不起的希望。如果管理人这么做，人民也这么努力，国家社会何愁不好管理？当然，这也有待于物质财富的极大丰富和世界各民族的共同进步。

【诗赞】

身形不相失
心纯无瑕疵
爱民治国不用巧智
民主管理为而不恃
百姓自觉进步
管理无为而治
两相促进向前发展
老聃的理想模式

① 马克思恩格斯全集·第四十二卷. 北京：人民出版社，1972. 96.
② 马克思恩格斯全集·第一卷. 北京：人民出版社，1972. 295.
③ 马克思恩格斯全集·第四十二卷. 北京：人民出版社，1972. 120.

# 十一章 管理人应懂“无”为“有”用之理

本章没有直接提“治国”二字，但是实为治国而用，是不提“治国”的治国之“道”。这主要就是“无为而无不为”的思想。在这一章，老子并没有直接提“无为而无不为”，而是巧妙地以“有”与“无”的关系来说明，希望管理人懂得“无”为“有”用的道理。

**【原文】**

三十辐共一毂①，
当其无，有车之用。
埏②埴以为器，
当其无，有器之用。
凿户牖③以为室，
当其无，有室之用。
故，
有之以为利，
无之以为用。

**【注释】**

① 三十辐共一毂。其三十辐为条木，三十，取一月的天数。共，集中的意思。毂，车轮中心穿过的圆木。

② 埏。读作“山”。

③ 户牖。门窗。

**【译文】**

车轮共有三十根辐聚集安装在一个毂上，于是当中有空间，这样才有使车轮滚动的作用。抟击制陶胶泥作器皿，于是当中挖有空间，这样才有器皿装物的作用。凿门开窗建造房屋，于是当中设有空间，这样才有屋室住人的作用。所以任何实有的部分给人们带来的便利，要靠它的虚无部分起作用。

**【解说】**

老子在这一章得出的结论是：“有之以为利，无之以为用。”为此，他列举了车轮、陶器、房屋三个例子来说明“有”和“无”的关系，以证明他的结论。他认为当车轮中间有空间，才会有车轮的作用从而有车子之用；当陶器中间空出来才有陶器的作用；当房屋中间是空的，墙上有窗（空的），才会有房屋。

老子深谙矛盾对立面相互依存的辩证关系。不过，他为了得出上述结论，特别强调了某一方面的作用。在这里，即强调“有”、“无”对立统一体中的“无”的重要作用。他认为“有”是直接有利于我们的，是人们看得见、摸得着和容易引起人们重视的一面，而“无”（以及前面讲的反面、不争、柔弱等方面都是人们不太注意的方面）则不是直接有利于我们的，是人们看不见、摸不着和容易为人们所忽视的一面。因此，他要使管理人重视“有”依赖于“无”，特别强调“无”的重要性。要让管理人懂得“无”为“有”用的道理。

为什么要作这样的论证呢？老子的目的显然是希望管理者懂得并运用“无为而无不为”的道理。“有为”在老子看来，就是做实事，就是具体的作为；老子认为大家不要有具体的作为，上层管理人不要有具体作为。没有具体作为并非什么也不干，制定政策和进行宏观控制是必需的，就是说务虚是必要的。务虚好，务实才会好、才会多。务虚是为务实所用的。上层管理人越有具体作为，百姓的具体作为（包括业务技术）就越少，反之则越多越好，无为而无不为。宋代洪迈《容斋随笔》则认为要知无用才能谈有用。说：“《庄子》云：‘人皆知有用之用，而莫知无用之用。’又云：‘知无用，而始可与言用矣。夫地非不广且大也，人之所用，容足耳。然则厕足而垫之致黄泉，所谓无用之为用也亦明矣。’此义本起于《老子》‘三十辐共一毂，当其无，有车之用’一章。《学记》：‘鼓无当于五声，五声弗得不备；水无当于五色，五色弗得不章。’其理一也。”总之，管理人要懂得“无”为“有”用、“无用”可以转化为“有用”的道理，要重视这“无”和“无用”的方面，重视务虚的方面，包括重视老子这些抽象的管理哲学方面。

**【诗赞】**

“无”为“有”所用
“有”以“无”成功
“有”字以为利
“无”字抱怀中
国君若能善用“无”

贤臣百姓“有”奇功
老子思想富哲理
虚怀大度百窍通

当其无有室之用

# 十二章 管理人应有存身去欲的高要求

本章谈不要追求物质生活和物质利益，这看起来与管理无关，表面上也与上一章脱节，但是仔细一想，两章内容多有关联，并未脱节。老子想表达的思想是：管理人应有存身去欲的高要求，以保有管理的机会。

**【原文】**

五色①令人目盲；

五音②令人耳聋；

五味③令人口爽④；

驰骋畋猎，令人心发狂⑤；

难得之货，令人行妨。

是以，圣人为腹不为目。

故，去彼取此。

**【注释】**

① 五色。即青、黄、赤、白、黑。

② 五音。即宫、商、角、徵、羽。

③ 五味。即酸、甘、苦、辛、咸。

④ 爽。读作“丧”。败胃口的意思。

⑤ 驰骋畋猎，令人心发狂。马王堆甲、乙本此句在“五味令人口爽”之前，属误排。

**【译文】**

五彩缤纷的颜色使人眼花缭乱，五音喧嚣的音乐使人们听觉失灵，过于丰美的食品会使人伤胃口，纵情于跑马打猎会使人心生狂躁，难得的珍贵货物会使人行为不轨。因此，圣人治国只求饱肚存身而不求声名娱乐，即去欲存身。

**【解说】**

上一章，老子曲折地论证了他的主张：上层管理人要“无为”。而“无为”就包括不要过分追求物质利益和物质生活，因为在他看来，这种追求也是“有为”。利益和物质生活的多欲和追求，使他看到了领导人与百姓生活的巨大反差，因此，他作如此劝诫，希望上层管理人对自己要有存身去欲的高要求、高境界。就是说，不要过分追求物质利益和物质生活，更不要追求声色犬马。他说的“圣人为腹不为目。故，去彼取此”，就是说管理人要向圣人学习，恬淡地面对一切，而圣人也往往是优秀的管理人。《尚书》多篇记载了圣人周公的管理思想，老子显然在劝导管理人向他学习，同时，本章也是对一般管理人的劝导，是老子的教育理论的实施。历史上不乏官员由于声色犬马而祸国殃民的历史教训。但本章主要是劝诫高层领导人的。这从他说的“驰骋畋猎，令人心发狂”即可看出，一般官员是不可能“驰骋畋猎”的，老百姓更是见所未见、闻所未闻，完全是王侯贵族的娱乐方式。

《尚书·多方》记载了周公归政成王后作的一篇训话，即告诫众诸侯国的诰辞。其中就指出过分追求物质生活的害处。周公说：“成王这样说：呵，告诉你们四国、各国诸侯以及你们众诸侯治民的长官，我给你们下达教令，你们不可昏昏不用……夏桀大肆逸乐，不能恤问人民，竟然大行淫乱……不能很好地顺从民众，无时不贪取财物，深深毒害了人民。也由于夏民贪婪、忿戾的风气一天天盛行，残害了夏国。”他还说于是上天命令成汤消灭夏国（见周秉钧译注《白话尚书》)。这些历史教训，老子应当是看到过的。另外，据《老子的传说》载，他在去楚国的路上和到郢都后看到了百姓生活的酸楚和统治者贪图名利、追求奢华给百姓带来的灾难。因此，他在七十五章严厉地谴责了上层管理人，说民难治，“以其上之有为”；民轻死，“以其上求生之厚”。因此，他有这一章的深切劝诫。

《吕氏春秋·序意》劝导管理人什么都要有度：“行数，循其理，平其私。”要削平私欲。“夫私视使目盲，私听使耳聋，私虑使心狂。三者皆私设，精则智无由公。智不公，则福日衰，灾日隆。以日倪而西望知之。”就是说，以私欲追求视听物欲，智慧就不会公而清明，灾祸就会来临。因此，领袖人物一定要为天下百姓着想。只不过老子的语词有点偏激而已。

**【诗赞】**

五色五音五味乱纷纷
何况奔马打猎奇货陈
花花世界多陷阱
愈求愈繁愈伤身
老子劝告管理人

与其败俗劳命
不如闭目养神
于身于国都有利
最利天下老百姓

# 十三章 可托天下者应能贵爱天下若己身

前面讲管理人应该学习天地无私、不争，要处下、纯真、去欲等，本章明确指出最高管理人应能身己度外，能贵爱天下像爱自己的身体一样。这是老子对管理人特别是上层管理人的期望和要求。说理深刻，例证生动，充满着他的“道”——辩证管理思想。

**【原文】**

宠辱若惊，贵大患若身①。

何谓宠辱若惊？宠为上，辱为下②，得之若惊，失之若惊，是谓宠辱若惊。

何谓贵大患若身？吾所以有大患者，为吾有身，及吾无身，吾有何患？

故，

贵以身为天下，若可寄天下。爱以身为天下，若可托天下③。

**【注释】**

① 宠辱若惊，贵大患若身。王弼注：“宠必有辱，荣必有患，惊、辱等，荣、患同也。”意思是宠、辱同样会使人受惊。贵，重视或看重。

② 宠为上，辱为下。王弼本为“宠为下”。景福本、陈景元本皆作“宠为上，辱为下”，似较合理，从之。

③ 爱以身为天下，若可托天下。《吕氏春秋》有“惟不以天下害其生者也，可以托天下”。爱，用。

**【译文】**

得宠和遭辱都会担惊受怕，重视大祸患犹如重视自己的生命。为什么说得宠和遭辱都会担惊受怕？因为宠为上位的，辱为下位的，受宠时其位本处卑下，故得到宠爱即地位突然上升就会像受到惊吓，失去宠爱也会因其地位突然下降而像受到惊吓。这就叫做得宠遭辱都像受到惊吓。什么叫重视大祸患犹如重视自己的生命？因为我有大祸患皆因我有自己的身体。到我没有这个身体了，还有什么忧患可言呢？所以凭着重视生命的态度去管理国家的人，才能把国家寄托给他，只有凭着爱惜自己身体的心态去管理国家的人，才能把天下委托给他。

【解说】

什么东西最重要？生命自然最重要。天赐予人的最公平的东西就是生命，人人都有一次，人人也都只有一次。无论贵贱贫富，生命对于任何人都只有一次。这个浅显的事实和道理不言而喻。因此，人们应该比较看重生命。然而，人们又比较重视宠爱和祸患。有的甚至把得宠和遭辱看成与生命一样重要甚至更重要，以致得宠和遭辱都感到惊恐。这是为什么呢？老子认为，都是因为自己有身。身己处下突然升上所以惊恐，身心承受不了；身己处上突然降下，所以惊恐，身心也承受不了。身心是个关键。及其无我无身，何惊恐之有？由于有身己，贵重身己，当然会“进亦忧，退亦忧”。这就是常人常态。所以，范仲淹认为应“先天下之忧而忧，后天下之乐而乐”。老子则认为圣人往往把自己置之度外，置于虚无境界。“无”是不会受伤的。深通老子思想的庄子说，心处于“无”，没有什么能伤害他，有什么会伤害“无”呢？因此，老子这一章是要劝说最高管理人摆脱常人常态而学习圣人，像圣人那样身己度外，更何况这也是重视生命的一种方式。他认为身己度外的人才能担当管理天下的大任。他指出把天下看得像常人看待生命那样可贵，把天下爱护得像常人看待自己的生命那样可贵，才有资格管理天下。否则，只贵自己，只爱己身，必害人害己，必失天下，不配当管理天下的高级管理人。难道可托天下之管理人不要生活吗？也不是，范仲淹说的“先天下之忧而忧，后天下之乐而乐”就是最好的答案之一。

身己度外的人不是不看重生命，恰恰相反，这是更看重生命，是想方设法地保重生命的方式。只有如此保重生命同时如此重视国家社会的人才能担当管理国家社会的大任。换句通俗的话说，就是要将心比心地去重视人民的国家和将心比心地去关爱国家的人民。这正反映了他以人为本的管理思想，他确实处处想着人（民）。正因为如此，《吕氏春秋》的作者们专门写了《贵生》、《情欲》等篇劝诫君王要重视生命，物欲、情欲的满足要有度，“害于生则止”。同样，权位、名誉如果有害于生命，也要知止。这样的人才不会“宠辱若惊”，才会遇事不慌、心平气和。有这种重视生命态度的人，老子认为才能担当管理天下的大任。故《吕氏春秋》的作者们说：“惟不以天下害其生者也，可以托天下。”即不以强为管理天下而害及己身、害及人民。

【诗赞】

国家社会的管理人

当爱国爱民如爱己身

宠亦不惊辱亦不惊
荣华富贵于我如浮云
爱民治国才是重任
治国为民才快我心

# 十四章　国家领导人应参考古代治国之道

本章老子又感叹起“道”来了。不过话锋一转，指向了古代圣人发现和运用过的“道”，并且希望管理人能执古之“道”指导今天的国家社会管理。就是说，管理国家社会不仅要从宇宙自然、从天地事物悟出“道”来应用之，而且要借鉴古代圣王的经验。

**【原文】**

视之不见，名曰夷；听之不闻，名曰希；搏之不得，名曰微。

此三者不可致诘①。

故，

混而为一②。

一者，其上不皦，其下不昧。绳绳③不可名，复归于无物。

是谓：无状之状，无物之象。

是谓：惚恍。

迎之不见其首，随之不见其后。

执古之道，以御今之有④。能知古始，是谓：道纪⑤。

**【注释】**

① 此三者不可致诘。诘，马王堆甲、乙本作“计”。任继愈《绎读》：夷、希、微都有细小、微小，感官难以感触的含义，这是有道理的。

② 一。即道。即对立统一的“一”。《吕氏春秋·大乐》说：“道也者，至精也，不可为形，不可为名，强为之名，谓之太一。”

③ 绳绳。马王堆甲、乙本作“寻寻”。绳、寻古通。

④ 有。刘师培解释为“域”。属假借字。即国家社会。

⑤ 道纪。任继愈《绎读》：“道”的规律，可从之。

**【译文】**

看它不见，命名叫“夷”；听它不见，命名叫“希”；摸它不着，命名叫“微”。这三者不能进一步深入探究，原因在于它们是浑然于一体的东西（即“一”，即“道”）。它，从上面看并不明亮，从下面看也并不昏暗。渺渺茫茫难以名状，于是又回复到无形无物的虚无之感。这就叫做没有形状的形状，没有物体的形象，也就叫做“惚恍”。迎面看不到它的头，跟随它看不到它的尾。根据古代“道”这种理论来管理今天的国家社会，能够知道并借鉴古代原始管理经验，这就叫做运用“道”来管理国家应遵循的规律。换句话说，这本身就是“道”的一条规律：观今宜鉴古。

**【解说】**

老子在本章开头沿引古代所总结的对“道”的观察和认识的一些局部的结论“夷”、“希”、“微”。“夷”是从视觉角度说的，“希”是从听觉角度说的，“微”是从触觉角度说的。认为认识到的这些结果就是同一个东西——“道”，他将其概括为“一”。把对立统一规律概括为“一”，是一大贡献，比黑格尔早了两千多年。

接着，老子又对“道”进行了一番描述，说它明暗不显著，名目又难称。这是一个特点，这与一章讲的“名可名，非常名”相一致。就是说，古圣人对感悟“道”也难于名状。“道”这个对象讲来讲去都是属于天地之始——“无”的，它状无象，这是又一个特点。可以叫做“惚恍”，即一种若有若无、或存或无的渺渺茫茫的样子。迎看它不见其头面，跟随它不见其后背。这是它的第三个特点。总之，它就是“道”，这是古来就有人认识和应用于国家管理的东西。

《吕氏春秋·大乐》极赞“道”，作者们根据自己的理解说：“道也者，视之不见，听之不闻，不可名状。有知不见之见，不闻之闻，无状之状者，则几于知矣。道也者，至精也，不可为形，不可为名，强为之名，谓之太一。”

老子作如此多的解说，目的就是要管理人向古人学习，借用古人认识的“道”来管理当时的国家社会。“能知古始，是谓：道纪。”老子在这里又提出了一个新的概念——“道纪”。“道纪”是什么呢？就是“道”中的一个规律，“道”是很多规律的总称。其中，第一是对立统一规律；自古管理国家要借鉴历史经验，这也是一条规律，甚至是一条重要规律。“道纪”就是古人总结出来的管理经验或管理规律。

古人是怎样使用“道”的呢？《吕氏春秋·大乐》接着前面的话说：“故一也者制令，两也者从听。先圣择两法一，是以知万物之情。故能以一听政者，乐君臣，和远近，说黔首，合宗亲。能以一治其身者，免于灾，终其寿，全其天。能以一治其国者，奸邪去，贤者至，大化成。能以一治天下者，寒暑适，风雨时，为圣人。故知一则明，明两则狂。”可见《吕氏春秋》的作者称道并希望圣王要掌握“一”（道），认为这就够了，而千万不要掌握专职人员的工作方法和技术。

古代有些什么管理经验，这些经验存于何处呢？存于古代所记载的书里。古代政事都有史官记载，后来集中于《尚书》。《汉书·艺文志》说"《书》之所起远矣，至孔子纂焉。上断于尧，下讫于秦，凡百篇而为之序"。周秉钧《白话尚书》说，相传《尚书》有两千多篇，孔子删为百篇。老子可能读过其中许多篇。而百篇《尚书》后散佚，今只有二十九篇了。这二十九篇中，也有不少对管理经验的记载，特别是《尧典》、《皋陶谟》、《盘庚》、《洪范》、《立政》、《顾命》等。对尧、舜、禹、文王、周公的管理之道记载较多。在《洪范》、《顾命》中直接提到"王道"、"道"。《洪范》记载了周武王向箕子问安定下民的常道，箕子提出了从九个方面治国的方法，非常系统，说"不要作私好，要遵守王道"。《顾命》记载了周成王临死前的嘱托，说"皇天用训厥道，付畀四方"。意思是上天要顺从先王的治理之道，把天下交给先王。《尚书》记载，古代确定历法、官制等都属于治国之道。老子认为应从中加以总结，找出规律以指导今天的国家社会的管理。

【诗赞】

道，真像个大怪物
不明不暗无状无物恍恍惚惚
御今宜鉴古
圣贤的管理经验要掌握
说来说去就是"一"
对立统一规律不可无

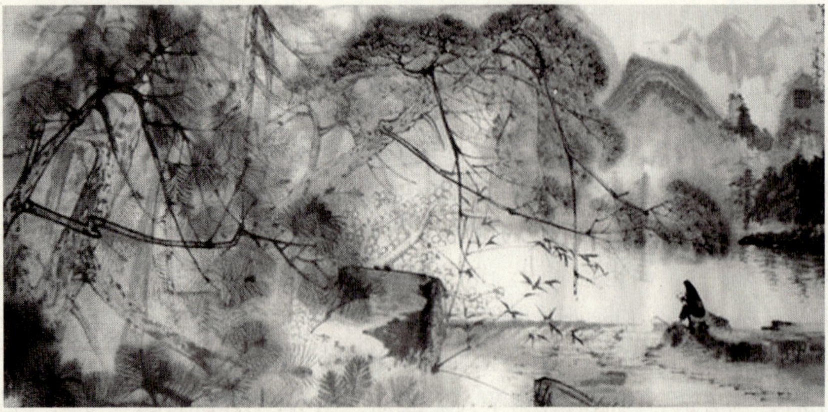

探索

# 十五章 古代管理人深藏不露谦虚谨慎

既然要执古之道以御今，就应学习古代优秀的管理人。古代优秀的管理人有哪些特点，有什么优长之处呢？老子对此作了详备的研究和回答，指出他们看似保守，却能取得成功，非一般人可比。

**【原文】**

古之善为士者①，微妙玄通，深不可识。
夫唯不可识，
故，
强为之容②：
豫兮，若冬涉川；
犹兮，若畏四邻；
俨兮，其若客③；
涣兮，若冰将释；
敦兮，其若朴；
旷兮，其若谷；
混兮，其若浊；
澹兮，其若海。④
孰能浊以止，静之徐清；
孰能安以久，动之徐生。
保此道者不欲盈。
夫唯不盈，故能蔽不（而）新成⑤。

**【注释】**

① 古之善为士者。士，指古代之官，《周礼》有“上士、中士、下士”。马王堆甲、乙本作“道”。这与下面的意思不合，属抄误。

② 强为之容。意思是勉强形容和描述。

③ 客。王弼本作“容”。马王堆甲、乙本作“客”，从之。

④ 若。王弼注：“凡此诸‘若’，皆言其容象不可得而形名也。”

⑤ 故能蔽不（而）新成。蔽，有些版本作“敝”，通“蔽”。不，任继愈《绎读》认为是“而”字的误写，颇有道理。

【译文】

古代有道的善于当管理人的，幽微、神妙而人情通达，深邃得非一般人所能了解。正因为非一般人所能了解，所以只能勉强对他加以表述：管理行动上那个犹豫谨慎啊，就像要在冬天渡过大河；考虑再三啊，就像提防邻国的进攻；严肃庄重啊，就像外出做客；动作缓慢啊，就像冻冰将融；庄重呆笨啊，就像未加雕刻的木头疙瘩；虚心态度啊，就像幽深的山谷；宽怀容色啊，就像一潭浊水；胸怀宽广恬淡像大海。谁能使混浊停止？安静下来可以慢慢澄清。怎样才能长治久安？继之以动才能改变一潭死水。保有“道”的人不追求圆满。正因为不追求圆满，所以能取得成功。

【解说】

老子说古之善为士者，是指古代善于当官的。老子说，这些善于当官的有如下特点和优点：总体来说，是幽微、神妙而深通于“道”，非一般人所能理解。具体来说，一是十分谨慎；二是特别庄严；三是非常从容；四是极为厚重；五是异常豁达；六是极其宽容；七是容色像浊水；八是恬淡像大海。

老子认为，这些人还有一些特点，一是能够以虚静和从容的态度来处理混浊的激荡局面，二是能够用微妙的变动打破沉寂的局面。而且他们不追求圆满。他们懂得事物会不断地发展变化，故不追求某种恒态。既能混浊，又能澄清；既能澄清，又能变动。这样，就能不断地把事物波浪式地一个又一个推上新的阶段。

不追求圆满，不希冀于恒态，比常人看来似乎保守，然而正因为如此，才能不断创新图变，使事物持续发展。显然，老子认为管理国家也是如此。应像古代优秀的官员那样具备许多优点，因势利导，顺“道”应变，这样才能不断取得成功。

老子这么写，无疑有古代明君贤臣在胸，箕子、周公尤在其中。殷纣王大臣箕子向纣王进谏不被接受，假装疯癫保命而又深通治国之道，周公愿代替武王死并谨言慎行，都是“微妙玄通，深不可识”的优点。他们都具有前述几个具体特点，因此能够取得成功。

老子这么写，也许不自觉地把自己也带进去了。他两度任国家图书馆馆长并取得事业上的成功，不能说与他的优秀品质无关。

在这里，老子暗示了君王应当如何择贤。《吕氏春秋》受此影响，专设“论人”篇，提出“八观六验，此贤主之所以论人也”。而老子在这里还强调了优秀官员需具备重要能力，即创新和改革。“孰能安以久，动之徐生”，是也。

【诗赞】

古代优秀管理人
为人处世感佩深
老聃力赞愧词拙
常处不盈总有成
分明暗劝君择士
莫忘创新改革能

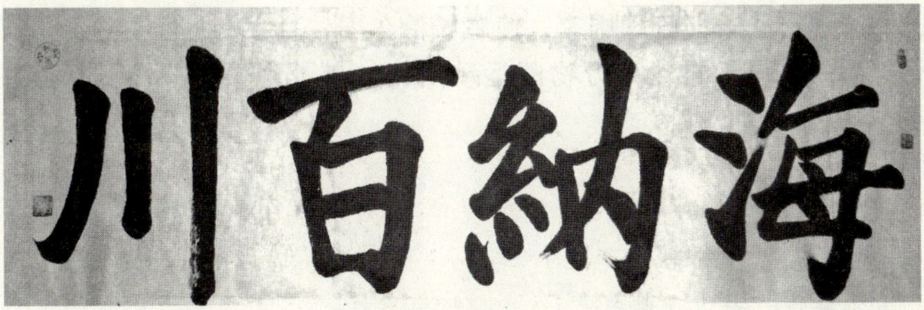


海纳百川

# 十六章　懂常道方能长治久安而后继有人

在老子心目中，古代优秀的管理人是明“天道”之人。“道”是有各个方面的，“天道”最重要。什么是“天道”？就是宇宙自然之“道”。他认为，知“天道”方能管理国家，使之长治久安，且没有危险。这个天道的运行规律，也包括自然界万物的运动规律。老子观察并体悟到了其中的特点。

**【原文】**

致①虚极，守静笃。
万物并作，吾以观其复。
夫物芸芸，各复归其根。
归根曰：静。静谓：复命。
复命曰：常②。知常曰：明。
不知常，妄作凶。
知常容，容乃公。
公乃王③，王乃天，天乃道，道乃久，
没身不殆。

**【注释】**

① 致。马王堆甲、乙本作“至”。两字相通。
② 常。即常道。“不变”的意思。
③ 公乃王。《荀子·正论》载“天下归之之谓王”。

**【译文】**

达到虚无之极点，保持清净而深厚的状态。万物纷纭生长繁衍，我要据以观察它们往复循环的过程。万物众多纷繁，都要各自回到自己的出发点即根源处。回到根源处叫做“静”。这就是所谓“复命”。“复命”就叫做永恒的规律（即万物沿着螺旋式圆圈循环往复发展的规律）。如若不明晓“常”的道理而轻举妄动，那就会遇到危险。懂得“常”的道理才能包容一切，能包容一切才能公而无私。能公而无私才能担任管理领袖。能担当管理领袖是能合乎自然、合乎道的。合乎道，才能长治久安，才能终生不犯过错，不遭凶险。

【解说】

老子悟道时，要心灵虚无之极，保持清净不移。他说，他观测到了万物的循环往复，日出日落，年始年终，生老往复，叶落归根。这就是万物沿着圆圈式的程序或过程循环发展，最后似乎又回到原来的起点。例如，夏代就已经看到了一年的周期即地球绕太阳公转一周的期限，周而复始。《尚书·尧典》说："期三百有六旬有六日，以闰月定四时成岁。"即一年为366天，为了使春夏秋冬四季相对稳定，要用置闰月的办法来解决，这样称为一岁，周而复始，从地球上看好像是太阳由东移动了一圈，故谓之"黄道"，就是太阳移动的路线一年刚好一圈。动植物生长、成熟、老死的过程也是一个圆圈，最终似回到起点。老子认为，芸芸万物都要复归于根。这是常规，即永恒的规律。他认为，人的行为尤其是管理工作必须懂得并运用这个循环往复的规律，否则，轻举妄动就会遭险。

《吕氏春秋》有《圜道》一章，专论事物循环往复的规律和古代管理者运用此道的事例。文中说："天道圜，地道方，圣王法之，所以立上下。""日夜一周，圜道也。月躔二十八宿，轸如角属，圜道也。精行四时，一上一下各与遇，圜道也。物动则萌，萌而生，生而长，长而大，大而成，成乃衰，衰乃杀，杀乃藏，圜道也。云气西行，云云然东夏不辍，水泉东流，日夜不休；上不竭，下不满，小为大，重为轻，圜道也。……令出于主口，官职受而行之，日夜不休，宣通下究，瀸于民心，遂于四方，还周复归，至于主所，圜道也。"

不仅如此，老子还认为，懂得这个规律，就能有宽容的品德，因为这样就能理解他人，理解百姓都要生活，都要完成这个过程，从而才不会太自私，才会把百姓以至万物放在心里。从而也才能有公德，有宽容之大度，才能任领袖，才能合乎自然、合乎天道——自然之道。这样管理，国家才会长治久安。《吕氏春秋》理解了这个真理，故有上面的议论，也是用来劝说君王的。认为从事国家社会的管理，必须懂得哲学道理，懂得周而复始、两极相逢的深刻哲理，以此才能创造出科学的管理哲学。老子和《吕氏春秋》的作者确实比那些抱着上下、大小、轻重、贵贱、智愚等形而上学观点的学者要高明得多。如果他们认真学习、研究过《老子》和《吕氏春秋》那该多好，那么他们也许不会创造出那些伪管理哲学来，从而能使君王能"公"、能"王"、能"久"。

【诗赞】

社稷领导要知常

辩证法宝握在掌
万物循环而往复
螺旋发展推向上
永处虚静观变化
周而复始是谓常
知常能公就能王
久治长安无灾殃

大雪兆丰年

# 十七章 优秀领导守信任百姓不觉有领导

老子把管理人分为几等，均以百姓对其的态度作标准。这是他研究历史和观察现实所得出的结论。他特别指出了最优秀的管理人的根本特点，最重要的是无为而治，对人民最讲诚信和无声无息地进行领导。

【原文】

太上，不知有之①；
其次，亲而誉之②；
其次，畏之③；
其次，侮之④。
信不足焉，有不信焉⑤。
悠兮，其贵言。
功成事遂⑥，
百姓皆谓我自然⑦。

【注释】

① 太上，不知有之。王弼本作“太上，下知有之”。马王堆甲、乙本及吴澄本、《永乐大典》本均作“太上，不知有之”，从之。王弼注：“太上，谓大人也。大人在上，居无为之事，行不言之教，万物作焉而不为始，故下知有之而已。”其实，“不”字更合原意，即百姓不知其存在，不知道其管理的存在。

② 其次，亲而誉之。王弼注：“不能以无为居事，不言为教，立善行施，使下得亲而誉之也。”

③ 其次，畏之。王弼注：“不能复以恩仁令物，而赖威权也。”

④ 其次，侮之。王弼注：“不能法以正齐民，而以智治国，下知避之，其令不从，故曰，侮之也。”

⑤ 信不足焉，有不信焉。王弼注：“信不足焉，则有不信，此自然之道也。”《春秋左传》有“无信患作”。

⑥ 功成事遂。马王堆甲、乙本作“功成遂事”。意思相同。

⑦ 百姓皆谓我自然。《诗经》有“帝力于我何有哉”。

【译文】

最优秀的国家领袖，人民不知有其及其管理的存在；次一等的领袖，人民亲爱并拥戴又赞美他；再次一等的，人民畏惧他；最次的，人民轻蔑甚至侮辱他。国家领袖不讲信任，人民也不会信任他啊。最优秀的领袖是那样的无为悠闲啊，他金口玉言不轻易发号施令，他领导事业成功了而从不显露，老百姓都会说："我们本来就是这样生活的。"

**【解说】**

老子认为国家社会领导人可分为四等。有百姓不知其存在的，有百姓亲近而加誉的，有百姓畏惧的，有百姓辱骂的。他显然认为优秀的领导人应不为百姓畏惧和唾骂。被百姓辱骂，一定是贪得无厌、荒淫无度、欺骗百姓、不听劝谏、祸国殃民的，即既无功业更无德行的。为百姓畏惧的，一定是使用酷刑以致杀戮太多而缺乏宽容品德的独裁者。此两者如周幽王和殷纣王。史载周幽王荒淫无道，殷纣王则杀害忠良，连王叔比干也难逃厄运。被老百姓亲近并加以赞誉的，一定是无私、爱民如子、治国有道，使百姓安居乐业，进而建有大功业的。尧、舜、禹以及文王、武王、周公等就是典型例子。至于最优秀的领导人，则品德更为高尚，对"道"更为深通，是无为而治，无为而无不为的。

最优秀的领导人，一是老百姓并不知道有其存在，说明其不居功，不要名，更不作秀；二是最纯真，最守信，说明其不以智治国，视百姓为孩童，抚育培养他们犹如母亲；三是寡言少令，起居悠然，说明不骄不躁，不作为包括生活不作为，不刻意建功；四是不居功，功成事遂而归于人民，百姓也竟然不觉其有功有贡献，百姓甚至说我本来如此，自然而然。这些特点集中起来就是"无为"。老子认为这才是最合乎"道"的国家社会的优秀领导人。林语堂先生说，尧舜时代，郅治之世。并引《诗经》说当时人民"日出而作，日入而息。掘井而饮，耕田而食。帝力于我何有哉！"

我们党和人民的优秀领袖周恩来同志就是这样的好领导。他用一生的言行为我们树立了这样一个伟大的榜样。胡长明先生在《解读周恩来的迷人魅力》中说：正因为早年便对老子哲学有过浓厚的兴趣和较深的研究，所以周恩来后来与人谈论老子哲学时也是驾轻就熟。1939年，他在故乡绍兴与《战旗》杂志社的曹天风有过一段耐人寻味的对话。曹天风说："道家思想对于革命、对于社会改造虽然无用处，但对于个人修养却是有帮助的，能使自己过好'黄金关，权力关，美人关'。"这时周恩来反问道："道家最精彩的话是什么？"曹天风一时回答不上来，周恩来笑着说："'生而不有，为而不恃，长而不宰'，大概是道家最精彩的话了吧？"从老子五千言中选出这十二字作为最精彩的话，显然是比较推求的结果。虽然周恩来在20世纪30年代才讲这番话，但这个认识应当说在他青年时代便形成了，因为"生而不有，为而不恃，长而不宰"正是道家自然主义宇宙观和人生观最为集中的表达。

特别有意思的是，周恩来一生实践着老子的上述思想并说出了与老子思想相通的惊人妙语。据胡长明先生研究，周恩来曾说："领导群众的方式和态度，要使他们不感觉我们是在领导。"这与老子在本章所说的"功成事遂，百姓皆谓我自然"的思想一脉贯通。周恩来认为一切成功都是人民自己的成功，管理者应当把自身的活动"消融"在人民的创造过程之中，"无处无我而又看似无我"。如人民大会堂的设计和施工，本来凝聚了他的智慧和心血，但当人民大会堂落成时，他考虑的不是如何突出自己的政绩，而是一再感谢那些为工程的顺利完成付出了努力的人们，他甚至特意安排搬迁的群众回来参观并观赏文艺演出。他的无私和淡泊，给中国人留下了悠远的回忆，也为东方式的管理树立了一座丰碑。

**【诗赞】**

百姓心中有杆秤
侧目品评古国君
老子力劝要诚信
功成事遂免荣勋
尤赞管理民不觉
一切水到渠已成
优秀领袖优点多
发扬光大世代称

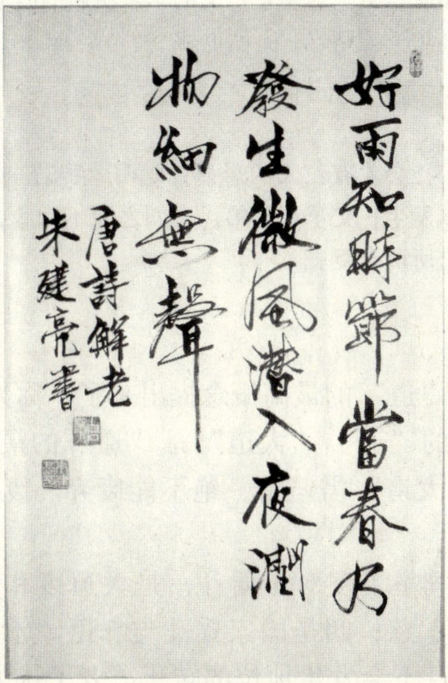


杜甫诗

# 十八章　管理人应知背弃规律国将昏乱

在上一章老子将国家领袖划分为四类，为什么各层级的领袖依次有别，而最优秀和最差的那样悬殊？最根本的原因就是守“道”与离“道”。老子认为废弃大“道”，领袖会异化变质，国家会出现人们习以为常，实则不必要、不正常的现象。

**【原文】**

大道废，有仁义①；
慧智出，有大伪；
六亲②不和，有孝慈；
国家昏乱，有忠臣。

**【注释】**

① 有仁义。马王堆甲本作“案有仁义”，乙本作“安有仁义”。案、安意思相同，即哪里有仁义，或怎么会有仁义。这是重仁义的学者所做的改动。

② 六亲。王弼注：“父子、兄弟、夫妇也。”

**【译文】**

大道被管理者抛弃，社会才有仁义的彰显；聪明才智若全都过分显露并发挥出来，社会就会有奸诈欺骗的事发生；父子、兄弟、夫妇之间不和睦，才会提倡孝慈；国家一旦昏乱了，这时才凸显出所谓忠臣。

**【解说】**

老子在这一章把“道”的最高概念提出来了，称为“大道”。他认为有天、地、人等多方面的“道”。“大道”是“道”的最高概念或各方面规律的总括。老子认为“大道”需坚持，绝不能废弃。废弃就会有社会病态的出现以致国家昏乱。

他用辩证法思想列举了多对矛盾：一是大道废和仁义；二是智慧与虚伪；三是家亲不和与孝慈；四是国家昏乱与忠臣。矛盾的对立面不仅相互依存，而且在一定条件下会发生地位的转化。老子认为“仁义”、“智慧”、“孝慈”、“忠臣”这些好听的字眼本可以不必提倡，但是，一旦其矛盾的对立面出现并凸显或弱化，这些事物就会出现并随之变化。仁义出现了，是因为无道了即废弃大道了，虚伪的出现是因为有智慧出现了，孝慈的出现和提倡是因为六亲不和了，忠臣的出现是因为国家昏乱了。老子的意思是：宁要大道，可以不要提仁义，因为在他看来，仁义一出来就意味着抛弃了根本指导思想——大道；宁要国家安定团结，也不要忠臣的出现，因为在他看来，出现忠臣也就是国家出现分崩离析的局面了。可是，一般人却喜欢“仁义”、“智慧”、“孝慈”、“忠臣”这些概念和社会现象，为此，老子为这些舍本求末的现象深感忧虑。他认为这是管理国家不善的结果，是一些学者研究未透的结果，是废弃大道即放弃理论基础的结果。显然，他是要劝诫管理人：如果坚守大道，国家自然安定，人们自然淳朴、和谐，那么，仁义、智慧、孝慈、忠臣还用得着有意识地大肆提倡和宣传吗？坚守大道，仁义、智慧、孝慈、忠臣就会根据社会变化自然而然地出现，用不着强作宣扬，否则这些东西也会因没有理论根据而显得苍白。因此，坚守大道是管理的根本。

上古时代，人们结绳而治，没有什么仁义、谋士、忠臣等。人们和谐共处，日出而作，日落而息，社会平安无事。后来社会不断变化，从舜开始崇尚“仁义”，社会越来越复杂，春秋战国时期乱不堪言，虚假仁义日益增多。仁义、谋士、忠臣等纷纷涌现。用权术、使计谋、玩欺诈的现象日益加剧，而社会也日益不可收拾，受害的是黎民百姓。老子看到和预言到的，管理人不可不察。老子虽然看似保守，其实有积极意义；看似说得过分，实则为了校正。在这里，“慧智出”是指有意地显示出来并加以宣扬，同“见贤”一样。如果不如此，智慧自然还是要用的。

但是，老子没有回答当社会出现了动荡不安、六亲不和等现象时该怎么办。事物总是不断向前发展的。事物发展了就会产生矛盾，旧的矛盾解决了，又会有新的矛盾出现；而且矛盾还会随着事物发展而变得多样和复杂。在这种情况下，出现解决不同矛盾的人物和具体方法是必然的。老子的管理思想抓住了总的理论方法，但未能甚至有时忽略了细致、具体的方法，这是令读者感到遗憾的地方。因此，孔孟之道的出现是历史的必然，且受到历代封建统治者欢迎。问题是封建帝王违背大道或不懂得大道而一味地宣扬孔孟之琐碎的管理之道包括行“仁义”等，结果达不到预期的效果。如果以大道为基础，同时总结出系统的具体管理法则，国家社会恐怕就是另外一番景象。

当然，总体来说，老子是对的：要抓根本、抓大道，永远不要违背大道。管理人如都能遵大道管理，社会矛盾就会少而单纯得多，否则就会每况愈下，日益难治。自然法则的总结属自然科学的总结，合乎自然法则的管理才是科学的管理。因此，老子想告诉管理人：大道不能废弃，即自然法则必须遵守，这是最根本的管理之道，离开大道单讲琐碎的管理方法是没有用的，甚至是有害的。管理理论不能没有哲学基础。

【诗赞】

仁义智慧怎不好
孝慈忠信岂能少
但应顺乎其自然
不能见人就鼓噪
若有大道作基础
国泰民安乐逍遥

大道

# 十九章　国民教育重在见素抱朴少私寡欲

上一章所讲要守大道。废弃大道，大倡仁义、智慧、孝慈和忠臣，实属本末倒置。老子认为，这与教育有关，故本章反映了他的教育理念。不过，他有严重的愚民思想，这是不可取的。

【原文】

绝圣弃智①，民利百倍；
绝仁弃义，民复孝慈；
绝巧弃利，盗贼无有；
此三者②，以为文不足。
故，令有所属③：
见素抱朴，少私寡欲，绝学无忧④。

【注释】

① 绝圣弃智。《尚书·洪范》："睿作圣。"圣，亦即智。此句是说要抛弃乖巧之智。

② 此三者。马王堆甲、乙本作"此三言"。

③ 属。何新解："读主，或读嘱。"

④ 绝学无忧。王弼本将此句放在下一章第一句，有误。据前后文，故移至此处。何新先生亦如此。

【译文】

要让人民懂得杜绝聪明和放弃巧智，他们才会百倍地得到实际利益；要让人民懂得拒绝"仁"放弃"义"的理念，他们才会回到孝慈；要让人民懂得杜绝巧智和利益，强盗小偷才会消失。用上述三方面的道理来教育人民是不够的，因此，应该直接让人民深刻地理解并做到：外表与内心一样淳朴，私心欲望要减少。不学巧智，就不会有忧患。

【解说】

在前面，老子提出过"不尚贤"，在这一章，他干脆提出要抛弃聪明、智慧、仁义、技巧等。当然，言辞有些过激。他认为这样反而有利老百姓，恢复其本有的孝慈，杜绝偷盗。不过，若这样教育人们包括教育管理人和百姓，作为理论是不够的，这样太具体了，因为具体的东西往往是列举不完的。于是，他概括地提出了“见素抱朴，少私寡欲，绝学无忧”的教育理念。为什么要一开头就提出三“绝”？一是因为要达到“见素抱朴，少私寡欲”的目的，二是因为“绝学无忧”。

老子教育人们就是要使人们内心与表面都纯真朴素，私心和欲念少之又少，返璞归真，守住“大道”。要达到这样的目的，就要人们不学习、无巧智。这种教育理念是以恬淡守道做人为目标，以素质教育政策为手段的。

老子的教育理念在全书多处有所表现，例如，在三章就提出圣人之治在于“常使民无知无欲”。在六十五章提出“古之善为道者，非以明民，将以愚之”。理由是“民之难治，以其多智”。不过，这不能完全理解为常人所说的“愚民教育”。老子所说的“愚”是“大智若愚”的“愚”，亦即淳朴，是外表笨拙而内心淳朴，有守道尚德的高素质，有的甚至近乎“迂”。显然，老子认为最重要的就是圣人和管理人要带头去智去欲，保持恬淡心态以“行不言之教”。然后是同时加以说教，千方百计说明其多智误国，“绝学无忧”的道理。就是说，管理人不要以巧智治国，老百姓不要以巧智处事。都要放弃有关“巧智”方面的学问。这与他一贯反对管理人“信不足”，提醒防止民间之“智者”（乖巧人）以及上一章“慧智出，有大伪”是一致的，同时又与下一章希望人们像他那样做“愚人”，即做返璞归真、守道重德的老实人相一致。

作为国家图书馆的馆长，老子有这种返璞归真的素质教育理念，是很自然的。比他小二十岁的孔子曾在老子那里学习过，作为一个教育家他也有同样的教育理念，说“民可使由之，不可使知之”。这个“知”同样应理解为“巧智”。他在《论语·学而第一》里说“学而时习之，不亦乐乎”，其实不是指读书学习，而是叫学生修养忠君、孝悌、诚信、使民（管理老百姓），“行有余则以学文”，这些修养好了有余力再学文不迟，甚至说，这些修养好了，你没有学习，我也认为你学习了。他们的思想如此相同，都只是想让当官的读书人有点知识，不想让人民有较高的文化。其实，仔细一想，也很难怪，他们都是想把管理变得简单化。显然，其中有很多消极的东西，弄得不好，就会牺牲人民的前途和精神生活。

老子和孔子都不过是要去掉教育中的“巧智”方面，可是后来的统治者却以为不要教育人民群众以文化知识，因而几千年来人民基本没有受教育权。自由人都有知识权、知情权、求知权、受教育权和享受精神文化生活的权利，这些都为后来的统治者便于管理而剥夺；人民有知识，懂科学，用技术，社会才会进步，他们却欲阻挠之。由此看来，他们的管理确实是保守的管理。自先秦至清朝当官的一直多称科学技术为乱国、误国的奇巧淫技，十分藐视，这才是真正阻碍社会进步的腐朽思想。

老子之“绝学”，意思是让百姓保持天真无邪、恬淡虚静的精神状态以免去许多烦恼。这可能与儒家也略有不同。儒家思想在孔子之前就有。他们主张学的是一套仁、义、礼、智、信，一套礼法制度，认为要学了这一套才能当官，培养学生也是为了使他们能够仕途亨通。老子不赞同这一套，他说的“绝学无忧”，正是要绝这一套“学”。正如王崇静先生在《老子的传说》里说的：“绝学就是拒绝接受空洞无用的学问。”所谓无用的学问，便是孔子所倡导的“三纲五常”，即“君为臣纲、父为子纲、夫为妻纲”，“常仁、常义、常礼、常智、常信”。老子并不反对一切“学”，他认为“道”是要学的，他主张向宇宙自然学习，向古代优秀管理人学习。儒家宣传学习的那一套，其实在老子、孔子之前就有了，老子不喜欢这些东西，故有上述议论。这是问题的实质。

**【诗赞】**

四绝三弃，难以尽具
见素抱朴，少私寡欲
八字方针，施于教育
老子苦心我心知
为的是和谐安定人心淳朴
若问究竟绝何学
老聃遣词易误读
青山遮不住，毕竟东流去
万物要发育，自古一规律
既修道德又仁礼
和谐进步两不误

# 二十章 管理人应与众不同以守道为贵

根据上一章提出的教育理念，老子以己为例，好像他自己就是这种教育理念教育出来的典型。根据圣人“行不言之教”的教育实践思想，老子在本章似乎是表明他要给想从事管理工作的人们作示范。但他最根本的是想告诉管理人应与众不同，以守道为贵。

**【原文】**

唯之与阿①，相去几何？善之与恶，相去若何？

人之所畏，不可不畏。

荒兮②，其未央哉！

众人熙熙③，如享太牢，如春登台④。

我独泊兮，其未兆⑤；沌沌兮，如婴儿之未孩；儽儽⑥兮，若无所归。

众人皆有余，而我独若遗。

我愚人之心也哉！

俗人昭昭，我独昏昏；俗人察察⑦，我独闷闷。

淡兮，其若海，飂⑧兮，若无止。

众人皆有以，而我独顽似鄙。

我独异于人，而贵食⑨母。

**【注释】**

① 唯之与阿。王弼本此句前有“绝学无忧”，其实应为上一章的尾句，故移前。何新解：唯，此当读作“违”，不从。阿，呵，承诺。任继愈《绎读》与此相反，认为：唯，应诺，答应的声音。阿，斥责的声音，即阿斥。《说文》：“唯，诺也。”

② 荒。景龙本作“忙”。均有渺茫的意思。兮，马王堆甲、乙本均作“呵”。可见已广泛流传，语气词口语化了。

③ 熙熙。嘻嘻哈哈的样子。

④如享太牢，如春登台。马王堆甲、乙本作“若乡（饗）太牢而春登台”。太牢，古代祭祀时用的牛、羊、猪三牲。

⑤ 我独泊兮，其未兆。河上公本作“我独怕其未兆”，怕，惧怕。任继愈《绎读》：“‘泊’，淡。”今从之。

⑥ 儽儽。同“累”。疲倦之意。《史记 ·孔子世家》有“儽儽若丧家之狗”。

⑦ 察。何新注："读'喳'，多话的意思。"任继愈《绎读》："严苛。"这里从前者。

⑧ 飂。疾风。

⑨ 食。任继愈认为应为"德"。即得也。

**【译文】**

应诺与呵斥，它们相差多么远！善良与阴恶，它们相差多么远啊！一般人所畏惧的，不能不畏惧。由来古远啊！毫无停止的迹象啊！众人是那样沉迷于荣利而欢乐，就像享受盛大宴饮，就像春天登上高台欣赏美景。我独恬淡虚静，丝毫没有欲动！好比还不会发出笑声的婴儿。颓丧啊，好像无家可归！众人都有多余之物，唯独我若有所失。我这愚昧的心肠啊，混混沌沌。众人都是那么明明白白，唯独我这么昏昏昧昧。众人都那么精明能说，唯独我闷闷无言。辽阔无垠啊，像无边的海洋，无有休止啊，像不断吹来的疾风。众人都有作为有本领，我独愚顽得像个傻子。我唯独大异于人的是，找到了事物的根本（即道）。

**【解说】**

老子在本章一开头就感叹世风不古、每况愈下。他看到了那些可恶的呵斥，那些可怕的罪恶勾当，不仅自己，人们都很畏惧，然而却无可奈何，那些畏惧由来已久，从未停止。

在这种情况下，老子认为众人都习以为常了，而自己却与众人大大不同：恬淡像个婴儿，孤独像无家可归，独自穷困，愚蠢得懵懵懂懂、糊糊涂涂，心境恬淡辽阔像大海，其海面风吹不止，而又笨无技能。不过，有一个与众最大不同，那就是找到了最可宝贵的事物的根本——道。

老子如此"贬损"自己，其实是正话反说——肯定自己。他希望别人尤其是管理人不要那么庸俗、那么世故，而要像他那样以守道为贵。他实际上是在赞扬这类管理人。

老子为什么示意人们要以守道为贵呢？原因就在于：道不仅是为人之根本，更是管理之根本。为什么他要那样对自己先贬后褒呢？原因就是要表明自己是与众不同的，是真正的得道圣人，是无私无欲无庸俗的纯真奇人，即合乎优秀管理人标准的圣人，是管理人应当效仿的榜样。

应当指出的是，老子同时也在教育民众要像他那样守道纯真，不要那么俗气，那么自私，那么精明，那么好巧智，而要像他那样"愚钝"，那样与道同处。由此再一次看出，他讲的让民众"愚之"，其实就是纯真同道，就是像他那样"愚钝"，在一切名利面前都显得笨手笨脚、迟钝迂腐。他显然认为，这才是最大的聪明。

【诗赞】

从不批评老百姓
宁肯讥刺自己之“愚钝”
真理有时被少数人掌握
何必媚俗求同群
老子希望领导者
得道守本脱凡尘
同时又似教民众
返璞归真与道存

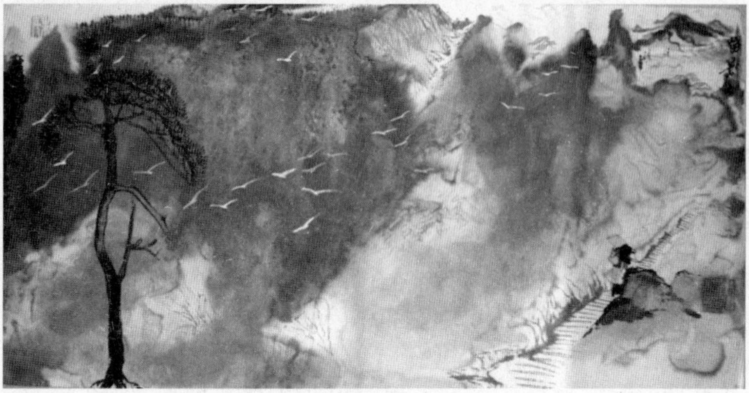

顺道至远

# 二十一章 有大德品格的管理人能惟道是从

老子在上一章讲自己似乎什么也没有，但有最可宝贵的东西——“道”，他讲自己似乎无家可归，但有一个最难得的好处所——“道”，他讲自己似乎愚昧无知，但找到了事物的根本——“道”。因此，他爱“道”，珍惜“道”，对“道”情有独钟。故本章讲述了有大德品格的人与“道”的关系，这种人能感知“道”的微妙。他为什么要这么说呢？显然，他认为有大德品格的管理人对“道”应有也能有如此感悟。

**【原文】**

孔德之容，惟道是从①。
道之为物，惟恍惟惚②。
惚兮恍兮，其中有象；
恍兮惚兮，其中有物③。
窈兮冥兮④，其中有精。
其精甚真，其中有信。
自古及今，其名不去，以阅众甫⑤。
吾何以知众甫之状哉？
以此⑥。

**【注释】**

① 孔德之容，惟道是从。孔，王弼注：“空也。”任继愈《绎读》：“孔，大。”何新解：“大也。”从王弼注。孔德，即心胸虚空之德。“容”为貌。惟道是从，《国语·楚语》有“君子之行，欲其道也，故进退周旋，唯道是从”。唯，与惟相通。

② 道之为物，惟恍惟惚。“物”不是物质的物，而是口语常说的“东西”。恍、惚，不清楚。此句意即除了模糊不清，还是模糊不清。

③ 其中有物。物，指东西。此句即里头有个东西。

④ 窈兮冥兮。窈，楼正本作“杳”，音同意通。冥，模糊不清。

⑤ 以阅众甫。阅，检阅的意思。众甫，万物之始。此句意即以此检阅万物的初始。因此，马王堆甲、乙本作“以阅众父”。

⑥ 此。即“道”。

【译文】

心胸虚空的人，任何时候总是遵循于“道”的。“道”这个东西，唯有恍惚的样子。那样的恍啊惚啊，其中有现象；那样的恍啊惚啊，其中存在某个东西。深远啊，幽暗啊，其中有精气。这精气很真实，其中有信验的东西。自古至今，它的名称不能废除，根据它才能认识万物初始。我是怎么样知道万物初始之状的呢？就根据这一点。

【解说】

老子在本章全面地解释了“道”。在前面许多章虽然提到了“道”的概念，但没有作出解释。在一章里，提到“常道”和“非常道”。“道”有不同层级的“道”。“常道”，人们易于理解一些，而老子认为难于解释和言说的是“非常道”，即永恒之“道”。他最重视和最想说的也是这种永恒之“道”。本章就是解释这永恒之“道”，但很明显，他感到很难，他说得并不是很清楚。他说，“道”这个东西，是一种恍惚不定，属精神感觉方面的东西。又说，“道”这种恍惚不定的东西，似乎又有三个“有”。其中“有象”，其中又似“有物”，其中“有精”，而“精”中“有信”。这就是说，“道”这种恍惚不定，说不清道不明的东西有属于形象即存在于形象之中的，有属于物理实体方面即存在于事物之中的，有属于精气方面即一种气感即我们感觉方面的，而且感觉到非常真实。

这段解释给我们的感觉就是，“道”确实客观存在，只是不好言传罢了。“道”不仅存在，而且是在各种事物中普遍存在。“孔德之容，惟道是从。”有大德品格的人因为感觉到了“道”的客观存在，因此永远遵从它，视之为宝，视之为至高无上的东西。也正因为感到了“道”的存在，悟到了“道”的内涵，故自我感觉气度非凡，高人一等。这个“道”，就是客观规律，特别是宇宙天体的规律。“道”的存在，运动规律的客观存在不以人的意志为转移，在地球上还没有人类时就已经有了。

老子的这段精彩解释，完全是他自己的感悟。由于他认为永恒之“道”是不可言传的，他的解释也给人以朦胧的感觉。他之所以对不可言传的东西还要作解释，就是想启发人们对“道”即客观规律进行感悟。后来庄子继承了这种思想，认为在什么地方什么事物中都有“道”的存在，问题只在于是否去感悟。感悟到了就属你自己的了，而且非常的“真”。陶渊明诗句“此中有真意，欲辩已忘言”，也是这个意思，即感悟到了事物的“真意”即规律的“真”，要说又不知用什么言语表述。这是古代长期的“言意之辨”的典型例子。老子这么写本章的目的在于希望管理人去感悟规律，用规律武装自己，以便按照规律办事，按规律管理国家社会。

非常奇怪而有趣的是，老子的这段解释与古人说的“混沌初开”和今人研究所得的宇宙大爆炸理论十分巧合。而“道”即规律就在其中。这些“大道”、“天道”规律就是那么真、那么实在。

有无相生的规律、对立统一的规律，在宇宙大爆炸的最初一瞬以至最初之前就存在了。我们这个宇宙本是没有的，大概在150亿年前，我们的宇宙及宇宙中的一切，包括空间、时间、物质、能量以及信念等是从一个密度无穷大的体积几乎为零的点（奇点）爆炸而创生出来的。宇宙学家说，这个体积为零的奇点的密度是无法估量的，而在大爆炸或创造时刻后的万分之一秒，宇宙的密度是$10^{14}$克每立方厘米，即水密度的100万亿倍，温度是绝对零度之上一万亿度（$10^{12}$K，基本为$10^{12}$℃），宇宙是一个大火球。这个时刻单个粒子是不存在的，也是有生于无的。此一瞬之前，也是有无相对立而存在的，其中并没有绝对的无，我们这个宇宙是从其他宇宙中分离出来的。宇宙学家认为，宇宙犹如煮水时产生的气泡，此起彼伏，此大彼小，此涨彼灭。有无不断相生，无变为有，有变为无。而此大爆炸一瞬之间也是如此。顺便说一句，也许还有一些尚未知晓的规律，也存在于此瞬间前后。但是，有无相生相依存和对立统一规律确实存在。

我们的宇宙是从大爆炸的那一瞬间创造出来的，不仅得到了爱因斯坦的广义相对论的支持，而且令人吃惊的是，也得到了量子物理学的证实。在单个粒子不能独立存在的情况下，基本粒子又是怎样产生从而形成原子、电子以至我们宇宙世界的一切的呢？

宇宙大爆炸后的万分之一秒，宇宙最初为一个只有辐射的大火球，火球的大量光子在高速运动，它们带有极大的能量，按照爱因斯坦的著名公式$E=mc^2$，能量不断地转化为质量，转化为粒子对。按照对立统一的规律，粒子有其对应的反粒子，如质子与反质子、中子与反中子，粒子对正好说明了这一点。不仅有与无、粒子与反粒子说明了对立统一的规律，而且，亮物质与暗物质同时存在也说明了这一点。虽然我们对暗物质的具体情况还一无所知，但其辐射已说明其确实存在。今天，宇宙学家对暗物质已产生了极大的兴趣。

在这个最初的宇宙大火球中，能量与质量互相转化、交换。随着温度下降，在大爆炸后百分之一秒的时候温度降到开氏1 000亿度（$10^{11}$K）之前，质子和中子从辐射中产生出来又迅即与自己的反粒子相撞湮灭而转变为能量（辐射），而此时，辐射不再产生质子和中子了，已产生的质子和中子则发生着新的变化。刚开始两者数量相等，而随后，因中子不稳定，每一个中子会自发地放出一个电子而使自己变为质子。质量互变在这里表现得非常明显。当温度降到300亿度（$3\times10^{10}$K），即大爆炸后的十分之一秒，质子和中子的比变成了62:38。随后，即大爆炸后的1.1秒时温度只有100亿度，质子和中子的比成了76:24。到了13.8秒后，温度只有30亿度，质子与中子的比为83:17。3分零2秒时，质子和中子比为86:14。到了3分钟时，质子与中子就开始结合形成稳定的核，先是氚，随后形成氦。核子虽然与其他粒子碰撞，但由于温度已低，粒子不易被撞碎。当质子与中子的比为87:13时，中子立刻被禁锢在氦-4核里。每一个氦-4核子都是两个中子和两个质子的结合，并且是稳定的，这是大爆炸后3分46秒时完成的。随着温度的继续下降，各种各样的原子而后分子而后万物出现。这些都是宇宙学家研究的结果，其中，英国的史蒂芬·霍金贡献尤其巨大。

在上述瞬间的大量变化中，其实还有更微妙（精微）的变化。

19世纪六七十年代发展的夸克理论使人们将三种基本粒子——电子、质子、中子——各内部结构的谜团逐步地揭开。

原来所有已知粒子分为两族，一族由夸克组成，叫做强子，另一族叫做轻子。轻子是名副其实的基本粒子①，最典型的是电子。电子与电子中微子相伴生。当电子参与放射衰变时只有中微子卷入，而且会复制，从而产生三代轻子。除电子本身外，产生的比电子重207倍的叫μ介子，还有更重的叫J粒子。后两代都有自己的中微子。这样轻子族就有六种（三对）粒子。不过后两代会迅速衰变转化成电子和中微子。强子族或夸克族也会瞬即复制两次形成三代。夸克有六种，由两个“上”夸克和一个“下”夸克通过强力维持在一起的就是质子，由两个“下”夸克和一个“上”夸克通过强力维持在一起的就是中子。复制的第二代是“奇”夸克和“粲”夸克的结合，第三代则是“底”夸克和“顶”夸克的结合。第二代夸克会瞬息即逝。夸克虽然在实验里能够找到，但并不能分离出来。宇宙学家说：我们看到的每一样东西都能用两种夸克（上和下）和两种轻子（电子和电子中微子）加以说明。至于每样东西的行为，仍然可以用1932年就已经知道的电子、中子和质子再加上电子中微子，以及四种基本力，相当准确地予以近似说明②。四种基本力是引力、弱核力、电磁力和强力。这是发生在基本粒子之间的由弱到强排序的四种基本力③。至于暗物质则比亮物质多得多。由以上可以看出，不仅一分为二，对立统一、有无相生、质量互变等规律是存在和正确的，而且还有合二为一的规律以及突变渐变、事物多变、

---

① ［英］约翰·格里宾．大宇宙百科全书．海口：海南出版社，2008．124.

② ［英］约翰·格里宾．大宇宙百科全书．海口：海南出版社，2008．125.

③ ［英］约翰·格里宾．大宇宙百科全书．海口：海南出版社，2008．145.

否定之否定等规律。老子在《道德经》里写的事物多变，道生一、一生二、二生三、三生万物的规律等均在宇宙的变化中存在。

老子认为“道”这个东西与物、与象同在，只可感悟，不可触摸。他说“道”的名，自古及今，其名不去。他认为应从“道”即规律中推测万事万物。人们怎么了解和预测万事万物呢？就是要运用“道”即宇宙之规律。

老子在本章如此解释“道”并肯定其作用，目的是希望管理人去感悟“道”、掌握事物的规律，以便了解和推测事物和社会的发展变化，从而更好地管理国家社会。

**【诗赞】**

非常道，难能道
却能为人感觉到
宇宙规律太奇妙
存物与形，存时与空永不老
不是实物却关万物
精微可信，最玄法宝
借此法宝察世界
明暗关系都知道
借此法宝治天下
民富国强，万事万物多妖娆

寻春图

# 二十二章　管理人应善于学习运用对立统一规律

本章从“曲则全”到“多则惑”六句话，概述了人们在日常生活中经常遇到的六个方面，有学者怀疑其为古代民间流行的谚语，但从其书面语看，似为古书哲人之言。这里面确有辩证法思想，既讲到正面，又讲到反面及双方的对立统一与转化。这就是对立统一规律的思想。老子的这个思想就是“道”的核心思想。他之所以要在解释“道”之后专设一章讲这个“道”的核心思想，完全是从管理人及其管理的需要出发的。他认为要以此为观察和处理一切事物的根本法则。

**【原文】**

“曲则全①，枉则直②，
洼则盈，敝则新③，
少则得，多则惑。”④
是以，
圣人抱一为天下式⑤。
不自见，故明；
不自是，故彰；
不自伐，故有功；
不自矜，故长。
夫唯不争，故天下莫能与之争。
古之所谓“曲则全”者，岂虚言哉？
诚全而归之⑥。

**【注释】**

①“曲则全”到“多则惑”六句加引号，意思是古语。

② 枉则直。枉，弯曲。

③ 敝则新。敝，敝旧。

④ 何新解据马王堆帛书本，此六句在二十三章，“是以”前为“企者不立；跨者不行”。因下有“古之所谓‘曲则全’者，岂虚言哉”，所以此处仍从王弼本。

⑤ 圣人抱一为天下式。“一”即道。即以对立统一规律为核心的客观规律。式，法式，或尺度、标准。

⑥ 诚全而归之。严可均本作“故成全而归之”。

【译文】

“委曲才能保全，弯曲反能伸直，低洼自然充盈，陈旧可以创新，求少反而会多得，追求太多使人迷惑。”因此，圣人用对立统一规律这一根本辩证规律（道）作为世界观和方法论。不只相信自己，故看得分明；不自以为是，故功过分明；不自我吹嘘，才能有功；不自高自大，故能胜任管理之职。正因为不与天下相争，故天下没有能够胜过他的。古代圣人讲的“曲则全”这些辩证思想，岂是空谈之言？它确实能够使人保全自身而又取得成功。

【解说】

全与曲、直与枉、盈与洼、新与敝、得与少、惑与多，这六种关系都是矛盾关系，是既对立又统一的关系。其中，第一种即全与曲的关系排在最前，也是最重要的一种关系。老子认为佐助人主的圣人即管理人要珍重和恪守这个对立统一规律，以作为观察和处理一切事物的根本法则或理论基础之一。由此可以看出，老子十分注意宇宙自然中的规律“道”的探索，尤其是其中的对立统一规律，他在全书多处讲到这种辩证规律，原因就是他看到人们往往只知其一，不知其二，只知事物的一个方面，不知与之对立着的另一方面以及二者相互依存又在一定的条件下相互转化的规律，只知直取，而不知枉曲的作用。

事实上，对立统一规律以及质量互变、否定之否定等辩证规律是与宇宙自然同在的，不以人的意志为转移。人类还远未诞生时，这些规律就已经存在了。例如，亮物质与暗物质、物质与反物质等是同时存在对立统一的，在宇宙大爆炸的时刻就已经存在。2006 年科学家新发现一种奇异的粒子与其反物质迅速转换的现象，又一次说明对立统一在宇宙大爆炸中的存在。

所有的粒子都有反粒子，两者某些特点相同，另一些特点相反。反物质是由反粒子组成的。我们的宇宙诞生时，物质和反物质本一样多，而今天的宇宙看上去全是由物质构成的，反物质只在实验室少量地被制造出来。其实，有正有反，是必然的。由美国费米实验室、日本高能加速器研究机构及其他多家机构共同组成的国际研究小组利用加速器让质子撞击反质子，结果产生了一种奇特的粒子——Bs 介子。Bs 介子由一个夸克和一个反夸克构成。Bs 介子会转换成反 Bs 介子，随后又变回 Bs 介子。这一过程不断超高速地重复，有人形象地说就像物质和反物质在共跳一场狂乱的舞蹈。由于 Bs 介子的物质——反物质震荡过程极快，非常难观察到，需要高度精密的粒子探测技术和大量数据样本。研究小组在分析了超过10次对撞事件的数据后发现，Bs介子和反Bs介子以每秒2.8万亿次的超高速度不断互相转变。因夸克衰变的速率不同，宇宙中某些粒子存在的时间极短。这些说明如前章所述，质量互变、否定之否定等辩证规律也都出现了。用中国语言“一分为二”、“矛盾”规律表述的辩证法普遍而永恒地存在着。只不过，人类在发展到具有足够智力时才感悟到。在老子之前，我国古人就非常聪明地用双鱼图（太极图），用曲全、上下、高低、直枉、先后、盈洼、新敝、得少等许多对立关系的概念来表述他们所感悟到的辩证法。《庄子》里还记有“一尺之棰，日取其半，万世不竭”的一分为二的思想。顺便说一下，竟有人认为一分为二的思想未能前进一步认识到还有“一分为三”。“一分为三”的现象也许存在，但能否作普遍规律仍值得怀疑。主张“一分为三”的人举中庸之道为例说这是“一分为三”，说除了两端还有“和”，“和”即第三。依余之见，其实，“和”与两端根本不是并立的第三，而是更高层面的东西，是上一层次的东西。例如，黑白双鱼处在太极图之统一的一个圆内，这个圆可以说属“和”，而它是比任何一“鱼”都更高的东西。在宇宙大爆炸的那一瞬，中子与质子独立而又和谐相处，当宇宙温度下降后，二者牢牢结合在一起之后已经转变为更高一层次的粒子，这就是核子。当宇宙大爆炸后3分钟，中子和质子就开始结合形成稳定的核，并因温度下降而不易被撞碎。3分46秒时，两个中子与两个质子结合成稳定的氦-4核。这种核子具有与中子或质子不同的性质，不能同日而语。事物一分为二的对立统一规律在老子以前就已有表述，而“一分为三”过去则无人提及。就是外国哲学家也没有此说，倒是黑格尔的一即多、多即一的思想是对的。

老子在本章之所以要讲对立统一规律并希望管理人将其作为天下法式，就是因为管理人要管理的社会事物同样充满着各种矛盾对立的关系。例如，自见与明、自是与彰、自伐与有功、自矜与长、争与胜等。因此，老子认为要明就应不自见，要彰就应不自是，要有功就应不自伐，要能掌权成为长官就应不自高自大，要最后胜出使天下莫能与之相争，就应根本不去与人相争。

老子认为不争就是领导者一种委曲求全的做官和管理的处世哲学。因此，他说古人说的“曲则全”确是真理。争利于市、争名于朝，自古多多，中外亦然。结果是，往往争还不如不争，委曲可以成全。老子认为这是合乎自然的“道”的。老子最后的目的是希望管理人不要争名逐利，这样对公对己都有好处。对公可以至和谐，利国家和人民，对己可以保全以至为长官。老子这些议论均是针对当时之时弊而发的。

**【诗赞】**

具体矛盾论不尽
守住对立统一规律此核心
处曲则全理应明
切莫自高自大自夸与人争
洁身自好处卑下
乃自古民爱国重的领导人

进退自如是龙虾

# 二十三章　管理人不讲诚信就得不到人民的信任

本章继续先讲“道”，然后落实到管理。少说话，少议论，这才合乎“道”，合乎自然之“道”。因为天地宇宙从来不说话、不议论。人与自然之物不同，需要用语言进行交流，根本不说话是不行的，但要少说话、少议论。天地万物是不断变化的，不会永恒固守一种形式。因此，人特别是管理人要顺应天地万物的变化，与德与信相依相守，这样才能进行有效的管理。

**【原文】**

希言自然。[①]

故，

飘风不终朝，骤雨不终日。[②]

孰[③]为此者？天地。

天地尚不能久，而况于人乎？

故，

从事于道者，同于道；德者，同于德[④]；失者，同于失。

同于道者，道亦乐得之；同于德者，德亦乐得之；同于失者，失亦乐得之。

信不足焉，有不信焉。

**【注释】**

① 希言自然。“希”即少的意思。少说话才合自然。此与二、三句吻合。

② 飘风。即狂风。骤雨，帛书《老子》作“暴雨”。

③ 孰。即谁。

④ 德。通“得”。

**【译文】**

少说话是合乎自然之“道”的。乃因狂风刮不了一个早晨，暴雨下不了一整天。谁使它这样？天地。天地的这种表现尚且还不能长久，何况我们人类？因此，追求“道”的就会与“道”相伴在一起；追求“德”的就会与“德”相伴在一起；追求冒失的就会与过失相伴在一起。与“道”相伴在一起的，“道”也会乐于得到他；与德在一起的，德也会乐于得到他；与过失在一起的，过失也会乐于得到他。对人民不讲信任嘛，人民也就会不信任他。

**【解说】**

“飘风不终朝，骤雨不终日”可能是老子引用的俗语。老子设问是谁使之这样，接着自答是天地使然。然后，论及人也会多变。既然自然规律多变，一种形式不能长久，那么人也是一样。在这里，老子很自然地批判了那些形而上学、僵化不变的腐朽没落阶级的思想，同时也告诫后人不要有形而上学、僵化不变的管理思想。遗憾的是，腐朽没落阶级不能理解和掌握辩证法而只能搞形而上学。如汉代前期本来思想活跃、百花齐放，到汉武帝时期，董仲舒代表腐朽的统治阶级搞独尊儒术，说天尊地卑永不变、君君臣臣等级制度都不变，其实连既有大业又十分腐败的汉武帝自己也不大赞成这种形而上学思想，批评了董仲舒，认为三代不同制。但是，汉武帝贪图享乐，后来也懒得管了，董仲舒一伙终于这么做成了。从此，意识形态就基本是一言堂了。马克思主义认为，占统治地位的思想就是统治阶级的思想。只不过这种统治思想导致的结果很不美妙。这么做，恐怕也不是孔子本人想要的，是后来封建统治者为了从思想上钳制人民、进行简单化的管理才这么做的。很多朝代都这么重蹈覆辙，直到把一个朝代弄垮。

人的一生与天地自然相比较是极其短暂的。那么怎样做人，做什么样的人，就不得不慎重思考。这个问题特别地提到了管理人的面前，老子不是要人们停留在修“道”的境界中，而是要管理人进而处理管理中的对待人民的问题。他的所有道理最终都落在管理上。

老子在讲到怎样做人和做什么样的人时，先讲了可以选择的几个方面，如从事于道、从事于德、从事于失。他认为，你追求什么就可以得到什么，为人就是什么样子。道、德本是自然规律和精神境界，但你去追求，就可以与之在一起。过失本是错误和危险的道路，你冒险去追求，你得到的也就是过失和危险。然后，他说不仅如此，你追求什么，那个对象也会乐于得到你。追求道、追求德，道、德也会乐于与你相处，他在后面讲“天道无亲，常与善人”也是这个意思；你追求过失和危险，那过失和危险正在向你招手呢，正在等着你呢！老子把追求的对象拟人化，生动地说明了追求即做人的态度、境界是个关键。追求“道”，即探索大本大源，这是指做人要认认真真。真人或者至人的开始，也是做一个圣人一样的管理人的开始。但是，“道”通过人在社会的表现，在处理人际关系和管理事物时则要表现为“德”。因此，悟了道的人还得进一步用于社会，即进一步追求德。

德的一个非常重要的内容就是诚信。孔子认为德的最高表现为“仁”，老子在这里强调诚信。孔子在《论语》中大讲忠信。认为做官先做人，做人先讲忠信，这与老子思想基本一致。老子少讲仁，而重诚信。认为管理人对人民没有诚信，人民对他也不诚信的事就有可能发生。到那时，在处理人际关系和管理事物时不讲诚信，就悔之晚矣。

【诗赞】

天变地变皆一时
同道处德长乐之
治国若是无信言
害人害己可预知

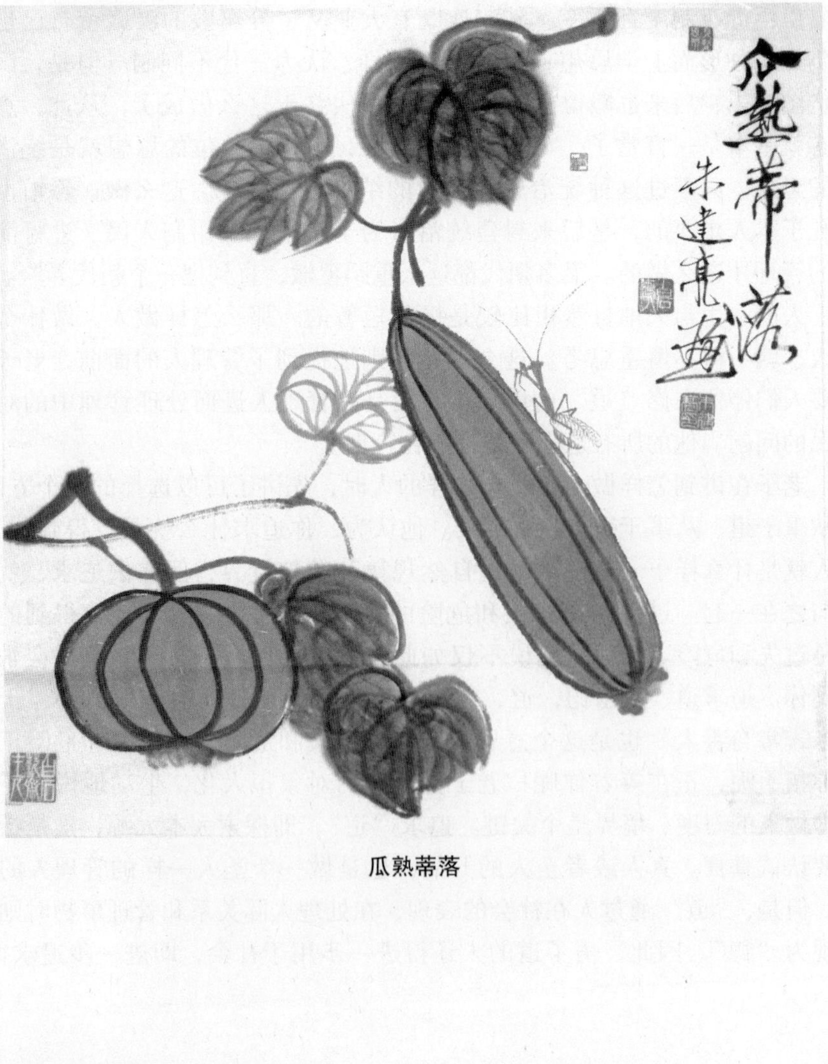


瓜熟蒂落

# 二十四章 自以为是自高自大者不能做管理人

老子在本章继续用辩证法向管理者说教。他认为有六种处理事物的态度是违背“道”即辩证法的。即踮起脚跟站立，两步并作一步走路，自己相信自己并自我显示以让人看见，自以为是地彰显自己，自我吹嘘以显示有功，自高自大以显示自己有领导才能。后四种在二十二章已有阐述，这里只是反说而已。

**【原文】**

企者不立；①
跨②者不行；
自见者不明；
自是者不彰；③
自伐者无功；
自矜者不长④。
其在道也，曰：馀食赘⑤形。
物或恶之，
故，有道者不处⑥。

**【注释】**

① 企者不立。《说文》：“企，举踵也。”即踮起脚跟。
② 跨。跨越的意思。
③ 自见者不明；自是者不彰。马王堆甲、乙本作“自视者不章；自见者不明”。
④ 长。即长官。
⑤ 赘。即多余。
⑥ 有道者不处。马王堆甲、乙本作“有欲者弗居”。

**【译文】**

踮起脚跟站不稳当；跨越式行走反而快不了；只相信自己的会看不明白；自以为是的，难以看清；自我吹嘘的，没有功劳；自高自大的，不能胜任管理之职。这从“道”的高度来看，可以说这些东西是应丢弃的事物。像身体上的毒疮，人们会厌恶它，因此有道的管理者会持避而不处的态度。

【解说】

在老子看来，世人经常显得很天真，尤其是管理者，多不懂得进取之道。他们以为要站高就应踮起脚跟，殊不知反而站不稳；以为两步并作一步必然走得快些，殊不知反而会变慢；以为只相信自己就看得懂，殊不知旁观者更清楚；以为自以为是就能够看得分明，殊不知别人不会相信更不能使人明白；以为自我夸耀就会显得有功劳，殊不知这样更显不出功劳；以为自我感觉好有能力并自傲就能当好领导，其实，这都是处在误区。老子非常厌恶这些为人处事的态度。他尖锐地加以批评，认为管理者应将其视为应丢弃的事物，和身上的毒疮一样坚决予以抛弃。

要真正抛弃这些东西，做起来很难。常人和不懂“道”的管理者会经常处于这些误区，就是懂得辩证法但不去运用的人也常常会因名誉功利的诱惑而自我表现，自我请功，自我作秀，自夸本领，或居功自傲，目空一切，唯我独尊，全然不把他人放在眼里，从而极力争功争利。老子认为这样的人不能做领导者，因为他们不仅不会运用辩证法，而且做人的根本心态即今天之所谓人生观就不可取。当然，归根结底还是他们未能真正悟道修德。

【诗赞】

踮起脚跟站不稳
跨步行走转瞬停
国家社会管理者
切莫自见自是自夸与自矜

# 二十五章 管理人学道用道的核心在于以人为本

既然要管理人学“道”、悟“道”，就要告诉他们怎么学并强调“道”的重要性。因此，在本章老子再次论述了“道”及其重要性。他认为“道”是先于宇宙和天地万物而存在的，他认为“道”永远独立存在而不会改变。他认为宇宙天地间有四种伟大，即人、地、天、“道”。这四“大”当中，“道”是最“大”的，然后依次是天、地、人。他认为人也属“大”，但从属前三“大”。他之所以要说这些，目的就是要管理人懂得这样才能学“道”、悟“道”，并且这本身也是悟“道”。

**【原文】**

有物混成①，先天地生。
寂兮寥兮②，独立不改，
周行而不殆。
可以为天下母③。
吾不知其名，
强字之曰：道；强为之名曰：大④。
大曰：逝；逝曰：远；远曰：反。
故，
道大，天大，地大，人⑤亦大。
域⑥中有四大，而人居其一焉。
人法地，地法天，天法道，道法自然⑦。

**【注释】**

① 有物混成。物，不是指实在的物，而是指某个“东西”。何新注：“‘成’读‘然’。”仍读“成”更好。此句意即有个东西浑然生成。

② 寂兮寥兮。即寂寞的意思。

③ 天下母。马王堆甲、乙本作“天地母”。

④ 强字之曰：道；强为之名曰：大。道，《管子·心术上》：“道在天地之间也，其大无外，其小无内。”大，《庄子·天下》引惠施说：“至大无外，谓之大一；至小无内，谓之小一。”

⑤ 人。战国楚简本和马王堆甲、乙本作“王”。王弼说：“天地之性，人为贵，而

王是人之主也。”宋范应元本、傅本均作“人”，与下几句相合。“人”改为“王”是战国末年尊王的表现。“人”这个概念才与天、地相匹配，天、地、人一直是三大系统的概念，“王”不能与之相匹配。故接下来的“人法地，地法天，天法道，道法自然”就不好再改了。另外，战国楚简本错别字很多，说明抄写者文化程度很低。

⑥ 域。马王堆甲、乙本作“国”。

⑦ 人法地，地法天，天法道，道法自然。《吕氏春秋·序意》有“盖闻古之清世，是法天地”。

**【译文】**

宇宙自然中存在一个浑然一体的东西，在天地形成之前就有了。它寂静空虚且广袤无垠，独立存在而不会有所变化，无所不到且永不休止。可以担当宇宙万物的根本。我不知道该怎样概括它和称呼它，要勉强给以字号就叫它“道”，要勉强给它取名就叫“大”。“大”也就是周流不息，周流不息也就会达于遥远，达于遥远也就会返还到起点。所以说，“道”真是大，天真是大，地真是大，人也大。宇宙间有四大，而人是其中一大啊。人效法于地，地效法于天，天效法于大道，道效法于宇宙自然（归根到底，人应效法于宇宙自然）。

**【解说】**

中国哲学的伟大就在于提出了许多并非实验而获得的真理，并为后来的实验和数学所验证。老子说的“道”以及提出它“先天地生”就为现代宇宙理论所证实。宇宙大爆炸的最初瞬间尚无天地就已经有“道”了。当然，这个天是指我们这个宇宙。至于地，则远未产生，既无地球，更无人类。据宇宙学研究的结果，我们这个宇宙是从一个等于零的点（奇点）大爆炸而产生的。这个奇点并非绝对等于零。在宇宙大爆炸之前，“道”也是存在的。它独立存在而不改，宇宙学可以说明这一点。著名宇宙学家史蒂芬·霍金认为宇宙犹如煮水时产生的气泡，每个宇宙是一个气泡，我们的宇宙是从别的宇宙里脱胎而来的。2010 年，美国天文学家研究认为，理论上确认的与宇宙中的黑洞相对立的白洞确实存在，宇宙大爆炸就是我们这个宇宙从白洞即另一个宇宙脱胎而出的一瞬。黑洞的奇点即所谓“虫洞”，这正是宇宙之间的通道。我们这个宇宙自大爆炸以来还在膨胀，星系“红移”即我们所见多数星系正在远离我们而去，这就表明我们的这个宇宙还在继续膨胀。膨胀的原因正如从白洞向我们的宇宙吹气，即我们这个宇宙脱胎的全过程还没有最后结束。而我们发现的不明辐射正来自白洞。虽然这一研究结果还有待进一步证实，但是，无论怎样，都与“道”在有天地以前就存在相吻合。

老子怎么会这么巧妙地猜到这一点？这也许与他的祖辈是天文学家

（观测天象的史官）有关。老子说这个浑然一体的对象“道”不仅独立不改，而且运动不已，我们不知道叫它什么好，故称之为“道”，勉强起名为“大”。他认为有四种“大”，人也是其中一“大”，即有“人道”。不过，人道是学习地道、天道而得到的认识。最后他指出，天法“道”，“道”法自然，即“道”是效法宇宙自然的，换句话说，“道”是我们关于宇宙自然的反映。因此，人，特别是管理人，要学“道”、悟“道”，归根到底是要学习自然、感悟自然和宇宙。就是说，管理者要管理好国家社会就应学习自然、感悟自然和宇宙，从中摸索出唯物辩证法来做管理的理论基础。这一思想至今仍没有过时，我们的哲学家、管理学家都要从自然科学中总结出规律来，绝不能只从社会到社会。特别应多从理论物理学的尖端成果中吸取营养。量子力学的创始人之一、诺贝尔奖得主德国著名物理学家马克斯·波恩总结性地说过：“很多科学家和工程师是受过良好教育的人，他们有文学、历史和其他人文科学的某些知识，他们热爱艺术和音乐，他们甚至绘画或演奏乐器；另一方面，受过文科教育的人们所表现出来的对科学的无知甚至轻蔑是令人惊愕的。”因此，自然科学家建议社会科学家努力以自然科学作借鉴。而我国两千多年以前的老子就能积极研究和感悟宇宙自然之规律并积极用之于管理国家社会，真是中国人乃至全人类的骄傲。

《吕氏春秋·序意》对老子的这一思想深信不疑。认为：为人官长，就应该学习天地，掌握和利用宇宙自然规律。又说：维秦八年，“文信侯曰：尝得学黄帝之所以诲颛顼矣，‘爰有大圜在上，大矩在下。汝能法之，为民父母’。盖闻古之清世，是法天地”。主张学习“十二纪”。春夏秋冬，岁月往复。掌握了便可用于治国。又说：“天曰顺，顺维生；地曰固，固维宁；人曰信，信维听。三者咸当，无为而行。”

据九州出版社2009年出版的《钱学森讲谈录——哲学、科学、艺术》，胡锦涛总书记对深研过系统论的科学家钱学森说过：“钱老，您在科学生涯中建树很多，我学了以后深受教益。”“上世纪80年代初，我在中央党校学习时，就读过您的有关报告。您这个理论强调，在处理复杂问题时一定要注意从整体上加以把握，统筹考虑各方面因素，这很有创见。现在我们强调科学发展，就是注重统筹兼顾，注重全面协调可持续发展。”（原载《人民日报》2008年1月20日第1版）今天，我们也应好好研究《老子》，学习其从宏观上、哲学上看问题和把握社会管理的方法，要用科学发展观来指导国家社会的发展，要把以人为本作为核心，用统筹兼顾的方法保障全面协调可持续发展。

【诗赞】

混沌未开就有家
各家星系飞彩霞
自古圣人发宏问
宇宙天地谁管辖
以人为本人就大
域中四大人一大
天地尊道人亦是
能管国家治天下

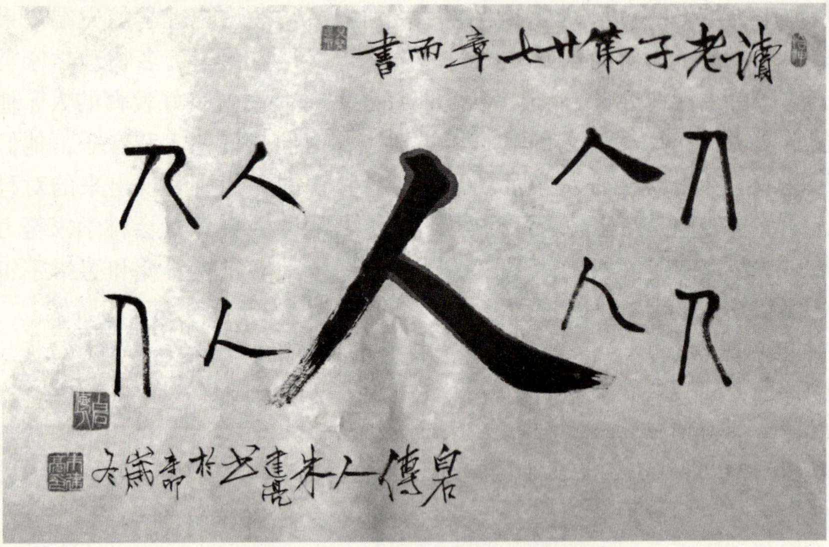


人——读《老子》

# 二十六章　管理人治国安邦不可轻举妄动

老子在这章仍以哲理开头，最后落实于管理。他首先提出轻和重、静和躁两对矛盾及矛盾的主次方面的看法。认为轻与重矛盾的主要方面是重；静与躁矛盾的主要方面是静。可见老子主静、贵柔贵清净恬淡。有人认为，“虽有荣观、燕处超然。奈何万乘之主，而以身轻天下”这几句是注释混入正文的。战国末期流行的《老子》已经是今天的流行本，《韩非子》提出怀疑，《韩非子》的解释值得重视。战国时期确有《老子》流传，齐宣王时曾有谋士颜斶引用《老子》三十九章的内容向齐宣王进言献策。那时未有作注释的现象。从《老子》属管理学著作来看，这几句话应是原有的内容，与全书其他章的内容相关联。

**【原文】**

重为轻根，
静为躁君。①
是以，
圣人②终日行不离缁重③。
虽有荣观④，燕处超然⑤。
奈何万乘之主⑥，
而以身轻天下？⑦
轻则失根，
躁则失君。

**【注释】**

① 重为轻根，静为躁君。王弼注：“凡物，轻不能载重，小不能镇大，不行者使行，不动者制动。是以重必为轻根，静必为躁君也。”君，主宰。

② 圣人。马王堆甲、乙本作“君子”。这里再一次说明马王堆甲、乙本是被修改了的本子，因为《老子》全书未把人分为“君子”与“小人”。

③ 缁重。军队带在途中的粮食、装备、用品。

④ 虽有荣观。何新引吴澄说：“虽有荣华之境，可以游观。”

⑤ 燕处超然。“燕处”即安居，“超然”即超脱。

⑥ 万乘之主。马王堆甲、乙本作“万乘之王”。乘，车辆单位，一部车为一乘车。

⑦ 而以身轻天下。《韩非子 · 喻老》："主父万乘之主而以身轻于天下。"可见帛书把"主"改成"王"了。

【译文】

厚重是轻便的基础，清净是躁动的主宰。所以，圣人整天出行不离运载粮草的车马。虽有美景观赏，富华生活，但超然处之，超脱物外，不为心动。为什么作为大国的君主却会轻率到仅为身体娱乐而看低了管理天下之大任呢？这样轻率行动必然丢失根本，妄动必然丢失主宰地位。

【解说】

以往解读《老子》的学者都是哲学家、宗教学家，尤其是把《老子》列为养生学以后，《老子》的根本性质完全被误为纯哲学或者宗教著作、养生学著作了。如果站在政治学、管理学角度来看，人们会眼前一亮，原来该书完全是一部管理（领导）哲学或者政治哲学著作。故有人曾说，《老子》长期失读，即研究不够。

分析一部书的性质同分析任何事物的性质一样应看主要矛盾和矛盾的主要方面。苏联成立初期，革命导师列宁和托洛茨基在关于工会的性质问题上进行过激烈的争论。列宁认为工会是职工学习共产主义的学校，而托洛茨基则说工会是政权机关。当争论得不可开交的时候，布哈林用折中主义否定了两个人的看法，说他们都对又都不对。他认为工会既是工人学习共产主义的学校，又是政权机关。列宁后来批评了布哈林的折中主义哲学，认为他不了解辩证法。辩证法告诉人们正确认识事物的性质，要看主要矛盾和矛盾的主要方面。当一个事物有多种属性时应看主要属性。布哈林当时举了讲台上放着的一个玻璃杯子为例。他说玻璃杯子既是杯子又是玻璃器皿，光说它是杯子或光说它是玻璃器皿都不对。列宁借此为例，说玻璃杯子还有其他属性，例如，小孩子可以把它当做关蝴蝶的笼子，人们打架时又可以把它当投掷物——武器。难道可以说玻璃杯子既是杯子又是笼子，既是杯子又是武器吗？他说，就是不识字的农村妇女也知道，拿到一只玻璃杯子要先看它有没有底，可不可以盛水，边口有没有裂口，会不会在喝水时割伤嘴唇，他认为农村妇女就抓住了主要矛盾和矛盾的主要方面，当做喝水的杯子，而扬弃了其他所有次要的属性。用列宁生动的辩证法思想来看《老子》，就是主要讨论什么问题及问题的哪个方面，看传达或讲述的主题是什么，这样才能正确判断此书的性质。《老子》确实讲了许多哲理，讨论了哲学与管理的关系问题，但讲哲学都是为讲他的管理（治国）主张服务的。其传达的主题就是老子的管理理念。管理是他讨论哲学与管理的关系问题的主要方面。其管理理论基础是“道”——辩证法思想。由此展开到方方面面，均是教人如何管理国家社会。再说，在很多时候，是先讲管理后用哲学验证的。如果纯粹是哲学著作，那就要像惠施、公孙龙子那样深入，而且也不会涉及刑法、教育、用兵等治国诸方面并在这些方面形成原理或原则。按照老子谈哲学于管理这个思想线索来看《老子》，才不会被团团迷雾所遮蔽。因此，前面那三句话可以认为是《老子》原有的内容，与最后两句正相配。

“重为轻根，静为躁君。是以，圣人终日行不离缁重。虽有荣观，燕处超然”，是说要以“重”、以根基为基础，要以清净恬淡为行动的基础。圣人终日旅行不离粮草车马，这一点孔子也是如此，要他捐出车子他是不干的，没有车子怎么远行呢？圣人虽有荣达之时也处之超然，即不看重这境遇而看重清净恬淡，他以后者为根基。这是讲圣人就是能够佐助人君管理国家社会的人才。接下来，是对国君的由衷劝告：作为国家君主怎么能为个人荣达而轻视国家社稷，个人荣达是“轻”的方面，国家社稷才是“重”的方面。国君轻视管理国家社稷的重任就会失去国君的根基，妄动而不清净恬淡就会失去主宰地位。他认为这是显而易见的管理哲理或领导哲学。

**【诗赞】**

有如醉酒酒未醒
沉迷荣乐会妄行
莫以有己轻天下
轻重躁静要权衡

静

# 二十七章　管理成败首先在于做人和用人

本章仍继续讲“道”在管理中的应用，具体对象是人。即如何对待人、处理好人际关系问题。老子仍然先讲哲理后落实到这些具体问题上面。不过，这个哲理比较具体一些。老子本着一颗善良的心、一颗爱人的心希望管理人向善人学习并借鉴不善之人。认为要普遍地救人救物，同时又要不露痕迹，也就是不求报答，不要名声，以体现如斯宾诺莎说的真正的善(那行善而不希望上帝表彰的善)，从而走向和谐管理的大目标。

**【原文】**

善行①，无辙迹②；
善言，无瑕谪③；
善数，不用筹策④；
善闭，无关楗而不可开⑤；
善结，无绳约⑥而不可解。
是以⑦，
圣人常善救人。故，无弃人；
常善救物。故，无弃物。
是谓：袭明⑧。
故，
善人者，不善人之师；
不善人者，善人之资。⑨
不贵其师，
不爱其资，
虽智大迷，
是谓要妙。⑩

**【注释】**

① 善行。马王堆甲、乙本作“善行者”。以下四句均为“善……者”。
② 辙迹。古代指车轮经过的痕迹。
③ 瑕谪。玉的瑕疵。

④ 筹策。古代用于计算的竹制筹码。

⑤ 善闭，无关楗而不可开。马王堆甲本作“善闭者无关籥而不可启也”。关楗，古代关门的木制器具。何新注引范应元说：“楗，拒门木也。或从金旁，非也。横曰关，竖曰楗。”“关”即门闩，“楗”即门橕。

⑥ 绳约。以绳捆缚。

⑦ 是以。马王堆甲本作“而”。河上公本作“故”。

⑧ 袭明。马王堆甲本作“神明”。袭，何新注为“夕”，即夜的意思，古称夜明即夕明，可从。袭明，引申为黑暗中的光明。

⑨ 不善人者，善人之资。即不善人者是可借鉴的，也是可以利用的。

⑩ 要妙。即幽妙或奥妙。古代幽、要相通。

【译文】

善于行动的人，不会留下车辙那样的痕迹；善于言谈的人，无懈可击；善于计算的人，不用筹策之类的工具；善于关闭的人，不用门锁却使人无法打开；善于束缚的人，不用绳索却使人不能开解。因此，圣人善于救助人，所以没有所谓无用之人；善于维修物器，所以没有所谓无用之物。这就是圣人的不露行迹的说不清、道不明、看不见、摸不着的聪明。因此，可以说，善人者即圣人是不善人即有缺点错误的人的老师，不善人者是善人的借鉴和可利用的对象。如果不善人不尊敬他的老师，善人不爱惜可借鉴可利用的资源，那即使再聪明，也是大糊涂。以上就是做人、用人的诀窍。

【解说】

老子前三句说的是善于言说、行动、计算就不会露出痕迹。接下来两句是说善关闭和善于捆缚的不依赖技术手段，无迹象，而达到的目标又非常完满。这五句话似格言名句，又似古文献的引述。老子之所以要这样开头，旨在为下面的话即善救人、救物、处理人际关系作铺垫，达到“袭明”，从而达到普遍的和谐至治，人们相互学习相互友爱的目的。

显然，在老子看来，言说、行动和计划都不能张扬。张扬就不算最好的，故意宣扬、作秀、显示自己就更糟糕。包括做事、说善良话以及计划有利于公共利益的事情，都不应张扬。这也许就是针对社会存在此种现象而言的。在孔子之前就有儒、墨两派，他们也属于言行张扬的学派。墨子讲泛爱和非攻，儒家学派张扬所谓仁、义、礼、智、信。不断反复地宣传这些，给学生、官方、友人包括老子等宣讲这些东西，在老子看来，这样说、这样做，也是必要的。但光宣传这些格言式的东西，而且不厌其烦，言则美矣，未勉可信。老子认为“信言不美，美言不信”，又说“多言数穷，不如守中”。在其他人看来，言虽美言，未免作秀。影响虽大，负面即反感也不小。人们会怀疑这些言论和这样大肆宣扬的目的是为弄个大官当当。这就是露痕迹，就是不明智。因此，不免遭到老子的批评，百姓的讥讽，庄子等人的议论以及秦人的抵制。只不过值得遵守的一条就是：从事管理既要老子的以道、德为根本的理论指导，也要儒家的仁、义、礼、智、信等具体规范原则，两者不可偏废，包括慈爱在内。

至于善闭、善结，要不用技术手段。老子言下之意是，管理人要善于关闭和交结社会关系、人际关系以至诸侯国的关系，也要不依赖技术手段或盟约手段。凡依赖这些手段的都是不高明的。盟约并不可靠，随时可能撕毁，故靠盟约不是最好的缔结。鲁迅先生写过一篇小说，说新婚夫妇生活困难，男人是搞写作的，为了挣钱，正准备写一篇小说，题目就叫“幸福的家庭”。这个家庭幸福的一个重要方面就是和睦，夫妻俩定了几百条约规。曾被马克思、恩格斯在《共产党宣言》指出的资本主义，把骑士精神、田园诗精神、封建主义温情脉脉的面纱打入到利己主义的冰水之中，把一切关系都变成了金钱交易关系。订了几百条约规的家庭正好反映了这种资本主义的人际关系，这样的家庭能幸福吗？当然不能！鲁迅就是这样讽刺社会的。老子说善闭、善结也有其针对性。显然，他认为人际关系、诸侯国关系要处理好，不能光依靠盟约之类的一般手段。那么，要靠什么呢？老子虽未明说，然而意已清楚，那就是要靠思想，要靠感情和友谊，要靠德。靠思想、靠德，就是要靠“道”。俗话说，“道不同，不相为谋”，什么盟约都不管用，感情、友谊、德性才是最能打动人心的。因此，在老子看来，社会要和谐，关键不在于礼法，而在于上爱民，下互爱。

正由于这个原因，老子认为善于管理社会的圣人善救人、善救物，从而无弃人、无弃物。有问题的人如一般犯人可以改造、救治，而不要抛弃；废物可以利用，不要遗弃。老子这么议论也必然有其针对性。按照老子的思想，对于思想有问题的人，则应重在教育和改造，使社会无弃人，以达到和谐至治。老子的这些思想虽然有些理想化，在当时也难以实行，但是，他的方向却为人赞赏。

另外，《淮南子·道应训》解释“人之不善，何弃之有”时引了一则利用“不善人”的有趣史料：楚国有个将军叫子发，他喜欢有一技之长的人。楚国有个小偷去见他，请人传话进去说：“听说将军喜欢有一技之长的人，我是个市井小偷，会偷东西，愿意在您的军队里当个兵。”子发听说后，衣带没系，帽子没戴正，就立即以礼接见。左右劝谏说：“小偷，就是天下的盗贼，怎能以礼相待？”子发说：“这不是你们所了解的。”不久，齐国兴兵攻击楚国，子发率军迎敌，因敌强而多次退却。楚国的大臣、谋士用尽计谋良策都不管用，而齐军推进愈猛。这个小偷就进言说：“我有小技，愿为将军一试。”子发说：“好。”不问具体做法就让他去干了。结果小偷当晚就把齐军大将的帐篷解下偷回来献给子发了。子发派人还给了齐将军，并对他说：“我军有个靠卖柴出身的小兵偷了您的帐篷，现在还给你。”第二天晚上又偷了齐将军的枕头，子发又派人归还了。第三天晚上又偷了齐将军的头发簪子，子发又派人还回去了。齐军上下听闻大为惊骇。齐将军与军官们说：“现在不赶快退兵，恐怕楚军会把我的头也偷去！”于是，齐军不战而退兵回去了。《淮南子·道应训》总结说：“故曰：无细而能无薄，在人君用之耳。”故老子曰：“不善人者，善人之资。”

因此，老子最后说要尊敬善人，又要借鉴不善之人并发挥其可用之特长，以做优秀的管理者，这样才不至于把国家社会管理之重任简单化。

**【诗赞】**

常善救人无弃人
虽有过错使自新
既怀仁爱又睿智
慈爱赢得天下心

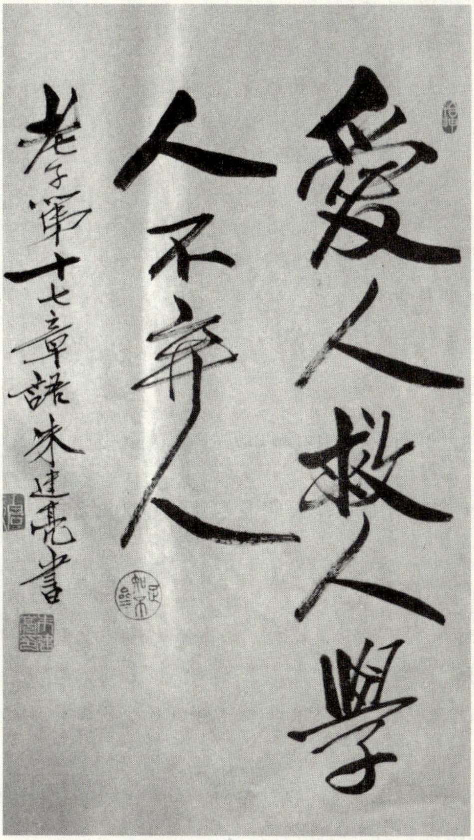


**爱人救人学人不弃人**

# 二十八章　管理优秀在于理论联系实际

老子在本章又大讲对立统一的规律，讲事物有两个方面互为依存。认为知道互相依存又互相在一定的条件下转化的矛盾的某一方面，并守住其柔弱的另一方面，就能处于深通辩证法与“道”同在的境界。管理人就是要达到这种境界，并应用对立统一规律于管理工作中。

**【原文】**

知其雄，守其雌，①
为天下谿②。
为天下谿，常③德不离，
复归于婴儿。
知其白，守其黑，
为天下式④。
为天下式，常德不忒⑤，
复归于无极⑥。
知其荣，守其辱，
为天下谷⑦。
为天下谷，常德乃足，
复归于朴⑧。
朴散则为器⑨，圣人用之，则为官长。
故，
大制不割。⑩

**【注释】**

① 知其雄，守其雌。这两个“其”均为代词。前一个“其”，那个；后一个“其”，这个。

② 谿。何新注：“谿”读“澥”，指海。说渤海古又称渤澥。其他学者多注为“沟溪”。可从何说。引申为江海。

③ 常。马王堆甲、乙本作“恒”。何新注读为“尚”，守也。从帛书本为“恒”来看，“常”即恒常。

④ 式。即模式的意思。王弼注作“模则”。

⑤ 忒。王弼注作“差也”。

⑥ 极。王弼注：“不可穷也。”

⑦ 谷。山谷的意思。

⑧ 朴。任继愈解释为素材，说老子有时用朴表示“道”的境界和品格，这是对的。何新注：朴，应作“璞”。《说玉篇》引老子“璞散则为器”。并引《文选》“郑人谓玉未理者为璞”，即今之所谓子玉，并且合乎下文。这也只是一种比喻。朴，其实就是原始自然的质朴之“道”。

⑨ 朴散则为器。散为解剖，朴散即如散解子玉以雕琢之，具体是指用原始自然的质朴之“道”去与管理岗位工作结合。器，不是指器物，而是指工具，这里指思想工具，包括原则、方法等。

⑩ 大制不割。王弼注：“大制者，以天下之心为心，故无割也。”大制，即统一的最高理论。

**【译文】**

知道刚强，就应守着柔弱，甘当天下江海。成为天下的江海，永恒的“德”就不会离开自己，从而回到无知无欲的婴儿状态。知道洁白，就应守着暗黑，乃是天下的法式，永恒的“德”就不会变异，从而回到虚无之终极。知道荣耀，就应守住卑辱，甘当天下的虚谷。成了天下的虚谷，那永恒的“德”就非常真实，从而回到质朴的境界，即回到天下原始的自然之“道”。（原始之状的）自然之道与管理工作的各个方面结合，散化为管理天下万事万物的原则和方法，圣人便能提纲挈领地运用和掌控它们，担任长官，以管理万事万物。所以，要有统一的最高的宏观管理理论（道），而不能只知其一，不知其二地加以割裂。

**【解说】**

在雄与雌的矛盾中，雌是柔弱的一面；在白与黑的矛盾中，黑属于阴柔的一面；在荣与辱的矛盾中，辱属于卑弱的一面。老子认为，在此类对立统一的矛盾中，有“道”的管理人应守住或自居于阴柔、卑弱的一面，而不要显露阳刚、明亮的一面。为什么要这样呢？老子认为，这样才能与“常德”相处永不分离。他用了三个“常德”，一是“常德不离”，二是“常德不忒”，三是“常德乃足”。这些都是指与立足“常德”相伴。“常德”是接近“道”的，从而使管理者可以接近“常道”。所谓“常德”，也就是领导者应具有的基本德性。

因此，他接下来讲了三个“复归于”，一是“复归于婴儿”，二是“复归于无极”，三是“复归于朴”。前者“复归于婴儿”，是说回归婴儿即自然人的状态。自然人状态的婴儿不知道各种错综复杂的社会关系，只知道自由自在、生动活泼地存在着。人在懂事以后会脱离自然人状态而进入社会人的状态，有乖巧、老实等，千差万别。老子认为很多社会人就会因利益追求而变得虚假，远离“道”，这是管理人不应居处的情境，而应天真得像孩子一样。“复归于无极”，是说可以回复到与对立统一规律同处的境地。老子认为，对立面（上下、前后、阴阳等）经常互相转化，“孰知其极”？“无极”即两极相逢的如太极图的整体状态，即虚静、虚空、无为无极端的状态。“复归于无极”，即回返到虚静、虚空、无为无极端的状态和境地，这样才可以冷静地观察事物和社会现状的走向，才便于随时施控管理。可惜，人们常处于误区，未能纯真地与真理在一起。这样也就是离“道”，是从事管理的人们不应居处的。“复归于朴”，即复归于淳朴的原始自然之“道”。老子认为，追求荣华富贵不是自然人的境界而是社会人的作为，特别是锐意追求个人利益和荣华富贵会与“道”背道而驰，愈走愈远，是管理人绝对搞不好管理的人生观和价值观。他认为只有宁要卑辱不求荣耀，这样才能回到自然人那样淳朴的状态和品质，回到原始的自然之“道”。

这里要特别指出两点：

第一是老子说的“复归于朴”，不是指回到万物的原始状态，而是指回到自然之“道”。老子在三十二章就说过“‘道’常无名。朴，虽小，天下莫能臣”。就是说“道”有时候用“朴”这个字来表示。“复归于朴”就是回到“道”。

《吕氏春秋》则说得很详细：“主道约，君主近。太上反诸己，其次求诸人。”“何谓反诸己也？适耳目，节嗜欲，释智谋，去巧故，而游意乎无穷之次，事心乎自然之涂，若此则无以害其天矣。无以害其天则知精，知精则知神，知神则谓得一。凡彼万形，得一后成。故知知一，则应物变化，阔大渊深，不可测也。德行昭美，比于日月，不可息也。豪士识之，不可塞也。意气宣通，无所束缚，不可收（牧）也。故知知一，复归于朴。”即智者知“一”，知对立统一规律，回到“道”。

第二是老子说的“朴散则为器”，不是指万物的原始状态化为具体的万事万物，而是指自然之“道”分散开来与具体管理工作分别结合会表现为多种真朴爱民的管理原理和方法，即“道”与具体管理相结合，事事均会有利和谐至治的好的管理办法，从而才会有管理的好结果和好现象。他认为，管理人如此用对立统一的辩证法并常处阴柔的一面，就能成为好的官长、进行好的管理。就是说，要用好“道”（规律），才能搞好管理，当好长官（干部）。因此，对立统一规律是一个整体，不能分割。不能只知某些小系统的小道理。换句话说，不能只知大道理的某个部分而不知其整体。一定要用好这个对立统一规律“一”，一定要首先从宏观上去把握社会的发展和各种关系，同时利用这些规律与具体工作相结合，即理论联系实际，才能搞好管理，使社会科学发展。

从这里我们看到了老子对管理人、对领导干部暗示了一个重要要求：把理论与实践结合起来。把“道”与具体管理工作结合起来。这是多么重要的要求！这对我们今天的领导干部也是重要的启示。马克思说过：“以往的哲学都只是解释世界，但问题在于改变世界。”马克思重视学以致用，理论用于实践，用于改造世界。后来，毛泽东提出学习理论要有的放矢，要用马克思主义的“矢”来射中国革命之“的”，就是要应用马克思主义，甚至提出干部要来一个比赛，看谁应用得好些、应用得多些。他特别提出把马克思主义与中国革命实践相结合，使马克思主义中国化。毛泽东思想、邓小平中国特色社会主义理论就是这样形成的，它们都是马克思主义中国化的典范。我们的干部如果能经常使马克思主义中国化，经常把中国化了的马克思主义理论与具体的管理工作相结合，就能有所创新，就能当好领导、搞好管理。当然，理论与实践相结合的同时，还要把传统文化之精华现代化，即变为现在能用的东西，亦即思想文化创新。我们党的领导人也经常做着这项工作，这就是党的理论创新层出不穷的原因。而老子在两千多年前就有这种见地，无疑是中华文化的光荣所在，无疑是一个有趣的管理理论奇迹。

为什么过去的研究者没有看到老子这一深层的思想？就因为没有把《老子》这部著作当做管理学和领导哲学著作来研究，因而被忽略了。

**【诗赞】**

对立统一是个宝
圣人老子极称道
抱住负面得正面
“无极”环子最牢靠
领导若能应用“道”
管理工作步步高

虚怀

## 二十九章　违背规律强有作为管理将失败

老子在本章进一步宣传他的“自然”、“无为”的管理思想，认为管理人应懂得事物不可强为的哲学道理并用于管理，认为只能顺其自然，千万不能过分勉强。

**【原文】**

将欲取①天下而为之②，
吾见其不得已。
天下，神器。③
不可为也，
不可执也。④
为者败之，
执者失之。⑤
故，
物或行或随；
或歔或吹；
或强或羸⑥；
或挫或隳⑦。
是以，
圣人去甚⑧，去奢⑨，去泰⑩。

**【注释】**

① 取。为。《广雅·释诂》：“取，为也。”河上公注：“取，治也。”

② 为。作为的意思。

③ 天下，神器。王弼本“天下神器”。其实，“天下”后要加“，”。王弼注：“神，无形无方也。器，合成也。无形以合，故谓之神器也。”即神圣之物。就是说天下乃是神圣之公器。今多称国家为“国家机器”、“公器”。

④ 不可为也，不可执也。王弼本无“不可执也”。易顺顶按：“不可为也”当有“不可执也”一句。为，按管理人个人意志作为。执，按管理人个人意志施控。

⑤ 为者败之，执者失之。王弼注：“万物以自然为性，故可因而不可为也，可通而不可执也。物有常性，而造为之。故必败也。物有往来，而执之，故必失也。”王弼本

在此两句之后有“是以，圣人无为，故无败；无执，故无失”。

⑥ 羸。瘦弱的意思。

⑦ 隳。毁坏的意思。

⑧ 甚。极度。河上公注：“贪淫声色。”

⑨ 奢。多的意思。

⑩ 泰。通太。此三句均为不走极端的意思。

【译文】

想要管理好天下而又想行有为之政，我看他达不到目的。天下这个神圣的东西，不能凭管理者的主观意志而勉强作为。若强有所为，必将失败，固执地施控、行强为之政，必将失去天下。所以，万物本有前行或随后的；有轻嘘的有猛吹的，有强壮的有瘦弱的，有受小挫的有完全毁坏的。因此，圣人去掉极端的、奢侈的、过分的强为之政。

【解说】

老子把天下比喻为神器是准确的。天下即国家社会，这是一种公共的神圣器具，即公共神器。列宁把国家比喻为“机器”。在《国家与革命》一书中称之为“国家机器”。这是只能全国人民共同拥有的公器，绝不能得而私也，绝不能随心把持，也绝不能凭主观想象去治理并有所作为。因此，老子说，要想这样做我看他达不到目的。“天下，神器。不可为也，不可执也。”就是说不可勉强作为，不可任意凭管理人个人意志去把持和施控。治理国家，在老子看来只能顺其规律即“道”来做，这就首先要持“无为而治”的原则。既然天下这个神器是公器，就应交公治理，由人民来当家做主，由人民来治理。作为国君应持“无为”的态度，个人有意作为往往适得其反。这显然是针对当时各诸侯国跃跃欲试，想干出一番事业、治理好国家甚至称霸等现状说的。这种人包括一些谋士，不同学派的学者也各持一说、各开药方。孔子也受过影响，在《论语》里说过一个国家如果交给他，只要三年就会治理得很不错。孔子的态度是积极的，超过老子。老子主张“无为”求稳，孔子等很多学者主张有为、积极治理国家。问题是不能用周代旧礼法来治理，而要用发展的理念来治国，并且民主治国，用创新的方法来推动社会向前发展。当时有的国家修改过法律、制度，有的国家在音乐和歌舞方面有创新，合乎百姓要求，有的国家如郑国的音乐大概情歌较多，这些使一些学者看不惯，不让男女走同一条路，这样用旧的腐朽眼光看世界、治国家，能治理好吗？教育内容也不允许变化甚至喋喋不休等，都是老子眼中故意作为和强为之政。这样没有不失败的。因此各国包括鲁国也不采纳此类学者的意见，而多用墨家、法家的意见。老子认为，一切事物都是辩证地发展着的。优秀的管理者应该看到事物的多变规律，从而顺其自然规律，不要走极端，不要奢侈，不要有过分的行为，例如，肉没切方整就不吃、坐垫没有放方整就不坐，否则不仅不能治好国家，而且会使自己在做官过程中产生不良影响。不过，老子的保守方面如治小国的模式和过分强调阴柔也是弊端，当时也无人全面采纳。当时各派学人各有长短，应取长补短。今天则要取其精华，去其糟粕。

凭个人主观想象去强为虽然不对，但是管理也不能毫无政治理想，在当时，想富国强兵一统天下，符合时代需要，只求维持现状的思想是落后的。符合时代要求和科学规律的集体决策的作为都是应当肯定的。

这也是老子的思想为什么在当时没有完全被认同的缘故。

【诗赞】

好比平行四边形有四条边
管理方向不可一相情愿凭主见
去甚去奢去泰听老劝
才能抓住那条看不见的对角线

# 三十章 以道佐君主不可以兵强天下

有研究者说，战国争雄，战争一方面给人民带来了灾难，但战国时期分散割据的局面要达到统一，除了战争没有其他的途径。孟子反对战争，老子反对战争，墨子也反对战争，他们反对战争的出发点各不相同。而建立统一大国，结束列国纷争的无序状态，是诸子百家共同的要求，只是手段不同。其实，孟子只是口头反战，他实际上还劝国君进攻了他国并获胜，孔子也劝过鲁国君主攻打齐国的叛军，子贡还为了保卫自己所在的鲁国发动了一场空前的多国战争。说老子反对战争也不对。老子只是反对不义之战，反对以兵力逞强于天下，反对打胜而骄傲欢喜。老子在本章议论了战争的坏处特别是得胜而欢的态度，认为优秀的佐助君主的管理人应以“道”强国。

**【原文】**

以道佐①人主者，不以兵强天下。其事好还②：

师之所处，荆棘生焉。大军之后，必有凶年。

善有果③而已，不敢以取强。

果而勿矜④；果而勿伐⑤；果而勿骄；果而不得已，果而勿强⑥。

物壮则老⑦，是谓：不道。

不道早已。⑧

**【注释】**

① 佐。辅佐。严可均认为应为“作”，“以道佐人主者”应为“以道作人主者”。意思是怀道而当君主。从王弼注看，不是这个意思。他说：“以道佐人主，尚不可以兵强于天下，况人主躬于道者乎？”老子非常佩服以道佐人主的圣人，也特别重视佐人主的上层管理人，故有如此告诫。

② 还。返的意思。好还，好回返到本有的道理上来。故王弼注：“为始者务欲立功生事，而有道者务欲还反无为，故云其事好还也。”这里进一步说明“佐”为辅佐。

③ 果。达到目的，胜利的结果。王弼注：“果，犹济也。言善用师者，趣以济难而已矣，不以兵强于天下也。”

④ 矜。自高自大的意思。

⑤ 伐。自考其功。

⑥ 强。逞强。

⑦ 物壮则老。马王堆甲、乙本作“物壮而老”。

⑧ 不道早已。何新注：已，异本作亡。顾观本作“不道早亡”。按：已，疑为“亡”字的误写。其他解释说“已”似“巳”。“巳”音通“死”。虽然意思相同，但这种解释比较牵强。

【译文】

用“道”来辅助国君的人，不可以凭借军事力量逞强于天下。以兵强天下会得到报应。为什么？因为军队所到之处，会荆棘丛生，大战之后，必有荒年。不得已并善于用兵的人只求达到目的而止，不能以武力逞强。达到目的不要自大，达到目的不要自夸，达到目的不要骄傲，达到目的要有处于不得已的心态，达到目的不要逞强。万物强壮就会衰老，这就可以说不合乎“道”。不合乎“道”就会早早败亡。

【解说】

战争有很多坏处。例如，老子虽然不是绝对反对战争，但认为要力求不用战争。老子认为，善于辅佐君主的管理者，不以“兵强天下”，这既是善人的治国理念，也是充满辩证法的管理思想。兵力是国力之一，但不能以此为主，以此为主会失“道”缺德，会适得其反。只有不得已才用兵打仗，这才是对的。要强于天下，要统一天下，除了战争没有其他途径，这种说法在老子看来不一定是真理。他认为确实没有别的办法才可以用兵。这一点，孙子学到了，认为战争是“不得已而用之”。孙子认为“不战而屈人之兵，善之善者也”。就是说最好不打就取得胜利。不战而胜并不是完全做不到的，问题在于是否努力去做而已。各方面都强大又贵“道”爱民，其他诸侯国就可能臣服。万一要打仗，也要以少杀人和少破坏为原则。孙子在《孙子兵法·谋攻篇》里开头就说：“凡用兵之法，全国为上，破国次之；全军为上，破军次之；全伍为上，破伍次之。”就是说要尽量保全人的生命，少破坏国家建设。至于战争，则达到目的就行了。老子反对胜而自大、自夸，骄傲逞强，在另一章则反对战胜而后喜庆。他认为“物壮则老”，事物走上顶峰就会走下坡路。因为战胜是不符合“道”的，不合“道”就会提前衰亡。从以上可以看出，老子认为优秀的佐助国君的管理者应以国富民强而不只是以兵强为管理目标。

【诗赞】

兵强天下必招险

大军之后有凶年

战争只因不得已
岂可拓疆掠国兵戎见
老子劝言谁人听
战乱民苦数百年
岂不见流血漂橹将士死
和谐社会
老子时代空有愿

无题

# 三十一章　不得已用兵的处事态度和方法

本章仍然议论战争。老子不主张轻率用兵，认为优秀管理人用兵属不得已而用之。他不是绝对反对战争。万一要用兵也是没有办法的办法了，不过，战胜之后，应怎样处理，这就取决于管理人是否有“道”、有“德”。老子的这一思想是千古不变的真理，是有“道”、有“德”之人对待战争的态度，永远值得借鉴。

**【原文】**

夫唯[①]兵者，不祥之器，[②]物或恶之。

故，有道者不处。

君子居则贵左，用兵则贵右。

兵者不祥之器，非君子之器。

不得已而用之，恬淡[③]为上。

胜而不美，而美之者，是乐杀人。夫乐杀人者，则不可得志于天下矣。

吉事尚左，凶事尚右。偏将军居左，上将军居右。[④]

言以丧礼处[⑤]之。

杀人之众，以悲哀泣[⑥]之，战胜以丧礼处[⑦]之。

**【注释】**

① 唯。王弼本作“佳”，疑为误写。唐碑本作“唯”。王念孙认为是发语词。

② 夫唯兵者，不祥之器。帛书本作“兵者不祥之器也”。兵，军事。

③ 恬淡。从容，虚静。马王堆甲、乙本作“铦袭”。

④ 吉事尚左，凶事尚右。偏将军居左，上将军居右。先秦时代，一般是以左为上的，但军事上是尊右的，因为战争是凶事。任继愈解释，古代战争用车，军中将军站在车上一边战斗，一边指挥。每一战车都有步兵在车的左右参战并保护主将。

⑤ 处。马王堆乙本作“居”。

⑥ 泣。任继愈认为应作“涖”。何新注：异本作“莅”。王弼本和其他诸本作“泣”。从王弼本。

⑦ 处。马王堆甲、乙本作“居”。

【译文】

战争是不吉祥的东西，人人都厌恶它，因此有“道”之人不处于战争境地。君子一般是以左方为上，用兵时则右方为上。战争是种不吉祥的东西，不是君子所用的东西，不得已才用兵。用兵时，平心恬静为好，取得胜利也不赞美。如果对战争加以赞美，无异于以杀人为乐。而以杀人为乐的，就不可能得志于天下，管理好天下。吉庆事崇尚左边，凶丧之事以右边为上，未掌杀戮权的上将军站在右边。这也就是说，发生战争时就应以凶丧的仪式来对待。杀人过多，就应悲哀而哭泣，战胜了应按照办丧事的仪式来作善后处理。

【解说】

要管理国家社会就不免遇到战争的难题。上一章讲称强于天下不能靠兵力，不能显示兵力，本章则讲对待战争应该有“道”的态度，他认为，战争是不吉祥的东西。有“道”的管理者不与同处，要用战争，遇到战争，也只能视为不得已而用之。他觉得这也不是他一个人的看法，而是有历史文化根据的。他的根据就是用“君子居则贵左，用兵则贵右”说明君子不尊贵右，也即不尊贵战争。“吉事尚左，凶事尚右。偏将军居左，上将军居右”就是说，战争属凶事，属上将军从事的对象，不是吉事，一般不是君子要干的。这些均是习俗。

如果不得已要用兵而且战胜了，应怎样对待呢？上一章讲了不应怎样做，这一章则讲应该怎样做。他认为，以前的人就说过对待用兵动武要“以丧礼处之”即以办丧事的礼仪来对待。一旦打胜了，要恬淡看待，绝不能赞美、欢乐。否则就是显露乐于杀人的心态，这种心态是不能得志于天下的。杀人多了，应以悲哀的心情面临之，战胜了要以办丧事的仪式来处理。

【诗赞】

生命虽然只一次
要上演多少美丽的故事
战争疯子虽然只个别
却力竭声嘶狂呼大叫死死死
伏尸百万　流血成河
诸侯天子有以杀人取乐
于是老子出来劝阻
扯开嗓门高喊不可不可不可
牺牲的是人民的生命

毁掉的是百姓的财富
有道不处　君子尚左
若是正义之战
也应以哀丧之泪挥洒山河

# 三十二章　要想天下归顺应学道用道而有恒

老子谈管理总是离不开“道”，总要求从“道”的高度来进行管理，他希望管理者特别是侯王能够守“道”，他认为守“道”，万民就会自然拥护。这是他“无为而治”思想的具体表现。本章以天地无为而万物自然生长发展为例来说明管理者应积极效仿之。

**【原文】**

“道”常①无名。
朴②，虽小，天下莫能臣③。
侯王若能守之，
万物将自宾④。
天地相合，⑤
以降甘露，
民莫之令而自均。⑥
始制有名，
名亦既有，
夫亦将知止，⑦
知止可以不殆。
譬道之在天下，
犹川谷之于⑧江海。

**【注释】**

① 常。马王堆甲、乙本作“恒”。王弼注：“道，无形不名，常不可名。”

② 朴。也是“道”。《吕氏春秋·论人》有“故知知一，复归于朴”。帛书本作“朴唯小”。

③ 臣。控制。即使之服从。

④ 宾。归顺的意思。

⑤ 天地相合。指阴阳会合。

⑥ 以降甘露，民莫之令而自均。指雨露均匀。古代交通不便而不知雨露其实并不是很均匀的。老子总结自然规律，此条有误。他本意是好的，即希望以此而使天下公平正义、分配公平合理。

⑦ 始制有名，名亦既有，夫亦将知止。“始制”指建立政治制度是必要的。名，名分。任继愈注全句说：既然建立了管理名分（政治制度），就不宜苛细。

⑧ 于。帛书本作“与”。

【译文】

“道”长久地没有名称。道，叫做“朴”这个名，虽然小，但天下没人能使之服从。侯王如能守住它，万民将会自然拥护。天地间的气体结合，于是落下雨露，人们没有让它均匀而它自然均匀。开始立制管理就有了事物的名称，名亦已有所制定，那也要能够适可而止，知用名的限度而不滥用。知道适度用名才不会对万事万物的管理乱套。这好比“道”之周行天下，如川谷之水流向江海一样。

【解说】

老子认为“道”经常没有名称，但是所有规律可谓之“道”。不过，很多具体规律都用一个字“道”来称呼似不合适。即具体的“道”应有具体的名称，然而这比较难，它们没有具体的名称。“道”用“朴”这个名称称呼之，虽然小，但也代表各种具体规律，天下谁也不能支配它，即不以人的意志为转移。《吕氏春秋·论人》有“故知知一，复归于朴”。是说智者懂得对立统一规律，从而通于“道”（朴）。相反，“道”哪怕是再小的“道”即具体规律也是支配天下事物的。因此，老子认为侯王若能悟“道”并恪守“道”即服从规律，运用规律，那么万物就会臣服。他举了下雨雪的例子（当然是他在当时科学不发达的情况下观察的结果），认为人们并没有要老天将雨均匀降落，雨雪就自然均匀地降落了。无声无令，自然就均匀地降下甘露以滋润万物，说明“无为”的好处。

接下来，老子表达了要少用名分制度。认识和管理国家社会，没有名分是不行的，但不要太过，要顺“道”之自然。他的理论根据是，“道”虽然有各种各样的具体的“道”，但经常没有名称，也没有必要都给一个名称。因此，管理国家社会也没有必要搞那么多名分制度。老子这么说，也许有其针对性。儒家如孔子就主张正名分，说“名不正，则言不顺；言不顺，则事不成”。认识事物、管理社会，详制名目和制度，是社会的发展，也便于管理，孔子是对的，老子的思想并不都对，这又是一例。当然，把礼特别是丧礼搞得那么复杂其实是阻碍社会进步的。周礼已经把制度搞得很详细了，还有人要坚持甚至要进一步搞得森严一些，老子是持不同意见的。例如，主张父死儿子要守丧三年，一般人都表示疑虑，守丧三年，活都不让干了，吃什么呢？又如不同的人死了用棺材也详分等级，庄子也认为没有必要。因此，老子主张制度要定得简单一点，不过也不能都简单。

老子在本章的一个重要发现就是：“朴，虽小，天下莫能臣。”即规律（道）总是支配万事万物的，没有什么东西可以支配它，各种具体的规律都是如此。因此，要积极发现规律、应用规律。

但是，他认为名目制度不要搞那么详细具体，认为都可以用“道”来统管，“譬道之在天下，犹川谷之于江海”，都是值得商榷的，但不一定都是对的。当然，名目制度过繁也不行。过繁会使人手足无措，而尊道贵德则是最重要的。

**【诗赞】**

规律规律
有谁人能征服规律
规律哪怕最小一条
人们都得听它号召
天道公平这是规律
海纳百川这是规律
物极必反这是规律
循环往复这是规律
管理若能都守规律
国泰民安何有忧虑
名分制度不可省略
是繁是简据其所需

川谷之于江海

# 三十三章　管理人应能克制自己而坚守事业

本章讲管理者应有坚守事业的能力。老子先讲的是各种不同能力及其价值，然后落于管理者管理国家社会的能力及其价值与对后世的影响。

**【原文】**

知人者智，自知者明①。

胜人者有力，自胜者强。

知足者富。

强行者有志。

不失其所者久。

死而不亡者寿。②

**【注释】**

① 自知者明。参看二十二章“不自见，故明；不自是，故彰”。

② 死而不亡者寿。马王堆乙本作“死而不忘者寿也”。王弼注：“虽死而以为生之，道不亡，乃得全其寿。身殁而道犹存，况身存而道不卒乎？”

**【译文】**

能了解别人的是有智慧，能了解自己的是很聪明。能战胜他人的是有力量，能克制自己的是谓刚强。能知道满足的富有，能坚持力行的是有志气。坚守事业而不丧失职守的自然长久，死后而不被人们遗忘的才是真的长寿。

**【解说】**

老子认为管理者应具备下述三种能力：

其一，要有知人和自知能力，也就是要明智。作为管理者，既要有知人任事的能力，又要有自我反省即自知的能力。

其二，既要有胜人的力量，又要有自胜即战胜自己的力量或能力。

其三，既要有克制自己生活欲望的能力，又要有为政治目标而奋斗的意志。管理者若能坚守事业又有能力则必然长久掌权。管理者死后，其人其言其事不为后人所遗忘，就是长寿。这样的管理者就是优秀的管理者。

任继愈先生研究说：“古人曾有三不朽之说：‘太上立德，其次立功，其次立言。’”这三者都说人死了，他们的言行、德业在人们心中世世代代留传下去。上古时代发明取火，使人们开始吃熟食的燧人氏；教会人民筑巢而居，使人免于住在潮湿的洞穴中的有巢氏；教会人民渔猎的伏羲氏；发明农耕技术的神农氏。他们连姓名都没有留下，但其造福人类的业绩却永远留在人间。这就是死而不亡，人们长期记着他，这就是长寿。这是很正确的。其实，老子心目中还包括上古的有功德的政治领袖和圣哲。如尧、舜、禹、文王、周公，以及其后的孔子、墨子、管子、孙子等都是“死而不朽”者。《国语·晋语》有范宣子问“死而不朽”的解释。当时的理解各有不同。晋平公时，“鲁襄公使叔孙穆子来聘，范宣子问焉，曰：人有言曰‘死而不朽’，何谓也?”“穆子未对。宣子曰：‘昔匄之祖，自虞以上为陶唐氏，在夏为御龙氏，在商为豕韦氏，在周为唐、杜氏。周卑，晋继之，为范氏，其此之谓也。’对曰：‘以豹所闻，此之谓世禄，非不朽也。鲁先大夫臧文仲，其身殁矣，其言立于后世，此之谓死而不朽。’”即以言传后世为不朽，而范宣子解释不当。有功德、有事业或有言论为后世传诵和继承的，都可谓“死而不朽”。

**【诗赞】**

多种能力应需要  
知足自胜不可少  
知人任事还知己  
恪守事业最重要  
要问何以最长寿  
德业言论永传后

# 三十四章　管理人不自大反能成就其大

本章似纯属论“道”赞“道”，没有提管理。但是，仔细一想，老子论“道”赞“道”，都是依于管理。过去有人认为《老子》纯属哲学，后来有人认为其有些内容涉及管理，但更多人认为主要是论“道”的哲学著作。其实，《老子》是典型的管理学著作或管理（领导）哲学著作。纯粹论“道”赞“道”的很少。即便是纯粹论“道”赞“道”的个别章，也是从管理的角度来论来赞的。一切从管理出发来议论，是《老子》的根本出发点。

**【原文】**

大道汜兮，其可左右。①
万物恃②之以生而不辞，
功成不名有。
衣养③万物而不为主，
常无欲，④
可名于小；
万物归焉而不为主⑤，
可名为大⑥。
以其终不自为大，
故能成其大。

**【注释】**

① 大道汜兮，其可左右。马王堆甲本无此句。乙本作“大道沨兮”。汜，泛滥的意思。

② 恃。得到的意思。《说文》：“恃，赖也。”王弼注：“万物皆得道而生。”

③ 衣养。即颐养的意思。

④ 常无欲。何新注引劳健说：“诸本无此三字。”敦煌本确如此。但马王堆甲、乙本有此三字。

⑤ 万物归焉而不为主。马王堆甲、乙本作“万物归焉而弗为主”。

⑥ 可名为大。马王堆乙本此句下有“是以圣人之能成大也”。

【译文】

大“道”像水一样泛滥啊，因有中流而可涨可收。万物有赖它生长繁殖而不推辞，功成名就了而不自称有功。颐养万物而不做它们的主宰，永远没有欲望，可以称它为卑下，万物归附它而不做万物的主宰，可以赞美为伟大。所以，圣人始终不自以为伟大，故能成其为伟大。

【解说】

其实“道”的特点最主要地表现在客观存在，不以人的意志为转移，左右天地万物而不受天地万物左右，无论何时何地职位高低，不同性别、民族的人都得服从之。有不有名、名的大小、不自大、不居功名、不自以为是等并不是其主要特点。老子在后面谈这些特点，其目的是与管理结合起来，而且这些特点也是依于管理的目标总结出来的。他无非是想告诉管理者们：“道”多么了不起呵，万物依靠它生存，它不觉得劳苦而推辞；它有那么大的功绩，却从不要也从没有功名，它养育万物而不自以为主宰；可名于小，也可名于大，都无所谓，它们从不自以为伟大。正因为这样，才使它们真正伟大。正如革命领袖毛泽东一样，视荣华富贵权位声名如浮云，并在《咏梅》词中吟道：“俏也不争春，只把春来报。待到山花烂漫时，她在丛中笑。”这一个“笑”多么美！这里就有老子的“不争”之德。这些都是值得管理人学习的。

【诗赞】

事成不沾利益与荣誉
抚育万物有功不自恃
国家领导是公仆
常处虚静而寡欲

# 三十五章　运用大道会使天下向往而人民幸福

本章继续谈管理人应掌握“道”，不过不是单独论“道”的功能、价值，也不是谈一般的“道”，而是讲管理人要掌握“大道”及其好处。也不是一般的好处，而是对于管理、对于国家社会和人民的好处。管理人能真正掌握它吗？并不容易，因此，做一个优秀的管理者并非易事。

**【原文】**

执大象[①]，天下往。
往而不害，安平泰[②]。
乐与饵[③]，过客止[④]。
道之出口[⑤]，淡乎其无味。
视之不足见，听之不足闻，用之不足既[⑥]。

**【注释】**

① 执大象。执，把持。大象，即无象之象，即大道。

② 往而不害，安平泰。何新注为“往而不害，安、平、泰”。泰，楚简丙本作“大”，疑为“太”字之误。泰、太音同义近。

③ 饵。指食物。

④ 止。止步的意思。

⑤ 出口。出言。王弼注：“道之出言，淡然无味。”

⑥ 视之不足见，听之不足闻，用之不足既。王弼注：“视之不足见，则不足以悦其目；听之不足闻，则不足以娱其耳；若无所中然，乃用之不可穷极也。”既，穷尽。

**【译文】**

掌握了“大道”的领袖，天下人向往他。向往他而相安无害，人民生活安适、平和、康泰。有动人的音乐和味美的食品，路人被吸引而止步。但是，“道”被说出来，却平淡无味，看它，看不见，听它，听不见，而用它，却取之不尽用之不竭。

**【解说】**

老子在本章开宗明义地指出，管理人掌握了“大道”，天下人民就会向往归附于他，管理人掌握了“大道”，天下人民向往归附了以后不会相互妨害，而且会使生活平安康泰，诱人的东西如音乐、美食等都不会使人陷入误区。“道”，这个东西是多么好啊！

老子这么议论并不是纯属空论，而是极有针对性的，这就是当时天下分崩离析、诸侯相争、战争频繁、国不统一、思想混乱、人民困苦等局面。各派思想家、政治家开出了不同的治国药方，儒、墨、法、兵及纵横家纷纷亮相，各自说出并夸耀自己的药方，有的培养学生直接去参政，有的则直接去游说诸侯国君。儒家主张仁政、墨家主张兼爱、法家主张法治、兵家写出军事著作、纵横家到处献计游说。老子作为大思想家当然不会我欲无言，因此，在朋友尹喜的再三邀请下，也开出了自己的治国良方——洋洋五千字的《老子》。

显然，老子看出了许多药方的弊端，看出了仁、义、礼等的做作性、人为性、复杂性，难以使人民相信；看出了纵横家之类的巧智，只会使人民更加尔虞我诈，相互加害；看出了单靠礼法管理而人民缺乏自觉的道德，也管理不好，礼法制度越详细，人民如果没有道德修养，便会生出种种对策，只能使人民变得更乖巧；看出了单靠战争统一天下，如果思想道德不一致，也很难服人，很难长久。为此，就要探得科学的管理理论，探得事物的大本大原。这个理论或本原就是“道”，就是哲理。这不是治标的药方，而是治本的良方。因此，他论“道”赞“道”，主张管理人要掌握“大道”。

欲从事管理，必须先学习、探索时代精神精华——哲学。青年毛泽东就是这样做的。当时他在长沙求学，选过九所学校，其中包括商业、司法、化工等学校，最后他选择了湖南第一师范学校。他深知，光有具体专业知识尚不足以救国救民和今后管理国家，因此他先在这里学习，特别注意探究了哲学、历史。他认为只有这样，才能“一杆竖立，枝叶扶疏”。毕业时，他在写给黎锦熙的信中表示，仍为自己未探得事物的大本大原而苦恼。直到延安时期，他终于写出了著名的哲学著作《实践论》、《矛盾论》，此后，他还继续研究哲学，又写了《人的正确思想是从哪里来的》等，可见，在他心目中，哲学对于革命和国家管理的价值是多么重大。而2 500多年以前的老子就有如此认识，真是目光超群、见识远大。

不过，老子认为，要掌握“道”并不容易。首先，它说出来淡而无味，似没有任何现实吸引力，要打动人君，远不如上述其他学术思想。听又听不见，看又看不见，又没有诱人的趣味，谁会听？然而，他还是要以身怀大责的态度说出：这反映宇宙自然规律的“道”太好了，管理人掌握了它到处都用得着，而且永远用不完。其实，老子之前就有了的周代制度，规定了王公要“坐而论道”，国子要“修德学道”。《周礼·冬官考工记第六》：“国有六职，百工与居一焉。或坐而论道，或作而行之。”“坐而论道，谓之王公。作而行之，谓之士大夫。审曲面执，以饬五材，以辨民器，谓之百工。通四方之珍异以资之，谓之商旅。饬力以长地财，谓之农夫。治丝麻以成之，谓之妇功。”就是说，王公是要研究和讨论“道”即规律的，而其他人则要以“道”为指导思想而有“作为”。又《周礼·夏官司马第四》说：“诸子掌国子之倅，掌其戒令与其教治，辨其等，正其位。”“凡国之政事，国子存游倅，使之修德学道。春合诸学，秋合诸射，以考其艺而进退之。”就是说，诸子的主要工作就是教育、培训国子。其中最重要的是教他们“修德学道”。可见，“道”早就得到了重视。因此，他劝管理人要特别重视和学习“大道”。

**【诗赞】**

一般物象
摸得着又看得见
那大道呵
无形无影又无边
你掌握运用它
你就拥有——
领导魅力智慧源泉

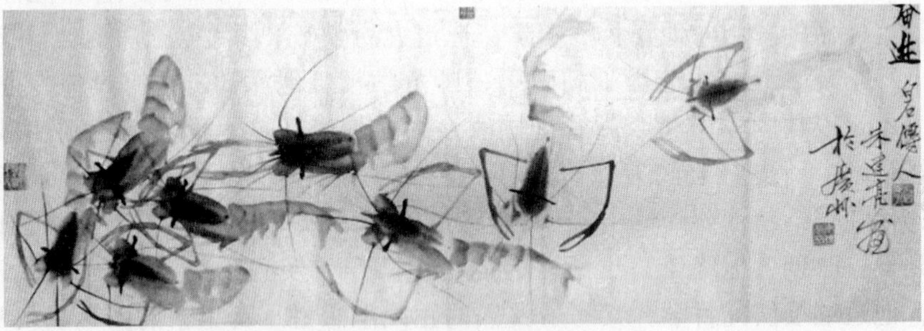

退奋进

# 三十六章　治国应以退为进而利器不示人

老子在本章讲了“道”——辩证法的某些具体运用。所有以退为进的策略，都叫“微明”，即精微的见解或道理。他认为管理人应懂得微明，应懂得以退为进，以柔弱胜刚强的道理，并且应把这些道理应用于政治，应用于管理国家社会。他认为优秀的管理者在外表上要柔弱而不能示强，一个国家在表面上也要柔弱而不能张扬其强的一面。

**【原文】**

将欲歙①之，必固②张之；
将欲弱之，必固强之；
将欲废之，必固兴之；
将欲取之，必固与之③。
是谓：微明④。
柔弱胜刚强。
鱼不可脱⑤于渊，
国之利器⑥，不可以示人。

**【注释】**

① 歙。收敛。束缚。

② 固。姑且的意思。

③ 将欲废之，必固兴之；将欲取之，必固与之。王弼注：“将欲除强梁，去暴乱，当以此四者。因物之性，令其自戮，不假刑为大，以除将物也，故曰微明也。”

④ 微明。幽明。内心里那看不见的聪明。

⑤ 脱。脱离。马王堆乙本作“说”，误写。

⑥ 利器。锐利的兵器。

**【译文】**

想要使某个对象收缩，必须暂且扩张它；想要削弱某个东西，必须暂且增强它；想要废除它，必须暂且振兴它；想要取得它，必须暂且给予它。这就叫做目的微隐而表面明著。柔胜过刚，弱能胜强。隐藏于内心的目的正好比鱼在深水不可离开，国家的锐利武器是不可以给人看、不可以宣传张扬的。

【解说】

老子先讲了歙与张的辩证关系，认为歙应先张。这显然是从蚌捕食、渔人张网等现象中总结出来的。然后讲了强与弱的辩证关系，认为要削弱对方，必须先暂且增强对方。如越王勾践就是采用这种权术，削弱自己增强吴国，最后达到了战胜吴国的目的。接下来又讲了兴与废的辩证关系，为废掉对方暂时可以让其兴盛一下。三国时期的诸葛亮七擒孟获均不杀，并暂且让其回去兴盛一下，结果达到了征服对方的目的。最后讲了取与给的辩证关系，认为为了取胜对方或索取对方不妨先给予对方。北宋王安石为宰相时向宋神宗献了对付西夏国的策略，主张暂时放弃熙河地与之讲和以争取时间培养国力，为了说服宋神宗，王安石引用了老子的“将欲取之，必固与之”这一名言。老子认为要按道来办事、治国，就必须先示弱，让对方暂时强一下，而且自己不能显示强的一面。自己强的一面必须隐藏起来，尤其是国家利器如军队、武器绝不能显露出来。他认为，好比鱼儿不能跳出水面让人看见，而必须隐于深渊，才不会有危险，最后才能达到克敌制胜的目的。

【诗赞】

柔弱就是利器
示弱就为壮大自己
领导就要柔和
以退为进天下无敌

鱼不可脱于渊写意

# 三十七章 治国以无为处事则无事不成

老子并不是在政治上一律反对有为，但确实，他把“无为而无不为”作为治国原则。他认为，管理者没有私欲，社会自然会稳定。居上位的管理者行“无为”，社会自然安定发展。这是他的“无为而治”的管理原则。

**【原文】**

道常①无为而无不为②。
侯王若能守之，
万物将自化。
化而欲作，
吾将镇之以无名之朴③。
镇之以无名之朴，
夫亦将不欲。④
不欲以静，
天下将自定⑤。

**【注释】**

① 常。马王堆甲、乙本作“恒”。

② 道常无为而无不为。王弼注：“顺自然也，万物无不由为，以治以成之也。”

③ 无名之朴。即道。

④ 镇之以无名之朴，夫亦将不欲。马王堆甲、乙本作“镇之以无名之朴，夫亦将无欲”。

⑤ 定。马王堆甲、乙本等均作“正”。意义相近。

**【译文】**

“大道”永远看上去无所作为，而没有一件事不是由它所为即由它成就的。国家领导人如能坚行“无为而治”之民主管理理念，万民万物将自然化生繁衍。在其化生繁衍的过程中，万民万物当然要有所作为，我将用天地的原始之“道”来镇定之。无名的天地原始“道”，自然是没有欲望的。不追求，无欲望，自然亲近，国家社会将自然稳定。

**【解说】**

老子认为“道”本身就是无为而无不为的，国君应学习和运用好无为的“道”，这样万物才会自然化育发展。对于化育发展的万物也要用“道”来制止其兴风作浪，若人们不追求私欲，天下就能既发展又稳定。

老子的这种无为而治的治国原则多处有所反映。孔子听老子说过或看了《老子》一书的有关内容，对此亦有感想。他在《论语》中说：“无为而治者，其舜也与？夫何为哉？恭己正南面而已矣。”孔子的理解是正确的。他在另一个地方说过，舜有三个得力大臣，一切事情都交给专职人员去干了，舜自己从容而使天下太平。孔子的理解与老子的无为而治是吻合的。这说明老子的“道”和无为而治的思想在当时就开始产生了广泛的影响。事实上，战国末期许多君王是用了老子的这种治国原则的。

荀子写了《天论》一文，大加赞赏老子所讲“道”的治国作用，但也指出了老子的不足。他说：“天行有常，不为尧存，不为桀亡。应之以治则吉，应之以乱则凶。”“循道而不贰，则天不能祸。”即要顺着天道来治国，这样就不会有祸事。“天有常道矣，地有常数矣，君子有常体矣。君子道其常，小人计其功。”“百王之无变，足以为道贯。”“故道之所善，中则可从，畸则不可为，匿则大惑。”“治民者表道，表不明则乱。”就是说，君王治国一个不变的原则就是要坚持“道”这个根本理论，要以此为标准。这样治国就好治，否则就会大乱。不过，他又认为，道要正确地表现为具体的方面，例如“礼”就是一个重要方面。认为老子只看到委曲求全的一面，看不到积极进取的一面是不对的。这种评论是中肯的。

老子在这里又提出了一个重要的管理思想，即万物“化而欲作，吾将镇之以无名之朴”。他也看到了事物总是不断发展变化的，社会即使以“无为而治”得到了“万物自化”的管理效果，但总有冒尖、总有兴风作浪的出来。怎么办？老子将以“无名之朴”来镇定之。“无名之朴”即自然之“道”或朴素的宇宙自然之真理。他认为，这是最好的教育人民的内容。人民要是都懂“道”，就会明德，懂道明德就会提高精神境界，心胸豁达，就会清净无欲，就会遵纪守法，和睦相处，仁爱、孝慈、诚信、友谊等就都有了，更不用说不会有人兴风作浪、捣乱社会了。老子认为以“道”、以朴素的宇宙自然之真理教育人民是非常重要的管理方法。显然，他认为这比用虚假的美言教育人民要好千百倍。用虚假的美言教育人民是欺骗人民，用真理、用宇宙自然之规律——“道”来教育人民是爱人民，是使民与上同心的，因为老子希望领导者也要学“道”明德。老子的这一教育思想与前面讲的愚民政策大有不同，是很有参考价值的。

**【诗赞】**

道常无为无不为

君上守之安社会
若有兴风作浪出
以道育之润心扉
管理切莫忘教育
上下同道众望归

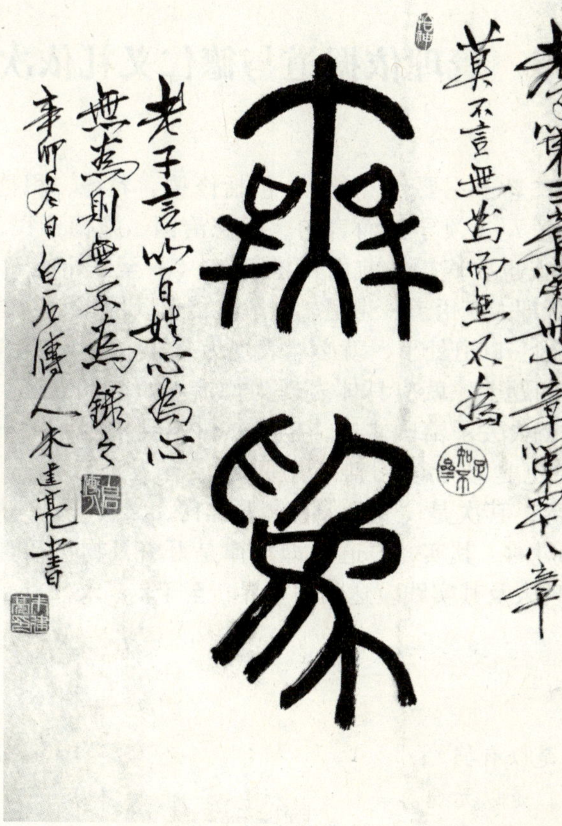

无为

# 德经　管理之道与诸方面之管理

## 三十八章　管理依据道与德仁义礼依次次之

从本章开始，老子主要讲“德”，包括修德、养德、积德、用德、处德，都是针对管理人（领导）而言的。用德治国、施德于民，即是德治。当然，在下位的人也要修德。前面“道经”（一至三十七章）主要是讲“道”的，认为管理人应悟道、得道、处道、传道、用道。以道治国就能无为而治。以道治国、以道处事，就必然表现为有德，达于德治。以道治国，就应表现在具体问题上，就应具体表现为德治。如果不悟道，不懂道，离开道单讲德，那就失去了治国之本，也必然讲不到根本，用不到位。单讲“道”，不讲德，也是难于学习难于应用的。有人说《老子》的体系中“道”是最高境界，其次是“德”，依次下排仁、义、礼，一层比一层低。这种说法基本是对的。其实，“道”即规律是万事万物包括管理的理论概括。“德”是管理人及其实践应达到的境界，至于仁、义、礼，则是具体态度和方法问题。

**【原文】**

上德不德，是以有德①；
下德不失德，是以无德。
上德无为，而无以为；下德为②之，而有以为。
上仁为之，而无以为；上义为之，而有以为③。
上礼为之，而莫之以应④，则攘臂而扔之⑤。
故，
失道而后德，
失德而后仁，
失仁而后义，
失义而后礼。

夫礼者，忠信之薄[⑥]，而乱之首。
前识者，道之华，而愚之始。
是以，
大丈夫处其厚，不居其薄；处其实，不居其华。
故，去彼取此。

【注释】

① 上德不德，是以有德。“德”字，王弼注为“得”。“德者，得也。”“何以得德，由乎道也。”何新注：德，即得道。任继愈认为德就是德。这样注释更好。从之。如果同一句几个“德”含义不同，老子不会总是使用这个难写的“德”字。《尚书·尧典》有“丕德忝帝位”，即德行鄙陋不能登天子之位。

② 下德为。《韩非子·解老》作“无为而无不为也”。俞樾认为古本《老子》如此。其实也不一定。《战国策》记齐国贤者颜蠋引用《老子》以劝说齐宣王如何尊贤用人以强国的哲理，说：“《老子》曰：‘虽贵，必以贱为本；虽高，必以下为基。是以侯王称孤、寡、不谷。’”也引有误。当时抄本一定很多，常有误抄，不奇怪。从《老子》诗一样的句法结构看，王弼本更准确一些。

③ 上义为之，而有以为。《韩非子·解老》作“上义为之而有以为也”。说：“义者，君臣上下之事也，父子贵贱之差也，知交朋友之接也，亲疏内外之分也。臣事君宜，下怀上宜，子事父宜，贱敬贵宜，知交友朋相助也宜，亲者内而疏者外宜。义者，谓其宜也，宜而为之，故曰：上义为之而有以为也。”语气词“也”为很多传本所有。原本应无此“也”字或极少。王弼本应是接近原本的。如果原本有“也”，后人传抄时故意去掉“也”字似不可能。

④ 莫之以应。即无回应。来而无往，礼而不报。

⑤ 则攘臂而扔之。攘臂，出臂为攘。扔，使劲拉扯。

⑥ 薄。表皮的意思。

【译文】

最有德的人不张扬自己的德，所以才是真的有德，最没有德的人，死守着口头上经常宣扬的德，所以是常说的“无德”。最有德的人无所作为，且无所表现；最没有德的人，有意作为且要表现张扬出来。最“仁”的人有所作为但不宣扬和作秀；最“义”的人有所为且有所显示；最讲“礼”法的人有所作为但当无人响应时，就会捋袖伸臂强迫人依从。因此，失去了“道”，才会讲“德”，失去了“德”，才会讲“仁”，失去了“仁”，才会讲“义”，失去了“义”，才会讲“礼”。所谓礼法制度，是忠信的衰薄，是混乱的开始。所谓具有先见的制礼人，他做的只是“道”的华表，实属愚昧的开端。所以，大丈夫应将自己置于深厚的境界（“道”的境界），而不将自己置于衰薄的处境（“礼”的境地）。不置于“礼”的薄境，安于厚实的“道”的境界，不居于浮华。故舍后者而取前者。

【解说】

春秋战国时期，在老子、孔子之前，道、德、仁、义、忠、信、礼这些概念就在许多学派间不断地口头流传着，成了他们用于做人治国等方面的思想工具，只是各派偏重不同。道家讲道、德最多，最重视道，其次是德。儒家也提到道，但讲德、仁、义、忠、信、礼最多，最重礼。被称为“法家”的管子、“杂家”的吕子既重德、仁、义、礼，也重道。

老子针对当时的情况，建立了自己的思想体系，他认为“道”是最高级的东西，它不是一种思想或做人的境界，而是根本的理论即一切事物和人们行动的思想理论基础，因而也是治国之根本。“德”才是做管理人（领导）和治国的基本素质和境界。其余依次降格。仁、义、忠、信、礼是管理人做人的态度或处事、为臣、交友和处理一切人际关系的基本态度、方法和制度。在老子看来，这些属枝叶末节的东西，有了“道”，又有了“德”，这些东西就会随之而来，用不着执意去鼓吹。如果离开了道或者根本不懂道不明德单纯地去鼓吹这些东西，或鼓吹得太过分，他都认为是人为，是做作和虚伪的表现，是强人所难，是违背自然的。他甚至认为连“德”也不要挂在口头上，有德而又不彰显才是真正的有德。因此，他对仁、义、忠、信、礼这些东西是不放在眼里的，这些是被看不起的虚浮美言。如果单拿这些东西来治国处事，叫做忘本或无本。

在他看来，并不是完全不要这些东西，而是要从根本入手，掌握大本大原——哲理（道）。有了根本，才能一杆竖立，枝叶扶疏。如果光从这些东西入手，教人做人做事，特别是单拿这些去管理国家，即使做到了一些，也是知其然，而不知其所以然，是不能持久且是很别扭的。这是老子与各学派很大的不同。而最不相同的是如何看待“礼”的问题。老子是最看不起“礼”这个东西的。他认为，礼是失去“义”而后才有的东西，是连忠、信也不如的治国处事的工具。甚至进一步斥为天下祸乱的首要根源。“夫礼者，忠信之薄，而乱之首。”他的意思是：忠信都不怎么讲了，就只好采用礼法制度了，殊不知这就是乱的开始。老子这种思想对不对呢？基本是对的，当然也只能说基本是对的。他不是完全否定礼法制度，没有礼法制度也不能管理，但他认为根本的是管理要懂道处道，这是理论基础，是管理之哲学，然后要重德积德，如果管理人和人民都做到了这一点，其余如治国态度和工具都好办了，而且会做得更好，如果单纯强调礼，管理人和在下位的人们不懂得礼及其以上各层次的东西，特别是离道无德则礼愈多愈添乱。因为受约束的人们会反感，会想方设法对待礼法制度，虚伪、巧智、奸邪会一起出来，岂不大乱？因此，要礼，也得先明道讲德。这其实是很科学的，比其他学派高明一筹。他认为，仁、义、忠、信、礼都是浅薄和虚华的东西，他建议“大丈夫”即管理人等要处道、德之厚实，不处仁、义、忠、信、礼之华薄。他要求领袖人物学道得道修德积德，是合乎古代明君圣王的基本要求的。《尚书·尧典》记载：“帝曰：‘咨！四岳。朕在位七十载，汝能庸命，巽朕位？’岳曰：‘否德忝帝位。’”意思是，尧帝说：“嗟！四方诸侯之长呵，我在位七十年，你们之中有谁能够顺应上天的命令，取代我登上天子的大位？”四方诸侯之长回答说：“我们的德行鄙陋，不配登上天子的大位。”由此可见，做天子要顺道厚德。

韩非子则说：“凡德者，以无为集，以无欲成，以不思安，以不用固。为之欲之，则德无舍，德无舍则不全，用之思之，则不固。不固则无功，……故曰：‘上德不德，是以有德。’”“虚者之无为也，不以无为为有常。不以无为为有常则虚，虚则德盛，德盛之谓上德。故曰：‘上德无为而无不为也。’”（《韩非子·解老》）他也认为，道、德、仁、义、礼是依次前为后据的。说：“道有积而德有功，德者道之功。功有实而实有光，仁者德之光。光有泽而泽有事，义者仁之事也。事有礼而礼有文，礼者义之文也。故曰：‘失道而后失德，失德而后失仁，失仁而后失义，失义而后失礼。’”又说：“礼繁者，实心衰也。然则为礼者，事通人之朴心者也。众人之为礼，人应则轻欢，不应则责怨。今之为礼者事通人之朴心，而资之以相责之分，能毋争乎？有争则乱，故曰：‘礼者，忠信之薄也，而乱之首乎？’”这合乎老子的本意，一定要首先保住“道”与“德”这两大根本，失去根本，虽讲仁、义、礼，也是难以知其然，难以做到，意义不大的。

**【诗赞】**

管理最需道与德
不可或缺仁义信
礼制等级如门锁
防得君子难防小人
自从平等博爱自由出
封建沉渣一扫尽
如今资本遮羞也去除
圣明老聃可称心

青山自然

# 三十九章　善用对立统一规律可当首领

老子在本章从六个方面说明对立统一规律这个“道”的核心规律的普遍存在及其重要性，天、地、神、谷、万物、侯王都离不开“道”。这些都是系统，每个系统不离“道”就祥和稳定；如果失去了“道”，事物就会发生转化，天、地、神、谷、万物以至侯王就失去了存在的根据，就不稳定，甚至发生突变。当然，侯王在这里可以看做王位。

“道”是一切事物发展变化的规律。一切都要以“道”为依据来发展。侯王自称为“孤”、“寡”、“不谷”，用这些卑下的字眼来称呼自己，这就是努力去合乎“道”，即去按对立统一规律办事：为自然达于高贵，必处谦卑。

**【原文】**

昔之得一者[①]：
天得一以清；
地得一以宁；
神得一以灵；
谷得一以盈；
万物得一以生[②]；
侯王得一以为天下贞[③]。
其致之。
天无以清，将恐裂[④]；
地无以宁，将恐发[⑤]；
神无以灵，将恐歇[⑥]；
谷无以盈，将恐竭[⑦]；
万物无以生，将恐灭；
侯王无以贵高，将恐蹶[⑧]。
故，
贵以贱为本，高以下为基。
是以，
侯王自称孤、寡、不谷[⑨]。

此非以贱为本邪？非乎？

故，

致数舆无舆⑩。不欲琭琭⑪如玉，珞珞⑫如石。

【注释】

① 一。即“道”。同“载营魄抱一”（十章），“混而为一”（十四章），“圣人抱一为天下式”（二十二章）。特别指“道”这个以对立统一规律为核心的总规律。

② 神得一以灵；谷得一以盈；万物得一以生。何新注，马王堆甲、乙本，敦煌本，严遵本均无此句。这里仍从王弼本，以与下文“神无以灵，将恐歇；谷无以盈，将恐竭；万物无以生，将恐灭”相合。

③ 贞。马王堆甲、乙本，河上公本均作“正”。

④ 裂。雷电鸣闪，似天裂。

⑤ 发。震动。地震属也。

⑥ 歇。停止的意思。

⑦ 竭。枯竭的意思。

⑧ 蹶。跌倒、颠覆的意思。

⑨ 侯王自称孤、寡、不谷。孤，孤立之人。寡，孤家寡人。不谷，即“仆”的意思。不谷合音为“仆”。即反切注音为“仆”。具体说，就是“不”的声母与“谷”的韵母相拼即为“仆”。

⑩ 致数舆无舆。何新从傅本、范本作“至誉无誉”。

⑪ 琭。即美貌。

⑫ 珞。恶貌坚硬之石。

【译文】

自古以来得到和遵循对立统一规律为核心的总规律（道）的有如：天得到和遵循对立统一规律为核心的总规律（道）就清明，地得到和遵循对立统一规律为核心的总规律（道）就安宁，神得到和遵循对立统一规律为核心的总规律（道）就显灵，谷得到和遵循对立统一规律为核心的总规律（道）就充盈，万物得到和遵循对立统一规律为核心的总规律（道）就化育繁衍，侯王得到和遵循对立统一规律为核心的总规律的“道”才能担当管理国家的要职。他们都是因合乎或遵循对立统一规律为核心的总规律（道）而这样的。天没有清明，就恐怕要破裂；地没有安宁，就恐怕倾斜；神没有灵验，就恐怕闲歇；谷没有充盈，就恐怕枯竭；万物没有生化繁衍，就恐怕要灭绝；侯王没有因管理好而获得高贵地位，就恐怕要丧失其管理之职丢失国家而亡败。所以，（根据对立统一规律为核心的总规律“道”）贵以贱为根本，高以下为基础。从而，侯王自称“孤”、“寡”、“不谷”。这岂不是贵以贱为根本吗？难道不是这样的吗？所以，追求荣誉就没有荣誉，不要追求像美玉那样靓丽和像顽石那样坚硬。

**【解说】**

每一个事物都可以看做一个系统，每一个系统的存在和发展，都在于其内部按对立统一规律行事。每一个系统都有其自身的组织性、整体性、稳定性以及与外界交换信息的特性，是一个对立统一体。由于内部经常变化，外部环境也经常变化，有时甚至是激变，因此，系统不要说发展，就是存在性和稳定性都有可能随时受到威胁。因此，系统要按对立统一的规律，即按照这个统一体本有的规律随时与外界交换信息以调整内部结构。老子讲，天、地、神、谷、万物以至侯王"得一"就祥和、稳定，否则，系统就可能被突破而变异，可能就会边缘化最后为其他事物所取代。这个"得一"就是说要合乎这个统一体（系统）的对立统一规律，简言之，"一"就是对立统一规律。

《吕氏春秋》也很重视"一"。在《论人》里说"凡彼万形，得一后成"。在《圜道》里说"一也齐至贵，莫知其原，莫知其端，莫知其始，莫知其终，而万物以为宗。圣人法之，以令其性，以定其正，以出号令"。

所谓要合乎对立统一的规律，最根本的就是要懂得和掌握好对立面在一定条件下互相转化的规律。对立面的统一很难永远稳定不变。变化是绝对的，稳定不变是相对的。作为社会事物、作为机构要求得很长时期的稳定，必须按对立统一规律处理好对立面相互依存等关系。贵与贱、高与下、侯王与人民也是如此。在老子看来，贵、高之所以如此，是因以贱、下为基础。侯王之所以有侯王的尊贵之位，是因为有人民、有贤臣。因此老子认为应处贱、处下，尊贤下士，重视百姓，侯王要以卑下的称呼来自称，来把自己摆到最卑贱、最谦虚的位置上。老子劝说那些认为上下、阴阳、贵贱、尊卑等固定不变的人们要用辩证法来改变其看法。一些真正有智慧的人读了《老子》就能领会运用。

老子的这种思想曾在战国就被贤人引用过并建议侯王用之于管理，例如《战国策》卷十一《齐宣王见颜斶》。这是一篇很有趣味的事记。齐宣王刚开始盛气凌人，很有侯王架子，与颜斶见面之后，以尊者命令的口气要颜斶往前走两步。没想到颜斶不但没有按他的要求往前走两步，相反，他要齐宣王往他的方向靠两步。齐宣王很不高兴。其他臣子便说话了："王，人君也，斶，人臣也。王曰'斶前'，斶亦曰'王前'，可乎？"颜斶却辩证地看待、分析了这个问题，说："夫斶前为慕势，王前为趋士，与使斶为慕势，不如使王为趋士。"这时，齐宣王并不懂得辩证法，他怒形于色说："王者贵乎？士贵乎？"而颜斶则毫不畏惧地说："士贵耳！王者不贵。"这就更加触怒了齐宣王，说："有说乎？"意即讲不出道理来就要不客气了。

颜斶从容地说：“有！昔者，秦攻齐，令曰：‘敢有去柳下季（已故贤士）垄（墓地）五十步而樵采者，死不赦。’令曰：‘有能得齐王头者，封万户侯，赐金千镒。’由是观之，生王之头，曾不若死士之垄也。”齐王听了黯然扫兴。这时其他臣子盛赞大王据万乘之地，东西南北，莫不率服，百姓无不亲附，现在士之高者乃称匹夫，下者处鄙野、监门、闾里。岂不可以说明士子之多么卑贱？对此，颜斶却举历代事实，认为尧、舜、禹、汤、文王名扬天下都因为“得贵士之力也”，有实绩之故也。并引《老子》在本章的名言来劝说齐王：“《老子》曰：虽贵，必以贱为本；虽高，必以下为基。是以侯王称孤、寡、不谷。是其贱之本与？非夫孤、寡者，人之困贱下位也？而侯王以自谓，岂非下人而尊贵士与？……”齐宣王听了茅塞顿开，要拜颜斶为师，自称弟子，当然，颜斶没有同意。后来齐国尊贤下士，国力大振，称霸诸侯。

**【诗赞】**

一是什么要弄清
得一用一要用心
一是对立统一律
一是理论之灵魂
得一就要注目对立面
欲速直进事难成
管理当然要权威
须知谦卑是根本

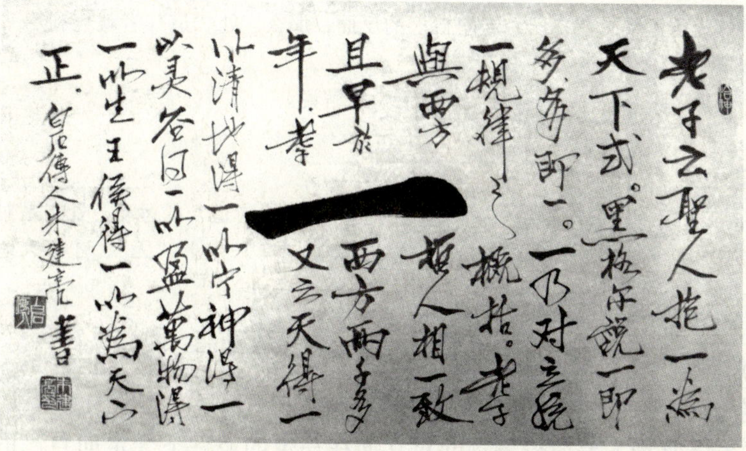

# 四十章 物极必反弱用有力无中可以生有

老子在本章看似纯粹讲“道”，其实是为讲德性做准备的。道是人的思想方面的东西，德是道在运用于人的品格修养而形成的精神境界方面的东西。其他如仁、义、礼、信等是德在人的态度即心态、对待他人态度等方面的表现。但道、德是最基础或最根本的东西，是世界观、人生观方面的东西。这是老子思想体系的结构。而道即规律中最重要的是“反”、“弱”、“无”三个字。因此，老子讲这些，显然是认为管理人应懂得道的运动和处弱的作用，还应懂得无可以生有。

**【原文】**

反者道之动①；
弱者道之用②。
天下万物生于有，
有生于无③。

**【注释】**

① 反者道之动。高亨注：“反”为“返”，返回的意思。物极必反，总是要走向自己的反面，是“道”的运动。楚简甲本作“返也者，道动也”。

② 弱者道之用。王弼注：“柔弱同通，不可穷极。”楚简甲本作“弱也者，道用也”。既然道的运动总是表现为走向自己的反面，那么，处“道”者就应利用“弱”的一面，即要守柔守雌。

③ 天下万物生于有，有生于无。参看一章解说。

**【译文】**

事物在一定条件下向其对立面转化是对立统一规律（道）的运动，处弱是对辩证法（道）的利用。天下万物生于“有”（万物之母），“有”生于“无”，才有天地之始和世上的一切。

**【解说】**

老子认为有三个方面值得管理人特别重视，这是修德性的关键。

第一，管理人要懂得事物的对立面在一定的条件下会走向自己的反面，这是“道”的运动，即对立统一规律的运动。管理人为了自己正确的管理目标，要时刻注意对立面有可能转化，不要走过头，也不要走极端，要谨始慎终；要经常进行反向联想。所有事物都有其反面的东西，对立面是相互依存的，不要只知其一，不知其二，只知己方不知彼方，只知己见不知他见，自以为是不知他是。修养自己的德性就要习惯地联想反面的东西，包括反面意见、反面效果、反面方案。任何事物都有其正反两面，为了正面，要注意反面。在一个领导班子里，为了正面的意见或方案，光有正面之词是不够的，要重视反面意见，从反面论证，这样才能作出科学的决策。侯王治国则要尊贤，广泛听取不同的甚至是尖锐的批评意见；或者在不利的情况下，要看到有利的前景，并积极促成事物向有利的前景转化。在这里，有利是不利的反面；在修养德性方面就是要习惯地用辩证法看待事物或形势，养成全面地看问题的习惯。在处世态度或德性上就是要情绪乐观，不悲观，不畏浮云遮望眼，在困难的时候要看到成绩和光明。

第二，管理人要懂得处弱是对"道"的运用。当然，老子在这里讲的是有意处弱，而不是讲事物死亡前的衰弱。老子没有讲所有弱的都会战胜强的，而是有意处弱能够战胜强，至少能够求得生存。示弱，既能赢得同情，迷惑对方，也能赢得壮大的时间，产生潜在的巨大力量。在德性方面，示弱会养成谦卑的品性，这是较为有用的东西，是领导人应修养的德性之一。

第三，管理人要懂得有生于无。不要以为有就是有，无就是无，要知道它们在一定的条件下会互相转化。有向来生于无，处有，有时会转向无；处无，则有望转化为有。因此，在德性修养上，要处虚无。处弱好，处虚无更好。

老子在本章讲这些，旨在希望管理人懂得运用这些道理，来养成良好德性，以利于管理。"虚心使人进步，骄傲使人落后。""卑贱者最聪明，高贵者最愚蠢。"这些确是真理，确是管理人应当永远牢记和运用的。

"天下万物生于有，有生于无。"老子还暗示着分配公平的社会制度一定会出现，以道为理论基础的管理也一定会实现。

**【诗赞】**

过头就会走向反面
有力的领导守柔贱
要想万物皆繁茂
常处无为能实现
老子还藏大暗示
分配公平总会有一天

# 四十一章　闻道而勤行才能做高级管理人

本章仍由“道”议“德”，论及管理人应建德，应建上德。他把“士”分为上、中、下三类，他们对“道”有不同的态度。老子引用古代的著作，从矛盾对立的观点来论证退守、不争、柔弱合于“道”，论证处无为而守“道”，便可获得成功。

**【原文】**

上士① 闻道，勤② 而行之；中士闻道，若存若亡③；下士闻道，大笑之④。

不笑不足以为道。

故，

建言⑤有之：

明道若昧；进道若退；夷⑥道若颣⑦；

上德若谷；大白若辱⑧；

广德若不足；建德若偷⑨；质真若渝⑩。

大方无隅⑪；

大器晚成⑫；

大音希声⑬；

大象无形；

道隐无名。

夫唯道，善贷且成⑭。

**【注释】**

① 上士。士，读书人士（士子）和仕途之人的总称。《周礼》有上、中、下三种“士”，即三种不同级别的官。

② 勤。积极，勤奋。

③ 若存若亡。存，有。亡，无。此句即若有若无的意思。

④ 大笑之。王念孙认为应作“大而笑之”。《牟子》、《抱朴子》引《老子》均作“大而笑之”。与“勤而行之”对应，“而”字无意义。

⑤ 建言。高亨、任继愈认为是书名。任继愈认为“明道若昧”至“大象无形”均为引语。从之。何新注认为“建”古音通“前”。建言即前言。无论以“道经”为上编，

还是以“德经”为上编，均不似。

⑥ 夷。平坦的意思。五十三章有“大道甚夷，而民好径”。

⑦ 颣。崎岖不平。

⑧ 辱。黑垢。

⑨ 建德若偷。何新注引《秦策》韦昭注：“健，建也，能有所建为也。”偷，苟且或怠倦疲劳的意思。《春秋左传·襄公三十一年》有“人生几何，谁能无偷?”指苟且偷安。

⑩ 质真若渝。质，至的意思。渝，变更的意思。

⑪ 隅。角落。

⑫ 大器晚成。马王堆甲本作“大器免成”。楚简乙本作“大器曼成”。任继愈原本疑为“大器免成”。即不用雕琢。误。“大器晚成”才合老子本意。大器不是不要成，而是要“大成若缺”而已。楚简乙本“大器曼成”，虽然改了“晚”字，但意义未变。

⑬ 希声。听不清的小声音。十四章有“听之不闻，名曰希”。希，小的意思。

⑭ 善贷且成。任继愈认为“贷”即帮助，并引《说文》“贷，施也”。马王堆乙本作“善始且善成”。

**【译文】**

优秀高级官员听到“道”，会努力实践；中等官员听到“道”，会将信将疑，觉得好像是存在又像不存在；下等小官听到“道”，会大加嘲笑。如果不嘲笑，反倒不足以称之为“道”了。所以古代贤哲在《建言》里说过：明白的“道”好像昏暗，前进的“道”好像倒退，平坦的“道”好像崎岖，最有“德”的人虚怀若谷，最洁白的东西好像黑垢，广大的“德”好像缺漏，刚健的“德”好像苟且和怠惰，质朴纯真好像变质变味。最方正的东西没棱没角，最大的器物最慢做成，最大的声音反而听不到，最大的形象反而没有形状。大道幽隐且无名称，然而也只有道才能促成万物化生繁衍和成功。

**【解说】**

老子认为，“上士闻道，勤而行之”，这样就能够在行为上导致“德”。因此，他希望管理人是“上士”，是优秀的高级管理人。“下士闻道，大笑之。不笑不足以为道。”在老子的心目中，道不是所有的人都能体悟、都能掌握和运用的，必然有人嘲笑。正因为有人嘲笑，才显出“道”的纯朴、天真和可贵，由此才能促使一部分人由“道”而至于德。进德尤其是进上德也不是所有人都能做到的，有道之人才能如愿。老子这么讲，是希望管理人重视悟“道”而修德。他引用古书《建言》中的一大段话，充满着辩证法。《建言》中的话，有人说是俗语，有人说是成语，但从用语为书面语言看，不是俗语，而成语也不会如此连为一大段。可以认为这是古人哲人或管理著作中的名言，而今天可以从中析出多句成语。在《周礼》中就有

"献书"而"王拜受之，登于天府"的制度。天府有两种史官，一种是管神器的，一种是管图书档案的，这就是在国家图书馆，老子就是管理图书档案的"守藏史"或"柱下史"。因此，老子一定是看过很多古书的。老子引用的这段话中，"道"有三说，德分级别。"道"有明道、进道、夷道，他希望管理人应能明道。德有上德、广德、建德，他希望管理人能最后达于上德。当然，在其他地方，他还说过玄德，这是更近于道的德性。

老子引用的这段话中，有四句以"大"字开头的成语。即"大方无隅，大器晚成，大音希声，大象无形"。最有意思的是这四个"大"字。在前面，老子讲过"域中有四大"即"道大，天大，地大，人亦大"，这都证明老子是看重宏观的东西的。宏观的东西，多是宇宙天体的东西。"大"是从宏观、从宇宙自然来看事物的。道，首先就是来自宇宙自然，是天文史官观察宇宙天体的结果，故老子多言天道。老子似乎感觉到了"系统论"，故指出了这三个有从属关系的大系统：天——地——人。而"道"是其中的纽带和运动规律。老子引用这四个带"大"字的成语，希望管理人站在宏观的高度即"上"、"广"、"大"的高度，站在系统论的高度、宇宙自然的高度来修德，来致知，来处事，来管理。特别是要用辩证法来进行管理，即要求体味"上"、"广"、"大"的概念及其应当重视的相对立的东西，以修炼至"道"达"德"。老子认为，这样就能近于"道"，就能处"无为"，就能取得管理的成功。

**【诗赞】**

简单的道理似都懂
常有愚昧笑聪明
老子细说管理辩证法
句句都望有人听
得道就要得大道
正反显隐两分明
管理管到最佳处
无声无响胜有声

# 四十二章　负阴抱阳不做强梁是谓王公

本章从讲“道”开始进而讲如何修德。老子始终教育并希望管理人明道明德，以用于管理。明道明德就是要懂得一与多、阴与阳、贱与贵和损与益的关系。认为明德要永远守住少、阴、贱、损等阴柔这一头。最后希望管理人养成柔弱谦卑的品德，并提出了严肃的忠告，且欲以之为教育人的提纲。

**【原文】**

道生一①，一生二②，二生三③，三生万物④。
万物负阴而抱阳⑤，
冲气以为和⑥。
人之所恶，
唯孤、寡、不谷⑦，
而王公以为称。
故，
物或损之而益，
或益之而损。
人之所教，
我亦教之：
“强梁者不得其死。”⑧
吾将以为教父。

**【注释】**

①“道生一”与接下来的三句。学者历来解释多有误。“一”非数字一，而是指以对立统一规律为核心的总规律，正如三十九章讲的“一”。以这个对立统一规律为核心的总规律也不是“道”生出来的。这句话的正确解释应是：“道”生即“一”，“道”一诞生，就是以对立统一规律为核心的总规律，“道”就是“一”。

② 一生二。这个“二”也不是数字二，而是指阴阳、两极，即对立统一规律中所讲的统一体中对立的两个侧面。“一”是对立统一规律，它当然有互相对立、互相依存又在一定条件下互相转化的两个侧面。

③ 二生三。“三”不是数字三，而是第三者，是一种高于“二”的集合体或化合

体，是高于局部的东西，高于单阴或单阳的东西。此句即指有了“二”就有了“三”。

④ 三生万物。即意味着万物的诞生，三生即万物的诞生。何新注：“一，壹也，太一即太极。二，偶也，双也，指阴阳。三，叁，合也，合阴阳，阴阳会合而生万物。”《淮南子·天文训》“规生矩杀，衡长权藏，绳居中央，为四时根。道曰规，始于一，一而不生，故分而为阴阳，阴阳合和而万物生。故曰‘道生一，一生二，二生三，三生万物’。”此说合于古义。何新此注基本上是正确的。

⑤ 万物负阴而抱阳。负，背负。抱，抱持，抱藏。在这里不是指阴阳相互对立作用而是指阴阳和谐统一。

⑥ 冲气以为和。冲，即虚。冲气，即虚气。马王堆甲、乙本作“中气以为和”。

⑦ 不谷。帝王谦称。《春秋左传·僖公三十三年》有楚王“公子若反晋国，则何以报不谷?”《国语·越语》有“先人就世，不谷即位”。

⑧“强梁者不得其死。”这里从任继愈先生加引号。

**【译文】**

“道”一诞生即“一”，“道”一诞生就是以对立统一规律为核心的总规律，“道”就是“一”。它生于或反映于“无”中生出一个混沌状态的天地原始这一个统一体，因此是“一”。这个天地原始又一分为二，是阴阳对立的，阴阳二气交合而生多物。后来又由多物相互作用而产生千差万别的东西。万物背负阴气而又怀抱阳气，显露阴柔的一面而又抱藏阳刚和雄心壮志。人们所厌恶的是“孤、寡、不谷”，而王公君主们却以此自称。因此，事物有时毁损它反而会增益它，有时增益它反而会毁损它。别人教导我的，我也用来教导人们：“强横凶狠的人不得好死”。我将这一名言作为施教的提纲。

**【解说】**

老子认为，“道”这个在人类诞生以前就存在的宇宙规律是与宇宙这个对立统一体同时存在的，“道”一诞生就有“一”（对立统一体），“道”诞生即是生于或反映这个“一”的；“道”又是促使我们这个宇宙（已存在约150亿年）从无（本来没有我们的这个宇宙天地）中生出来的。宇宙学已确定我们的宇宙是从别的宇宙脱胎而来的，即大爆炸所生成。我们这个宇宙浑然一体，不论是原始状态还是今天的样子，都是一个统一体，可称之为“一”。一散而为二，二合而为三，三成而为万物生。“一”有互相对立、互相依存又在一定条件下互相转化的两个侧面。阴阳偶合即为“三”，即为新的事物，有了新事物，即有了万事万物。老子要问人们，一、多、万物，三者哪个更重要呢？常人只知抓住具体的万物中的某一物，殊不知万物可以由一而备，有了一就有了多，有了万物。因此老子更重视“一”。无怪乎德国哲学家黑格尔说：一即多，多即一。可见他也重视“一”。

老子认为，阴与阳是两个极端，哪个更重要？他认为阴比阳更重要，阴柔可克阳刚。因此，他认为要背负阴而抱藏阳。把阴柔放在外表，把阳刚藏起来。在自然界，万物负阴而抱阳的例子确实举目皆是。动植物坚强的意志和炽热的激情是抱藏着的，而外表却表现阴柔，即玉石坚硬在其里，温柔在其表。我们的地球是负阴抱阳的，太阳也是。太阳的内心之炽热是其外表莫可比拟的。老子说“万物负阴而抱阳”，是告诫管理人要懂得做柔弱者而不做强梁。他认为“和”比单独的阴或阳更重要。阴阳“冲气以为和”，“和”比独立的阴或独立的阳重要得多，“和”是一个对立统一体，是两个极端的统一，是一种高于“二”的集合体或化合体，是高于局部的东西、高于单阴或单阳的东西。“和”在德性上已经是一种境界，故儒家也极力宣传“和”，追求“中和”，希望人们和睦相处、和谐共事。老子则希望管理者建设和谐社会。老子思想中非常可贵的一点是，老子比其他各派提出“和”要早，这是过去学者较少注意到的。

另一个可贵的思想就是：在老子看来，“和”是比单独的阴或单独的阳更高级的东西，而不是与之平行的东西。这个“二生三”的思想不仅反映了事物由少变多，由简变繁，由低级变高级不断进化繁衍的现实，而且为人们提供了一条创新的途径，即根据某种目标，在一定的条件下使不同事物相互结合。宇宙中的高智慧生命就是这样进化而来的。甚至一些看似不相干的事物的结合，都可能产生新事物。这些新事物都是更高级的东西。

今天竟有人认为“和”是与阴、阳平行的东西，从而提出“一分为三”的理论，认为一根棍子不仅可分为两节，而且可以分出与两节相接的部分（包括50%与50%相接或1%与99%等相接之处），这个理论很难成立。一分为三的现象是有的，但不是规律。一根棍子分为两段之后不存在与两段相接的部分，如果两节接好如初则不是与两节并列的第三。也就是说，两节结合之后成了“一”，即对立统一体，而且是新的对立统一体，是比原来的东西更高的东西。因此，“和”是在两端或两极之上更高级的东西。这个高级东西又与其他东西（如“分”、“不和”等）形成对立统一体。在“分”与“和”中，老子主张“和”，儒家也主张“和为贵”。当然，在特殊情况下，分也是必要的。为了突破原有的统一体或系统，分就起了重要作用。因此，老子有“一生二”（意味着对立统一体有对立面的存在和一散而二）在前。

在贱与贵中，老子主张宁肯守贱处卑。在损与益中，宁肯先损，而后必然有益。勾践宁肯损而又损，最后取胜。刘邦与项羽相争，刘邦宁肯先退出咸阳，而最后战胜项羽。从修德来说，老子主张永不做强梁，尤其是管理人要永不做强权者。他忠告说“强梁者不得其死”，并说自己要以此作为施教的提纲。

【诗赞】

有生万物任变迁
相生相克对立面
劝君莫做强梁汉
千锤百炼一经验
领导宁有卑下名
进步从来当自谦
老子以此劝君王
言虽良苦情自甜

# 四十三章 知无为之益行不言之教能及者少

本章专论柔弱、无为的价值和道理，希望管理人懂得无为之益和行不言之教，以达到谦卑、恬淡的德性。这种德性既是当时社会所稀缺的风尚，更是许多领导人管理不得要领的根源。

**【原文】**

天下之至柔，
驰骋天下之至坚①。
无有入无间②，
吾是以知无为之有益③。
不言之教，
无为之益，
天下希及之④。

**【注释】**

① 天下之至柔，驰骋天下之至坚。王弼注：气无所不入，水无所不出于经。认为气和水是天下“至柔”之物，可自由出入于“至坚”。驰骋，即奔驰的意思。

② 无有入无间。“无有”是指虚无；“无间”是指没有缝隙。

③ 吾是以知无为之有益。王弼注：“虚无柔弱，无所不通。无有无可穷，至柔不可折。以此推之，故知无为之有益也。”

④ 天下希及之。马王堆甲、乙本作“希能及之矣”。

**【译文】**

天下最柔弱的能够在最坚硬的东西里一马平川而无阻碍。没有形体的东西能够穿入没有间隙的东西。我因此认识到无为是多么有益处。不用言语的教育、无为的效益，天下少有能比得上的。

**【解说】**

老子用“天下之至柔，驰骋天下之至坚，无有入无间”论证和推出“无为”的功能和价值，显然，认为“无为”对管理人是极有价值的。顺便说一句，由此可以进一步看出《老子》是一部为管理人写的著作，是管理学或管理哲学著作，特别是领导哲学著作，它不是为所有人写的书。他并不认为所有人都要无为，甚至并不认为所有的管理人都要无为，这可以从他说的“为而不恃”可以看出。他认为主要是“上”即侯王或人君应无为，这可以从后面五十七章“我无为，而民自化”看出。因此，老子写《老子》主要是希望高级管理层阅读它，是特供给他们参考的。另外，孔子的理解并举舜为例也说明了这一点。

《论语·卫灵公篇》载：“子曰：‘无为而治者，其舜也与？夫何为哉？恭己正南面而已矣。’”意思是说，无为而治的管理者（人君）大概只有舜吧？他还需要干什么呢？恭恭敬敬端坐在朝廷上就可以了。孔子的理解基本是正确的。这是无为的重要内容。不过，可能还包括两项内容：一是制度即礼法上的简约，二是生活上的不奢靡，甚至还包括宣传教育上的少议论，多言行身教和事实教育。另外，老子的“无为而治”还有更重要的内容，即“以百姓心为心”，推行民主管理。即不只是让臣民去干，而且要求管理者以百姓的意志和建议为转移，不要先入为主。

至于“不言之教”，就是身教，就是以身作则。他显然认为教育百姓不只是要通过言语教各类知识，更重要的是管理人以身作则教化百姓尊道贵德，返璞归真。就是说，领导者在各个方面都要做出榜样。俗话说，“上梁不正下梁歪”，榜样的力量是巨大的。显然他认为，领导者就是要做榜样，因为上面怎么做，下面就会跟着做。领导者要带头做好榜样。上级领导要为下级领导做好榜样，领导要为群众做好榜样，教育工作者也要做受教育者的好榜样。这虽然有些理想化，但方向是对的。

他认为不言之教，无为之益，天下少有比得上的。对于这最后一句话，老子说得非常机智，他没有把话说死、说绝对。他希望管理人慎重考虑他的理论：一是民主管理；二是身教重于言传。后者又有助于前者，可部分地纳入管理的范畴来实施。

**【诗赞】**

最柔克最坚
虚无入于无缝间
君上无为反万有
不言之教胜万言

老子告知管理者
个中真理细思辨

水绕山行

# 四十四章　长治在于物质生活知足知止

老子的管理理论应当说还是比较系统的，不是东拼西凑的语录，而是一部结构完整的著作。本章就进一步谈辩证法理论，进而希望管理人能够具体地修德，希望管理人能知足知止。这是一种重要的德性，对管理者很有价值。

**【原文】**

名与身孰亲[①]？
身与货孰多[②]？
得与亡孰病[③]？
是故，
甚爱必大费；多藏必厚亡[④]。
故，
知足不辱[⑤]，
知止不殆，
可以长久。

**【注释】**

① 名与身孰亲。王弼注：“尚名好高，其身必疏。”

② 身与货孰多。王弼注：“贪货无厌，其身必少。”多，重视。

③ 得与亡孰病。王弼注：“多得利而亡其身，何者为病也？”亡，失去。病，害。

④ 多藏必厚亡。楚简甲本作“厚藏必多亡”。

⑤ 知足不辱。楚简甲本作“故知足不辱”。《国语·晋语》有“叔向贺贫”。即谓知足不辱。

**【译文】**

名誉与生命相比哪个可亲？生命与财货相比哪个珍贵？得与失相比哪个有害？因此，过于爱惜必然有很大的破费，过多地珍藏必然会有很大的损失。所以，知道满足就不会受到侮辱，知道适可而止就不会出现危险，这样（管理）才会天长地久，持续发展。

**【解说】**

老子告诫人们的主要是：管理者们不要过于珍惜资产，也不要过分聚敛财物，因为生命更重要。因为那样会导致更大的破费，会导致更大的损失。他认为管理人应知足知止。知足常乐，知足不怠，不会遭到侮辱和败亡；不知足，就会导致贪得无厌，导致腐败，使人的德性变质，到头来就不会有好结果。知止常足，知止不败，不会遇到危险；不知止，得寸进尺，无休止地进取聚敛是会有危险的。他认为作为管理人，应该这样知足，才能长久地从事管理，保有权位。《国语·晋语》的"叔向贺贫"证实了这一点。"叔向见韩宣子。宣子忧贫，叔向贺之。宣子曰：'吾有卿之名，而无其实，无以从二三子，吾是以忧。子贺我，何故?'对曰：'……及桓子骄泰奢侈，贪欲无艺，略则行志，假货居贿，宜及于难，而赖武之德，以没其身。及怀子改桓之行，而修武之德，可以免于难，而离桓之罪，以亡于楚。夫郤昭子，其富半公室，其家半三军，恃其富宠，以泰于国。其身尸于朝，其宗灭于绛。不然，夫八郤，五大夫三卿，其宠大矣，一朝而灭，莫之哀也，唯无德也。今吾子有栾武子之贫，吾以为能其德矣，是以贺'。"

也许老子还针对当时各诸侯国君而言，希望各国之间和平共处，不要征战。这是站在周王室当时的立场而言的。只是已根本行不通了，因为当时社会制度的变革已势不可挡。

**【诗赞】**

得失道理要辨清
追名逐利都是病
知足知止无辱不殆
服务管理得长恒

清平福来

# 四十五章　久安在于虚怀大度清净无为

有研究者认为本章充分体现了老子的辩证法智慧。这些研究者一方面说老子认为有些事物从表面来看是一种情况，实质上却是另一种情况，表面情况和实质情况有时完全相反。比如，大巧若拙，并不是提倡愚蠢笨拙；大辩若讷，并不是提倡说话越不清楚越好。孔子也讲，“刚毅木讷近仁”，他们反对浮华不实的作风。这几句话闪耀出老子的辩证法智慧的光芒（任继愈《老子绎读》）。这样的评论是正确的。另一方面，研究者们又说，可惜老子没有充分发挥这种光辉的辩证法思想，《老子》中更多的议论是反对知识。这样的评论则欠妥。实际上老子将其辩证法智慧发挥得很充分。他始终用这些辩证法智慧教导管理者如何修德和如何管理。反对知识不是议论最多的论题，管理才是议论最多的话题。

**【原文】**

大成若缺，其用不弊[①]。

大盈若冲[②]，其用不穷。

大直若屈，大巧若拙，大辩若讷[③]。

躁[④]胜寒，静胜热[⑤]。

清静为天下正[⑥]。

**【注释】**

① 弊。何新注引高诱注：“弊，坏也。”

② 冲。虚空的意思。

③ 讷。《说文》：“讷，言难也。”即表达能力差。

④ 躁。急躁的意思。

⑤ 躁胜寒，静胜热。两个“胜”都是战胜。急躁战胜寒冷，安静战胜火热。何新注引蒋锡昌说：“此文疑作‘静胜躁，寒胜热’。”可参考。

⑥ 清静为天下正。“正”，任继愈解为长官，领袖，从之。此句意为处在清净无为的心态才能做天下的领袖。

**【译文】**

最圆满的成功似有缺憾，它的作用却不坏。最充盈饱满的东西，好像很空虚，它的功能却不可穷竭。最直的好像弯曲，最灵巧的恰似愚笨，最能明辩的有如木讷。快速活动能抵御寒冷，安静能克服躁热。清净无为可以做天下的政治领袖。

【解说】

老子在本章讲了五个“大”和五个“若”，即大成若缺、大盈若冲、大直若屈、大巧若拙、大辩若讷。他认为，什么都要站在宏观的角度，站在统一体的角度来看问题，管理者在处理复杂问题时尤其应该从系统的角度来把握，而不要怕有小的缺失，不要怕有表面的空虚，不要怕有曲折，不要怕表面上的笨拙，不要怕没有雄辩和说话少词。只要能从宏观上把握大的方向，就能圆满地达到目标。如果光站在某个局部或某个专业角度看问题和管理全局，就会事与愿违。始终站在宏观的高度、全局的高度、大系统的整体性的高度上来看问题、来处理管理和谋求发展才对。这是老子辩证法智慧的特色，也是他的管理思想的特色。作为高层管理者，什么具体业务也不会干、不去干，其实，把握整体就如同什么都干了。

他认为清净无为是最重要的宏观管理和处世态度。前面讲无为多，这里重在清净。他认为，清净才能洞察宏观的全面，清净才能恰当地把握管理和发展的整体，清净才能深谋远虑，才能成为管理天下的大政治家。

【诗赞】

最大的圆满有缺损
关爱自己要为关爱人民
老子管理讲辩证
最成功的首领虚静无为轻名声

虚静无为写意

# 四十六章　治国应求安定不要拓疆征战

老子时代，诸侯纷纷争霸，战争频仍，老子认为这些战争是由于诸侯王的不知足、贪得无厌引起的。各诸侯王只要知足，不贪求别国的土地、财务，则既不会发生战争，也不会招致大祸。老子是针对当时诸侯之间的战争来说的，既反映了当时百姓的反战情绪，也反映了他治国安邦的管理思想，进一步证明他在四十四章讲的管理人要知足知止的思想，也证明他作为周王室的国家图书馆馆长是代表周王室说话的。

**【原文】**

天下有道，
却走马以粪①。
天下无道，
戎马生于郊②。
祸莫大于不知足。
咎莫大于欲得。③
故，
知足之足，常足矣。

**【注释】**

① 却走马以粪。却，退却。粪，耕地种田。
② 戎马生于郊。用马于战争而母马在战场产驹。
③ 祸。咎。马王堆甲、乙本均作“罪”。显然通俗化了。

**【译文】**

天下有道，稳定，战马用来耕耘。天下无道，世乱，怀胎的母马也要用于战争。祸患没有比总是不知足更大，罪过没有比贪得无厌更深。因此，“知道满足”的这种满足感，就能永远使人感到满足了。

**【解说】**

《老子》是一部管理学或管理哲学著作。老子论道、谈修德，都是有目的的，只是他高度概括，不愿意太具体。然而，既然要谈管理，就不可避免地要涉及教育、财税、军事、人事、外教、社会制度和人际关系以及用人等问题，特别是管理者即领导者之为人与修养等多方面的问题，包括管理者的理论水平、德行、为人处世态度、管理能力、世界观、人生观、价值观等。这就是《老子》讲道论德常常会落到具体管理方面的原因。本章是老子反对侵略战争和掠夺财物的思想表现，是对各诸侯王说的。

各诸侯王就好比是今天全国的省长、自治区区长、市长。只要管好了所属的省、自治区、市，全国也就既统一又和谐了。若各诸侯王只想称霸、拓疆、掠夺，全国就会大乱。由此可见，老子的管理思想首先是从周朝全国出发来考虑问题的。这种首先从大系统出发来考虑问题是属于系统论的正确的管理哲学。遗憾的是，在全国已经分崩离析的战乱时代，老子仅仅怀着一颗忠于周朝的拳拳之心来谈管理，而没有看到那已于事无补只有重新统一才有出路的形势。后来，由众多贤人谋士共同创作的《吕氏春秋》就主张向前看，主张重新一统天下，并且《吕氏春秋》确实成了秦国统一全国的思想工具和管理指南。这说明新兴地主阶级代表着社会进步的方向，也说明老子还不是一个政治家，只是一个管理学特别是领导哲学之学者而已，而且很多思想是保守的。

**【诗赞】**

单为管理应知足
大兵一举战难休
然而周朝已崩溃
不听劝言是诸侯
一统天下当时务
后贤果著吕春秋

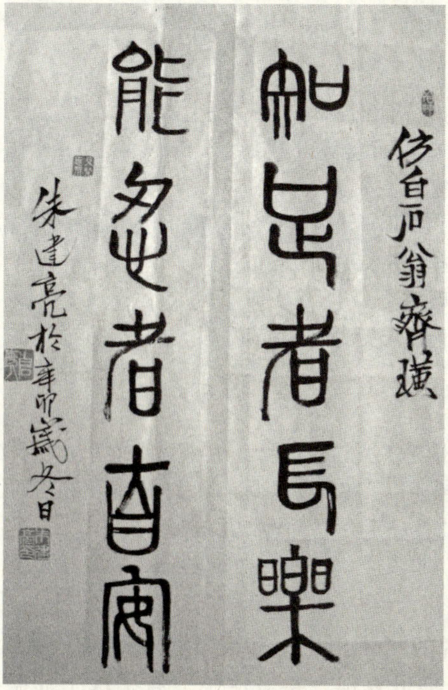

智足者长乐　能忍者吉安

# 四十七章　管理国家应懂得预测天下事物

本章强调掌握“道”这个世界观的重要性。老子认为不要用感官接触，只要用“道”静观、玄览就可以知天下。这与他的辩证推理有关。他讲这些，目的在于强调用“道”来预测、推知事物变化的重要性，并仍在强调管理者特别是侯王“无为”的重要性和可能性。

**【原文】**

不出户①，知天下②；
不窥牖③，见天道④。
其出弥远，
其知弥少。⑤
是以，
圣人不行而知，不见而名⑥，不为而成⑦。

**【注释】**

① 不出户。不出门。
② 知天下。指预测天下事物。天下，不是指一个国家。
③ 牖。窗户。
④ 天道。指日月星辰运行的规律。此从任继愈先生。
⑤ 弥。越，逾，更加。
⑥ 名。明白。
⑦ 不为而成。无为而无不为。

**【译文】**

不必走出门户，就可以预测、了解社会时事；不看窗外，就能够认识自然界的变化规律。外出越远，了解事物越少。所以，圣人不经历而能推知，不用亲眼看过就能概括称呼，不必直接动手去做就能成功。

**【解说】**

老子说的“不出户，知天下；不窥牖，见天道”，是说要用“道”来推知。“道”是世界观，是方法论。有了这个显微镜和望远镜，就什么事物都可以推知，没有必要事事亲历。他接下来说的“其出弥远，其知弥少”，有正确的一面，也有错误的一面。正确的一面是离开“道”的推知、预测，光靠亲身经历，越这么做，就得知越少。但也有不对的地方，即否定了实践的重要性。

实践出真知，实践对于认知具有根本性。人的正确认识是从哪里来的？老子用于预测、推理的“道”是从哪里来的？难道是由心生的吗？他忘记了这也是通过观察得来的，忘记了自己说的“人法地，地法天”从而“人法天地”，他否定了实践的重要性，这显然是错误的。当然，老子是对管理者且主要是对侯王说的，要他们少亲身经历，多动脑筋多推测。他所说的圣人即可佐人君的管理者。他认为侯王也应如他们“不行而知，不见而名，不为而成”。在这里，不仅认为要用“道”这个世界观来认识万事万物，而且要利用圣贤的智慧来认识万事万物以至推测未来的变化，并取得圆满的成功。这样做了，就是用五官少而得知也多，用己力小而成功也大，这是侯王应有的能力和本事。老子希望管理者特别是侯王应学会预测，掌握这种本领，这是决策大事的需要。吕子记载，孔子见鲁哀公，哀公曰：“有语寡人曰：‘为国家者，为之堂上而已矣。’寡人以此为迂言也。”孔子曰：“此非迂言也。丘闻之：‘得之于身者得之人，失之于身者失之人。’不出于门户而天下治者。其唯知反于己身者乎！”（《吕氏春秋·先己》）这说明孔子是主张以己推人，主张预测和推知事物的。

《吕氏春秋·察今》还说：“先王之所以为法者何也？先王之所以为法者人也。而己亦人也，故察己则可以知人，察今则可以知古；古今一也，人与我同耳。有道之士，贵以近知远，以今知古，以益所见，知所不见。故审堂下之阴，而知日月之行、阴阳之变；见瓶水之冰，而知天下之寒、鱼鳖之藏也；尝一脬之肉，而知一镬之味、一鼎之调。”这无异于告诉我们，对立面是自己的镜子，自己也是对立面的镜子。故从对立面来观察对立面就是最好的预测、推知事物的方法之一。老子认为要用“道”来预测，就是要用辩证法来推测。作为领导者，这种能力及其应用是不可或缺的。

**【诗赞】**

以一推多不可少
以近推远也需要
管理不必事躬亲
辩证预测有成效
预测就要反诸己
以己推人可知晓
预测要看对立面
一面镜子可反照

# 四十八章　治国应以安定和谐发展为目标

本章讲损益之“道”及其应用。仍然是劝导侯王要运用“无为而治”的管理原则。为什么要运用“无为而治”的管理原则，除前一章讲了用“道”来观察和处理复杂事物以及利用他人的智慧的道理外，还有本章讲的无为本身与有为、无为与无事的道理。老子的这些道理讲得太概括，要在国家社会管理的层面上才能很好地理解。

**【原文】**

为学日益①，
为道日损②。
损之又损，以至于③无为。
无为而无不为。
取④天下常以无事，
及其有事，
不足以取天下。

**【注释】**

① 为学日益。王弼注：“务欲进其所能，益其所习。”即所学日益增多。

② 为道日损。王弼注：“务欲反虚无也。”似不当。应是指懂得的规律（道理）就日益抽象概括了。

③ 至于。到达。

④ 取。治理，管理。

**【译文】**

学习知识，一天比一天增加；研究和感悟“道”，则一天比一天因提炼概括而减损。减损而又减损，以至于达到对“无为”的认识和达到无为的境界。虽然无为，但没有任何一件事不是其所为。管理国家就是要永远稳定无事，一旦出大事了，就很难控制这个天下了。

**【解说】**

老子的政治理想是无论小国大国，都要和谐安定。和谐安定、国家无事，是他的管理目标。在他的心目中，国家社会和谐安定，社会就会自然而然地向前发展，正如在前面讲的如天地无语无为，万物自然生育发展一样。因此，他认为侯王要确立这样的管理目标。这样的管理目标，显然是针对当时社会管理混乱，诸侯纷争，人民痛苦，社会不和谐、不安定、不发展而提出来的，虽是站在周王室的立场上来说，但也是为老百姓着想的。要怎么样才能达到此目标呢？他提出了各种办法，最核心的是“无为而治”的原则。本章又从哲理角度入手来讨论。

“为学日益，为道日损”。从这里可以看出，老子不是反对知识，他作为一个国家图书馆馆长当然不会反对知识。他不想让老百姓有太多的知识、欲望，尤其是不想让他们有巧智以便管理，这是实在的。但是，管理人应有知识，尤其是应掌握管理之“道”。孔子也有同样的思想。他主张他的学生（未来的长官）要有知识，与百姓不同。老子这两句话是连着的。即从事管理的人知识学得越多，就越应能概括、抽象出“道”来。就是说“道”是靠抽象、靠扬弃一些个别的表象的东西而得到的。在老子看来，要想掌握“道”这个法宝，得靠悟，得靠损去一些个别的、具体的知识，而从中抽象出共性的即具有普遍意义的道理即规律来。这样，不断抽象、概括、提炼，才能达到“无为”、“无为而无不为”理念的境界，到达明道。

“无为”，如前所述，笔者认为可能包括三个方面，一是侯王不要从事具体技术业务之类的工作，而要“以百姓心为心”，放手让百官尽其所能，推行民主管理；二是不要在生活上有为，即不要追求奢华、大兴土木造宫殿等，即不要“生生之厚”；三是不要过详的礼法和过多的议论。就是说这三方面有为，反而会走向反面。“无为”的好处也有三个方面，一是“无不为”，即什么都有了，专业管理者会帮助侯王办好的；二是能处清静，“清静为天下正”，即处清静才能做天下的政治家；三是“无为”能使天下无事。有为包括追求欲望的满足，包括拓疆称霸和攻战掠夺，这就是惹事。“无为”是“无事”的基础，能“无为”则既不会遭外攻，也不会出内乱。因此，老子得出结论：掌握和管理天下在于平安无事，在于以“无为”的原则来达此目标，并最后告诫侯王：一旦造成乱局就不好收拾了。他的这种管理思想不一定对，但对于防患于未然却有很大的参考价值。

**【诗赞】**

君上治国应无为
无为方能无不为
臣民处事则相反
馅饼不会从天坠

# 四十九章　管理应以百姓心为心发扬民主

有研究者说，理想中的统治者信任百姓，百姓也信任他。在“圣人”的统治下，百姓生活得很幸福、快乐，这是正确的。要做到这一点，关键之一在于侯王“无为”，使老百姓也保持原始的淳朴状态；关键之二是侯王和所有管理者都要以人为本，侯王虽然无为，但心里却要时刻想着老百姓，要有民本思想。

**【原文】**

圣人无常①心，以百姓心为心。

善者，吾善之；

不善者，吾亦善之；

德善②。

信者，吾信之；

不信者，吾亦信之，

德信③。

圣人在天下，歙歙④焉，为天下浑其心⑤。

百姓皆注其耳目⑥，

圣人皆孩之⑦。

**【注释】**

① 常。固定。马王堆甲、乙本作“恒”。

② 德善。这个“德”字多解为“得”，似不确。应为修德、养德的意思。德善，即修德于善。

③ 德信。修德于信，或养德于信。

④ 歙歙。和顺。

⑤ 为天下浑其心。“浑”是混混沌沌、质朴的样子，此句即使天下人都有淳朴之心。

⑥ 百姓皆注其耳目。百姓都关注圣人。

⑦ 孩之。以孩子看待。

**【译文】**

圣人没有永远固定不变的意愿，他以老百姓的意愿为自己的意愿。老百姓的意愿中的好的意愿，我善待之，不好的意愿，我也善待之，这就是修德至善，即养善德。老百姓中诚信的意愿，我信任他，不讲诚信的意愿，我也以诚信对待他，这就是修德至信，即养诚信之德。圣人管理天下，收敛私欲，使天下老百姓的心都趋于淳朴。老百姓会时刻专注观察圣人，圣人对老百姓会像对待自己的婴儿那样，亲之，爱之，养护之。

**【解说】**

春秋战国时期，很多思想家是重视人的。儒家主张“仁爱”，墨家主张“兼爱”，道家主张“爱民”。老子明确了一个“以人为本”的思想体系。在本章，老子指出优秀的统治者是圣人，说“圣人无常心，以百姓心为心”，这是非常感人肺腑的。管理者即领导者们以及所有读者读到这里，难道不有感于怀吗！老子这句话绝不是作秀的美言，而是有其系统的思想根据的，是前后一致的。他在二十五章提出了人是与道、天、地并行不悖的几个伟大之一。他说：“道大，天大，地大，人亦大。域中有四大，人居其一焉。”他在此特别提出“人居其一”，是他伟大的世界观、人生观和价值观的体现，是他的“以人为本”的根本依据和理论表现。在他的思想体系中，鬼神没有地位，根本不用去论述之，而把人看得特别重要。人们办事的根本依据，管理人、管理国家社会的根本依据和目的是什么呢？老子认为，根据就是“道”、天、地，目的就是为了人，归根到底就是要落实到人身上。因此，他在二十七章提出“圣人常善救人，故无弃人。”他认为对善人要爱，对不善人要救，要没有弃人。这虽然是一种理想社会的做人态度，在当时是做不到的，但是，这些良想已属伟大。这就是他的“以人为本”的一个重要表现。受其影响的《吕氏春秋》也说：五帝先道而后德，故德莫盛焉；三王先德而后事，故事莫功焉；五伯先事而后兵，故兵莫强焉。

最为难能可贵的是，老子提出的“以人为本”还表现得更为深入，即他的“以人为本”的核心是“爱民”。他在十章就提出了“爱民治国”的问题，说：“爱民治国，能无知乎？”而在本章又更进一步。

怎样以人为本？一要以人为伟大的对象，二要善救人使无弃人，三要以爱民为核心。至此，其实已远远超过其他学派的思想家，而老子又进而深入且感人地说了：“圣人无常心，以百姓心为心。”这就是说，以人为本不仅要以爱民为核心，而且要具体表现为心里装着百姓：想百姓之所想，急百姓之所急。一切要以百姓的意志为转移，而不先入为主，不抱成见。这是多么了不起的管理思想！这是多么感人肺腑的精神！由此，他还进一步发挥，说对善人和不善人都要以好心对待，以建立为善方面的德性；对可信的和不可信的，要都信任，以建立诚信方面的德性。这些都是他劝导管理者方面的思想。显然，他认为应本着这样的心来治理天下。这样治国，百姓哪有不信任、不拥护、不齐心协力、不和睦相处的呢？

不仅如此，老子似乎还意犹未尽，认为佐人君管理天下的圣人还要把对百姓以至一切人的爱发挥到这样的程度：“圣人皆孩之。”即把治下的人都当做自己的孩子。这与他在十章讲的管理人要学习天、地对万物“生而不有，为而不恃，长而不宰”的思想相一致。在本章，他认为作为管理者特别是侯王这样的高层管理者应该忘记个人独立的东西而和谐相处于天下，与百姓的心浑然一心：“歙歙焉，为天下浑其心。”这样，百姓爱戴、敬仰自己，自己也不以为有功，正如母亲之于自己的儿女，只觉得背负抚养教育的责任，何有居功、主宰之念？在十章，他称此为玄德，在本章乃属他劝导管理者们养此最高之德性，以建设和谐社会，真诚管理天下。

【诗赞】

万事万物人为本
以人为本重百姓
百姓之心是我心
我与百姓同一心
善之信之视同仁
心真纯正无微尘
君王应学古圣人
关爱百姓如童婴

浑然恬淡写意

# 五十章 管理人应淡泊物欲以保持健康

老子一方面希望管理人不要考虑自己的个人得失，以己心与百姓心浑然一体，另一方面却又关心着管理人，希望他们懂得、善于养生，因为这是国家和百姓的需要。老子把养生理念交给人们，这也是永远值得我们敬仰的地方。

**【原文】**

出生入死①。
生之徒，十有三②；
死之徒，十有三；
人之生，动之于死地③，亦十有三。
夫何故？
以其生生之厚④。
盖闻善摄生⑤者，
陆行不遇兕⑥虎，
入军不被⑦甲兵；
兕无所投其角，
虎无所措其爪，
兵无所容其刃。
夫何故？
以其无死地。

**【注释】**

① 出生入死。《韩非子·解老》：“人始于生而卒于死。始之谓出，卒之谓入。故曰：‘出生入死’。”

② 十有三。十之三成，即百分之三十。

③ 动之于死地。动，活动，行为。死地，死亡境地。

④ 生生。即养生。以其生生之厚，指享受生活太过优厚。

⑤ 善摄生。多注为养生、保养，有误。何新注为“舍”，可参考。王弼注：“善摄生者，无以生为生，故无死地也。”即以舍身而获生的，就不会走向死的境地。

⑥ 兕。犀牛。《山海经》有：“兕出湘水之南，苍黑色。”

⑦ 被。遭。

【译文】

人一出生就开始进入死亡。善于养生而长寿的占 30%，不善于养生而死亡的占 30%，人的生命因自己的行为而陷入死亡境地的，也占 30%。这是为什么？是因为追求滋养生命的物质利益等的欲望太多太盛。听说善于以舍身而得生的人，在陆地不遇害于犀牛、老虎，参军打仗时不被杀伤，犀牛对他没有地方投角，老虎对他没有地方伸爪，兵器对他没有地方接受锋刃。这是为什么？因为他常处于虚无而没有可以致死的地方。

【解说】

老子认为生存且长寿的占 30%，夭折死亡的占 30%，另外因自己的行为陷于死亡的也占 30%，这种统计也许是有根据的。因为当时的物质生活条件和医疗卫生条件较差，可能有不少小孩夭折和一部分人饿死或遭天灾等而死。他认为，另外 30% 完全是他们自己造成的早死。老子说其原因是“以其生生之厚”。这就是追求滋养生命的物质利益的欲望太多太盛，而不只是简单的求生欲望太迫切。当然，求生欲望太迫切也包括在内，这就是说，两个方面的原因都有。这可以从庄子的理解得到解释，《庄子》是一部解老的著作但又有发展，不过旨在养生。《庄子·达生》论述了齐威王问田开之如何养生的问题，田开之回答说：“闻之夫子曰：‘善养生者，若牧羊然，视其后者而鞭之。’”威公问怎么解释。田开之说，鲁国有个叫单豹的人求生欲太强，居然避开与民共利、与人相争的社会而住到山林岩洞里去了，吃野果喝泉水，七十岁了还色如婴儿，不幸被饿虎吃掉了。另外是齐国一个叫张毅的人，为了追求丰厚的物质生活和利益，到处钻营，疲于奔命，结果四十岁时就因劳累加内热生病而死。这两种人都是因为“不鞭其后者也”。放羊时见到有羊落后了就应抽它一鞭子，使之向前，又有落后的则还要抽一鞭子，使前后不断交替。意即走前、后极端都不行。庄子不主张隐居，也不主张贪利奔命，否则会自陷死地。这与老子“以其生生之厚”相吻合。

在本章老子讲了他听说（或从古书看到）的“善摄生”的情况，说猛虎、兵刃之类均不能伤害他们，原因就是他们没有自陷于死亡的境地。庄子讲的两种人均易出现，要避免这种情况，必须像前面说的“无名”、“无我”。这是管理人必须切记的。庄子认为“无”是最好的东西，有什么能伤害“无”呢？故建议管理人应常处于“无为”、“无我”的境界。

**【诗赞】**

领袖应善养其生
物欲太旺反难成
自我置于恬淡中
治国有成健心身

# 五十一章　爱民治国应尊道贵德犹如母亲

老子主张尊道贵德，故写《道德经》。本章特别希望管理人能尊道贵德。没有“道”作为理论基础或指导思想，“德”便很难达到老子所希望的高度，而且也很难自觉地持恒。没有“德”的表现、运用和践行，特别是对管理人而言，没有“德”的养成和施行，“道”便得不到根本的、充分的发挥。

**【原文】**

道生之①，德畜②之，物形之，势③成之。
是以，
万物莫不尊道而贵德。
道之尊，德之贵，夫莫之命④而常自然。
故，
道生之，德畜之；长之育之；亭之毒之⑤；养之覆之⑥。
生而不有，为而不恃，长而不宰。
是谓：玄德⑦。

**【注释】**

① 之。即万物。
② 畜。畜养。
③ 势。马王堆甲、乙本作“器”。
④ 之命。对它发出命令。
⑤ 亭之毒之。河上公本等作“成之熟之”。
⑥ 养之覆之。何新注：“如天地覆载化育万物。”覆，养护的意思。
⑦ 玄德。即隐幽之德。王弼注：“有德而不知其主也，出乎幽冥，是以谓之玄德也。”

**【译文】**

道促使万物产生，德抚养万物繁殖，物质使万物有形体，季节驱使气候变化，使万物成长成熟。所以，万物无不尊崇道而看重德。道的尊崇，德的被看重，并没有谁命令却永远这么自然而然。因此，道促使万物产生，德抚养万物成长，使其成长发展壮大，使果实成熟。抚养万物、保护万物、滋养了万物而不据为己有，帮助了万物而不自以为有功，作为万物首长而不对万物加以主宰，这就叫做幽深之德。

【解说】

对于“道”的理解，笔者始终与其他学者有所不同，即不认为它既是指规律、道理，又是指物质本原。道不是物质，它只是规律、辩证法，特别是对立统一规律，这是它的核心。“道生一”并不是“道”生出物质世界，而是指“道”生于统一的物质世界，与物质世界同在。“道”一诞生，就是对立统一的“一”。一切物质的运动都逃不脱规律即“道”的作用。宇宙大爆炸也是按规律而爆炸的，由此而产生的一切及后来的万物也都是“道”作用的结果。老子在本章讲的第一句话“道生之”，也是指促使万物生成的意思。

老子在本章开篇讲万物与“道”的关系。他认为，万物是靠“道”的作用而诞生的，是靠“德”抚育使之繁衍的。万物的各种存在形式，每日每时一些被取代了、灭亡了，一些又诞生了、变异了。而某种态势即环境条件使万物各获成功。老子用这样的推理来说明“万物莫不尊道而贵德”。他最终的目的是希望管理人也尊道贵德。老子认为，万物尊道贵德，这本身就是自然规律。没有人要万物这么做，万物却自然而然地做了。

接下来，老子进一步论证优秀的管理人应修养德性并达到“玄德”的境界，他认为，作为长官（管理人）就要像自然界那样，用“道”作用于万物，用“德”抚育万物，并“生而不有，为而不恃，长而不宰”。他认为，管理人特别是君王对待老百姓以及自然界也要这样，生养了而不占为己有，作为了而不自恃有功，领导了而不加以钳制。他认为这就叫做“玄德”，管理人就应有此“玄德”。这一章的思想与四十九章的刚好相吻合，即与“圣人皆孩之”是一个意思。就是说，管理人要修养成这样的德性，对待天下百姓要像母亲对待孩子一样，要像天地对待万物一样。这是管理人从事国家社会管理的根本态度。要从事管理工作就先要修德，达于“玄德”。孔子一生教育、培养管理人也是这样要求的。他说过：“为政以德。”他的《论语》可以说是一部从政指南，他培养学生的目的就是为国家社会培养为君王服务的管理人而不是培养工人、农民或技术人员，他同样把“德”作为教育的重要内容，只不过没有把“德”分等。例如，《论语·学而第一》就讲了要“就有道而正”，即要向有道者学习“孝悌”、“忠”（忠君）、“信”（诚信）、“爱人”、“节用”以至温、良、恭、俭、让等，这些都是“德”的内容，故历来被儒雅之士特别是被统治者所敬仰。老子则要求修至“玄德”。刘备名字叫“刘玄德”，大概欲管天下而缘此德备。

【诗赞】

管理应养一玄德
效法天地大法则
爱民育物不恃也不扰
衰荣成败只自责

# 五十二章　治国应能明察秋毫而常守阴柔

老子在讲了管理应明道修德、尊道贵德以后，就开始讲管理人的能力以及各个具体的管理方面了。本章是讲管理人应有明察和守柔的能力，守柔也是一种德性，他从大道理入手来讨论这些问题。

**【原文】**

天下有始①，以为天下母。

既得其母，以知其子②；既知其子，复守其母，没身不殆。

塞其兑③，闭其门，终身不勤④。

开其兑，济其事，终身不救⑤。

见小曰：明，守柔曰：强。

用其光，复归其明，无遗身殃，是为习常⑥。

**【注释】**

① 天下有始。何新注引《道藏》王本注：“善始之，则善养畜之矣，故天下有始，则可以为天下母矣。”

② 既得其母，以知其子。河上公本作“既知其母，以知其子”。

③ 兑。门，洞。王弼注：“兑，事欲之所由生。门，事欲之所由从也。”

④ 终身不勤。勤，劳累的意思。任继愈引马叙伦说：“应当是‘廑’”。

⑤ 终身不救。救，有人注为“就”。王弼注：“不闭其原，而济其事，故虽终身不救。”

⑥ 习常。同袭常。知晓“常”的意思。王弼注：“道之常也。”

**【译文】**

天下是从“有”开始的，以它作为万物的根本。既然知道万物的根本，就能知道由它产生的万物。既然知道万物，就应返回而守住万物的根本，这样才能终身没有过失。塞住巧智的洞窍，关闭巧智的大门，这样才能终身没有祸患。若打开巧智的洞窍，并且用那巧智去济世作为，那就终身无法挽救了。观察精微，这叫做“明”，恪守柔弱，这叫做“强”。运用自己的智慧之光，返回到自己原有的“明”，不会给自己带来灾祸，这就是应有的深藏不露的永恒之道。

【解说】

老子在本章首先讲了如何察知万物，就是利用正确的世界观、方法论来观察。换句话说，就是要从事物的根本入手来观察。前几句话就是这个意思。“天下有始，以为天下母”，即知道天地的开始，就能预测事物的发展、繁衍。他认为，既然如此，就要守住事物的根本。如果跟着事物去派生繁衍，是永无穷尽且会因疲劳不堪而遇到危险的，这就要求有守柔的德性和能力。人的智慧窍门也是要好好把握的。打开巧智的大门还不如守住它、关闭它，这样才不致“机关算尽太聪明，反误了卿卿性命”，才不致招来祸害。如果打开巧智的大门，拿巧智去管理国家社会，则终身不可救药，害人害己。

在这里，又一次表现了老子反对用权术、巧智管理国家社会的思想。他在十章里说：“爱民治国，能无知乎？天门开阖，能为雌乎？明白四达，能无为乎？”就是希望管理人无为、守柔、不用智术，政策号令透明、公开，背后不用巧智。他在六十五章里更明智地提出：“以智治国，国之贼；不以智治国，国之福。”老百姓心里有杆秤，用巧智治国，人民会清楚地看到，“司马昭之心，路人皆知”。就是说用巧智治国是瞒不过老百姓的眼睛的，到头来可能是搬起石头砸了自己的脚。老子这么议论可能是针对当时的现实。诸侯纷争，巧智兴起。各国在后来纷纷起用谋士，纵横术、权谋之术日新月异，总结传教这类智慧的人和文献也出现了，搞得国与国之间、君臣之间、人与人之间无信无忠可言。苏秦、张仪是纵横家的代表，张仪奸诈骗人，苏秦落得个不得好死的下场。而子贡则可以说是他们的先行者，《史记·仲尼弟子》载：“故子贡一出，存鲁，乱齐，破吴，强晋而霸越。子贡一使，使势相破，十年之中，五国各有变。”这些虽然不是发生在老子之前或同时代，但对这类事情，老子是不喜欢的。权谋、智术的“魔鬼”一旦从“宝瓶里”跳出来就会不得了。

然而，老子又认为要有观察事物、发现事物萌芽的能力，即要有明察事物的能力。这样才能达到“明”，用于管理才能“明白四达”。既有明察的能力，又能守柔，这才是管理人应掌握的一般方法。

【诗赞】

管理万物有大方
明察守柔可谓强
永握根本避干扰
功成事遂无灾殃

# 五十三章　管理人捷径取财必使国库空虚

本章进一步讲具体管理，老子在这里开始涉及分配与赋税问题。希望管理人主要是侯王不要不顾老百姓的死活而强征暴敛。财富分配不均，悬殊太大，会招人唾骂。

**【原文】**

使我介①然有知，行于大道，唯施②是畏。
大道甚夷，
而民好径③。
朝甚除④，
田甚芜，
仓甚虚；
服文采，带利剑，厌⑤饮食，财货有余，是谓盗夸⑥。
非道也哉！

**【注释】**

① 介。坚定的样子。
② 施。任继愈认为是“斜”。从之。
③ 径。指捷径。
④ 除。任继愈认为是“整齐清洁”。何新注引高亨认为是“除，读涂”。《广雅》：“涂，污也。”与后面两句联系起来看，高亨的解释较恰当。
⑤ 厌。饱食。
⑥ 盗夸。《韩非子·解老》作“盗竽”。夸、竽，古通。盗夸，即强盗魁首。

**【译文】**

假使我确认自己有智慧，就要顺着大路走，要小心别走上邪路。大路很平坦，而人们却喜欢走捷径。宫殿大加装饰，而天地却一片荒芜，粮仓空空；侯王们穿着华丽的服装，佩戴着锋利的宝剑，饱食着精美的食品，财货多得很，这就叫窃国大盗。多么无道啊！这就是因为统治者走了直接夺取财货的歪道而导致的腐败。

**【解说】**

老子在第一部分讲的是走路的问题，看似跟分配和赋税毫不相干，但其实都是有联系的，是从哲理引入主题的。在本章，老子讲走路要走大路、走正路，管理人则应有怕走上歪路的畏惧心理，这也是一种德性。大路坦直又好走，可是一般人总是好走捷径，想抄近路、小道以尽快到达自己的目的地。老子可能觉得不好直接批评君王，就说“而民好径”。管理人当然不能等同于一般的老百姓，他们应当走坦荡的大路。这跟分配与赋税有什么关系呢？这就是说，管理人不要直接掠夺财富，不要强征暴敛，不要贪污腐化，而要光明地、公平地分配给人民，至于个人所获，应顺其自然。这就是管理的“大道”，走了这条大道，人民自然会给予贡献的。这样的大道不走，直截了当地去掠夺，就会使国库空虚，这不是与用刀枪棍棒去抢一样吗？岂不是强盗所为？

老子的这番议论不禁使人联想起齐白石画的《发财图》。有人向齐白石求画，齐白石问：“画什么？”对方说：“画《发财图》。”齐白石说：“怎么画呢？画个赵公元帅？”对方说：“不行！”问：“那就画个官印？”“不行！”“画绳索加棍棒！”“不行！”“那画什么好呢？”来人说：“给我画个算盘吧！”齐白石猛有感悟地说：“好！好呀！算盘表示公平。求财而不伤人害人，好呀！”他为此画了两张，一张留给自己，并记下了这件事。这是老百姓求财走正道的表现，也是齐白石一生的感言和留给我们宝贵的精神遗产。他自己就是这样做的。他卖画，按明码标价收费，是为了过日子。曾有朋友推举他去当慈禧太后的御用画家，他立即逃离了京师；后又有人给他买了个县官，他拒绝了。两个可发大财的机会，他都不要，他怕得不义之财，他说他一生要靠自己的劳动吃饭。因此，他天天画画，因病休息的时日，过后也要补上。这就是心地纯正、走正道的表现。一个老百姓尚能如此，何况国家公仆？故老子有如此要求。

**【诗赞】**

走大道，是正路
莫要图近捷径走
人民富有国就有
直接掠夺即盗寇

**大道甚夷**

# 五十四章　领导应有修德之心和察德之能

本章又涉及了看似不相干的文字，即前三句似与后面的内容无关。有研究者以为是不同的内容，故作了与后面不相干的理解。说“善建者不拔”是立了法制自己反而脱不了身，“善抱者不脱”是如孔子聚徒三千反而使自己脱不了身，“子孙以祭祀不辍”是老子讨厌祭祀。这种解释有误。这个“善”字与前面一样是指“善于”。任继愈先生的注释是对的。本应从正面去理解。问题只在于善建什么？善抱什么？怎么样才算“善”？其实与修德联系起来看，这些都很容易理解。这个钥匙就是个“德”字。

**【原文】**

善建者不拔①，善抱者不脱②，子孙以祭祀不辍③。
修之于身，其德乃真；
修之于家，其德乃余④；
修之于乡，其德乃长；
修之于国⑤，其德乃丰⑥；
修之于天下⑦，其德乃普⑧。
故，
以身观身，
以家观家，
以乡观乡，
以国观国，
以天下观天下。
吾何以知天下然哉？
以此。

**【注释】**

① 善建者不拔。拔，脱掉。王弼注：“固其根，而后营其末，故不拔也。”

② 脱。摆脱。

③ 辍。间歇，间断。

④ 修之于身，其德乃真；修之于家，其德乃余。此四句，王弼注：“以身及人也，修之身则真，修之家则有余，修之不废，所施转大。”

⑤ 国。任继愈认为“春秋战国时期，国是指城镇，不是今天所谓国家”，似有误。

国，应是指诸侯国，邦、国，都是指诸侯国。

⑥ 丰。厚。

⑦ 天下。指周朝普天之下。

⑧ 普。普遍化。

【译文】

善于建设的，不会动摇；善于抱持的，莫能摆脱。这样，子孙对他的祭祀就永远不会停止。按照这个道理修德于己身，他的“德”就是纯真；修德并贯彻到自家，他的“德”就有富余；修德并贯彻到他那个乡，他的“德”就可以成为做领导的基础；修德并贯彻到一国，他的“德”就会很丰厚；修德并贯彻到天下，他的“德”就非常普遍。因此，要凭着自身修德来观察和认识自己，凭着自家修德来观察全家之德，凭着一乡修德来观察全乡之德，凭着一国修德来观察全国之德，凭着天下的历史来观察天下的未来。我怎么知道预测未来的天下呢？就是根据这种类推（或相似联想）的方法。

【解说】

老子始终是重道、重德、尊道贵德的。无“道”难以修到玄德、上德。无玄德、上德难以反映悟“道”之深浅。作为管理人特别是侯王等高层管理人，“道”要用在治国、管理社会方面，德则要体现在治国、管理社会的实践中，于是要修德，特别要修治国之德。后面讲的“以正治国”其实就包含在“以德治国”之中。

有研究者认为，在本章老子是批判法家和儒家的社会观的。说法家强调以法治国，儒家强调以礼乐教化治国，都是“有为之治”，都是与老子的自然无为的理念格格不入的，老子通过对法、儒两种有为思想的批判，进而提出修身、齐家、睦邻、治国、平天下的标准。老子认为，法家重法制以求修身、齐家、睦邻、治国、平天下，儒家的聚徒讲学以求修身、齐家、睦邻、治国、平天下，都是“有为”，都是不但禁锢他人也禁锢自我的愚蠢做法。“道”之德的理念，是自然无为的理念。应该用自然无为去修身、齐家、睦邻、治国、平天下。这种解说虽然总体来说是正确的，老子确是主张自然无为，反对儒、法家的有为，但在本章却不是这个意思。

本章的根本思想就是希望管理人有修德之心和察德之能，目的都是为了使管理人能对国家社会进行“德治”。他也并不是不要法治，如后面他会论及司法，因此，他对法、儒学派并不是一概反对的。

怎么样看出本章是讲管理人要有修德之心和察德之能的呢？前三句与此何干？

前三句就正是从普通哲言角度来切入话题的。“善建者不拔，善抱者不脱，子孙以祭祀不辍”，意即无论建立家庭还是建设国家社会，善建者均不会动摇；无论是抱持家庭还是国家友邻，善抱者均不会离散。如此，子孙后代对其的敬仰、祭祀就永不会断绝。那么，怎么样才是“善建”、“善抱”呢？这不禁使人想到二十七章讲的“善闭，无关楗而不可开；善结，无绳约而不可解”。其语法结构相一致，思想理念也相吻合。善闭、善结主要不是靠物质技术而是靠“道”和“德”。本章讲“善建”、“善抱”的意思是，主要不是靠法制、组织措施，重点是靠“道”和“德”，靠这种无形的力量和精神黏合剂。中国人民以至全世界人民永远怀念的伟大的中国共产党领袖毛泽东就是这样做的。

主要用“德”来“建”，主要用“德”来“抱”，即主要用“德”来建设国家，用“德”来组织、凝聚人民和友邻，这是老子对管理人的希望。虽然在当时那种环境下提出这样的希望，仅属一种理想，却十分被人崇敬并很有可取之处。老子显然认为只要有一线希望也要提出来。

为此，老子接下来希望管理人先要有修德之心，并大论修之于身、家、邦国和天下的好处。他认为对身、家、邦国、天下来说，都应修德。管理人修之于身，其人就会纯真、忘己。修之于家，就能使全家都这样，即“齐家”，带动全家。修之于国家、天下就能使之普遍效仿、贯彻，而达于“德治”的目的。同时，老子还希望管理人以类比的方法来观察他人、他家、他乡、他国以至天下。这就是察德的能力和方法。这也是管理人所需要的能力。

至此，我们还要进一步问，作为治国之“德”，作为善建、善抱之“德”，其核心是什么？不能一概用“自然无为”来回答，在这里，不仅要进入“德”，而且要进入其核心。在本章，老子没有说，但联系前后已很清楚，那就是：忘我地爱人特别是爱人民。

**【诗赞】**

修德起初修于身
最终达于普天同
君王据此察人品
含德至善百姓从

# 五十五章　从事管理应修厚德以避败亡

老子认为修德要达到忘我地爱人的境界，而管理人则要达到忘我地爱民的境界，但这还不够。即便如此，善良的管理者也可能走向败亡。那么要修到什么样子呢？本章又以儿童作类比，希望管理人能从中得到启发。

**【原文】**

含德之厚，比于赤子①。
毒虫不螫②，猛兽不据，攫鸟③不搏。
骨弱筋柔而握固④。
未知牝牡之合而朘作⑤，
精之至也。
终日号而不嗄⑥，
和之至也。
知和曰：常，
知常曰：明。
益生曰：祥⑦。
心使气曰：强⑧。
物壮则老，
谓之不道，
不道早已。

**【注释】**

① 赤子。颜师古注："赤子，言其新生未有眉发，其色赤。"即新生儿。

② 毒虫不螫。王弼注："赤子无求无欲，不犯众物，故毒虫之物无犯人也。"

③ 攫。用爪抓物。攫鸟，凶猛之鸟。

④ 骨弱筋柔而握固。即婴儿抓物非主观有意乃神经自然收缩。王弼注："以柔弱之故，故握能周固。"何新注："赤子骨弱筋柔，无心握拳而握自固。"两解皆未确。

⑤ 未知牝牡之合而朘作。牝，母性。牡，雄性。牝牡之合，指男女交合。朘，指生殖器。朘作，生殖器勃起。此句王弼本作"未知牝牡之合而全作"，据河上公本改。

⑥ 终日号而不嗄。号，放声哭。嗄，嘶哑。王弼注："无争欲之心，故终日出声而不嗄也。"

⑦ 益生曰：祥。"祥"即不祥、灾殃。何新注："异本（李道纯）或作'益生不

祥’。祥，易顺鼎曰：‘祥即不祥’。”在古代文字里，多有同字异义。如“败”有“胜”的含义，“大败敌军”是大胜敌军的意思。此句“益生”即厚生，追求丰厚的物质生活，据老子思想，这就是不祥，就是灾殃。王弼注：“生不可益，益之则夭也。”

⑧ 心使气曰：强。王弼注：“心宜无有，使气则强。”

**【译文】**

含蓄“德”的丰厚的情况，可以用无知无欲的婴儿作比。毒虫刺伤不了他，猛兽也无处下爪抓他，恶鸟也无法抓住他。他的筋骨还很柔弱，而握东西却很牢固有力。他还不懂得男女合欢之事，而小生殖器却有时勃起，这是因为他精气充沛。整天号哭，而嗓门不哑，是因为元气醇和的缘故。认识元气醇和无欲的道理叫做“常”，懂得“常”的道理叫做“明”。追求生活享受叫做灾殃，私欲驱使精气叫做逞强。事物过于强盛就会衰老，不合乎“道”，就会提前败亡。

**【解说】**

大概老子感觉到任何事物的生命周期都犹如抛物线，有其萌芽、发育、成长、壮大、衰弱、败落、死亡的过程，所以他看到了人的一生中之孩童时代是最有生命力的，是事物刚刚开始的阶段，是新事物欣欣向荣的阶段。他认为，管理人特别是侯王修德之于身，修德之于邦国天下，都应犹如婴儿，即应修养厚德以避败亡。

当时，作为国家图书馆馆长的老子一定看过很多历史文献并观察了很多社会现实，败亡的事常有管理人遇到。他大概深感败亡的原因多属阳刚气盛且壮大，故他认为优秀的管理人要悟道养道，要修德养德，要养生存身，要忘我爱民，要守柔避亡，本章就是讲要守柔避亡的道理。

老子认为，修养德性达到深厚的程度就会犹如婴儿。管理人修养德性就应深厚到婴儿的程度。这是一个什么程度呢？他讲了多个特点，即有三个“不”，而又“弱柔”、“精至”、“和至”。三个“不”即不被刺、不被搏、不被抓，即不受外侵。当然，这不一定准确。但弱柔而有力、精气充沛、全身非常协调和谐却是事实。老子讲的弱柔不是濒临死亡的事物那种衰弱，而是外表柔弱而内中有力。有人认为老子的“柔弱胜刚强”有缺陷，实为理解有误。“骨弱筋柔而握固”、“精之至也”、“和之至也”，这三个方面都是讲内部有力量且能协调而和谐，这也是系统自组织能力的表现。

“终日号而不嗄，和之至也”，理解为“平和无欲”也欠妥，应还有另一方面。平和无欲，没有理性上或能动的欲望追求，故少有内热；而最主要的是全身调节和谐达到极点。喉咙稍要干渴而未至干渴，全身就自动调节使之滋润，局部总是连接和依靠整体，整体总是关照局部，使之不受伤害，这是系统的特点。老子用辩证法智慧猜到了系统的一个重要特性：自组织性。一个人就是一个系统。系统的自组织性帮助系统保持其稳定性和整体性。

魏宏森、曾国屏的《系统论——系统科学哲学》一书说《周易》就“把世界看成一个动态的循环演化的系统整体”；又说道家就有系统思想，说“道生一，一生二，二生三，三生万物”是指天地形成前的混沌未分的状态，一生二是天地、阴阳产生出来，天地、阴阳是合而生三即冲气，然后万物就产生出来了。这是基本合乎宇宙学理论的。宇宙大爆炸分出阴阳来，只是尚无天地之分。阴阳即物质与反物质，如夸克与反夸克，在温度下降后二者交合为第三者，于是有了不同的夸克（共六种：上夸克、下夸克、顶夸克、底夸克、奇夸克、灿夸克）；温度再下降后，又有了中子和质子；温度再下降后，中子和质子交合而成为核子；温度再下降后，便有了原子、分子以至天地万物。这便是系统的思想。《系统论——系统科学哲学》说系统有多个特性，包括突变性。系统在大系统和相关系统等环境中不断变化发展，要保持其稳定性和整体性，就应不断进行自我调节，发挥其自组织性，否则就可能会发生突变。因此，自组织性能要强。犹如人的一生，自我调节能力强、自组织性能强，当然是在婴幼儿时代。因此，老子希望管理人由此受到启迪，保持外表柔弱而内中有力，全面协调使整体优化而局部无伤。怎样才能这样？人是要老的，怎样才能如婴幼儿？显然，就是要如婴儿的无我、无私、无欲、无恐、无恃、无怨、无忧、无虑、不争、不急、不火、不怒、不贵、不显、不争强好胜等，而又要不断修养这些德性。

老子警告说，如果不是这样，如果“心使气”，如果逞强，如果迅速强壮，就会走向反面，就会迅速变老，进而走向败亡。

**【诗赞】**

精至气和是厚德
含德应厚如婴儿
心使气强便壮老
不如柔弱难衰败
治国安邦同一理
老子劝学古法则
今人发现系统论
此亦管理之明哲

# 五十六章　管理人为万民尊重在于深通大道

老子在本章议论的主题又进了一步，即他希望管理人的修养应达到“玄同”的境界。“玄同”与“玄德”均很难理解，但“玄同”比“玄德”更高一层。“玄德”是修德达到最高的德，而“玄同”则比最高的德更高一层，它不纯属于德的范畴，而是几近于“道”但又不完全等于“道”的东西，它是一种为政的原则，即要去巧智而自然无为。

**【原文】**

知者不言，
言者不知。①
塞其兑，闭其门，挫其锐，解其纷，和其光，同其尘②。
是谓：玄同③。
故，
不可得而亲，
不可得而疏；
不可得而利，
不可得而害；
不可得而贵，
不可得而贱。
故为天下贵④。

**【注释】**

① 知者不言，言者不知。两个“知”，即智慧。
②“挫其锐”至“同其尘”，参看四章注释。
② 玄同。指接近“道”。
④ 故为天下贵。王弼注：“无物可以加之也。”即能够得到天下人民的重视。

**【译文】**

智慧的人不轻易说话，轻易说话的人不智慧。堵塞巧智的洞窍，关闭巧智的大门，磨掉自己的锋芒，排解自己的困扰，收敛自己的光耀，使自己无异于尘世，这叫做深远之同。所以，这样修得“玄同”的人，不能和他亲近，也不能和他疏远；不能使他得利益，也不能使他受到损害；不能使他获得尊贵，也不能使他变得卑贱。所以他反而能够得到天下人民的重视。

【解说】

在悟道修德之后及在管理过程中悟道修德之时，必然涉及管理原则以及具体管理方面的问题。本章就是讲管理原则的。前面虽然涉及“无为而治”的问题，但本章则是更具体的无为，即自然无为，即要求去掉巧智的自然无为。

前两句中的“知”字译为“智”字更妥，即智者不言，言者不智。古代“知”与“智”通用。第三、四句是接着上面的意思讲要去掉巧智，这不是堵塞和关闭知识的大门，而是堵塞和关闭智慧的大门。人的知识是有限的，而智慧的源泉则是不可穷尽的。强中更有强中手，智慧又输更智慧。耍心计、用计谋，动用巧智来治国会没完没了地频出争斗、连生奸计。这也是反对以智治国，是针对当时的政治局面而说的。第五、六句是希望管理人不要锋芒毕露，不要到处进攻，要摆脱纷争。第七、八句是希望有光芒而不要刺眼，与前面讲的圣人有光而不耀眼一致，甚至不要荣耀、面子，而同于凡尘。老子认为这就是“玄同”，是管理人修德所达到的最高境界和治国所达到的自然无为之层级。老子认为，这样做虽然在当时很难，但如果各诸侯王都这么做，事情就好办了，社会就会稳定，百姓和万物就会自然繁衍、发展。

老子在接下来的七句话中，高度赞扬了去巧智而自然无为地治国所带来的好处。这就是：虽然不能与之亲近，但也不能与之疏远，即臣民不会离心离德；虽然不能使之获利，但也不能使其受害，即不会遭受败亡；虽然不能使之得到尊贵，但也不能使之变得卑贱。这样就会得到天下人民的重视，这就是“玄同”的价值。换句话说，就是去巧智而自然无为地管理国家的价值。老子希望侯王如此治国。其实，一个公正廉洁的管理人永远会受到人民的爱戴和赞誉。大画家齐白石曾画了《比卓盗酒》图，并题一诗：“宰相归田，囊底无钱。宁肯为盗，不肯伤廉。”此图描绘的是原为赫赫大宰相的比卓归田后穷得无钱买酒，只好偷了一点酒喝，醉后酣睡在那里。那形象煞是可爱，这诗更是感人。齐白石深通老子之意，他显然认为，这样做人才算做到家，这样为官才算得了道、修了德，这样的人才是最值得尊敬的人。

【诗赞】

外表看似平淡无奇
内心却摸不着底
智慧的大门不开启

修得玄同作功底
高明领导低调处事
恰能赢得
百姓的关注和敬意

# 五十七章　要以正治国而以奇用兵

老子担心上一章说按照“玄同”的境界或原则治国的思想，人们难以理解，于是在本章又讲得更具体一点。即要“以正治国”，以平安即“无事”为目标。“以正治国”，是以“玄同”治国的表现，以平安即“无事”为治国目标，是以“玄同”亦即“以正治国”的效果。

**【原文】**

以正①治国②，以奇③用兵，以无事取④天下。
吾何以知其然哉？
以此：
天下多忌讳⑤，而民弥⑥贫；
民多利器，国家滋昏；
人多伎巧，奇物⑦滋起；
法令滋彰，盗贼多有。
故，圣人云：
我无为，而民自化；
我好静，而民自正；
我无事，而民自富；
我无欲，而民自朴。

**【注释】**

① 正。正直之道。王弼注：“以正治国则奇正起也。”认为这样必然会以奇用兵。未妥，因为这个“正”与下面的“正”是一样的。

② 国。马王堆甲本作“邦”。

③ 奇。诡计，奇谋。

④ 取。治理，而不是夺取。

⑤ 忌讳。禁忌。

⑥ 弥。越加，更加。

⑦ 奇物。技术器物。自古多怕奇巧之物，老子没有例外。

**【译文】**

要用正道治理国家，凭奇智用兵作战，以社会稳定为目标来管理天下。我是怎么知道的呢？就是依据下述现象：天下禁令越多，老百姓越贫困；民众武器越多，国家越混乱；人们的技术巧智越多，新奇的事物就更加兴起；法令越苛细，盗贼越多。所以圣人说：我行无为而治，人民自然返璞归真，化生发展；我喜好清静，人民自然行为端正；我以社会稳定为先来管理和在生活上不作为，人民自然富足；我不贪欲，人民自然淳朴。

**【解说】**

老子说“以正治国”中的“正”字，解释为正确的政策仍不够，可以解释为“正道”，即“无为清净的正道”。解释为品德端庄的态度和正道原则，可能更好些。王弼认为：“以道治国则国平，以正治国则奇正起也，以无事则能取天下也。”认为以正治国，必以奇用兵。他认为“以正治国”不是好事。这种解说欠妥。这个“正”与下面的“而民自正”的“正”应是一样的，就是品德端庄的态度和正道原则，亦即正道。

正与奇是对立的，正与奸巧在语义上也是对立的。老子认为只有用兵可以用“奇”、用计谋，治国则不能如此。用兵与政治密切相连，那为什么兵可以用奇、用计谋，而治国不能呢？这是因为在老子的思想里，用兵是不得已而用之，这与已取得天下而后治理是截然不同的。

“以正治国”与上一章讲的反对以巧智治国的思想是一致的，是上一章所讲思想的深入和具体化。“正”应是做人的正确态度，是管理国家应有的态度，也是指“正道”。前三句每句话为一个原则或要求。“以无事取天下”就是以平安无事为目标来管理国家。接下来，他就详细讲了这样做的缘故，即巧智越多越糟糕：

第一，千方百计限制人民，设立许多不许人民说、不许人民做的条框和禁令，以为是巧智使社会安定，而结果却是使老百姓困苦。

第二，让老百姓开发智力，生产出各种技术程度很高的器物以至武器，其后果是使国家社会陷于混乱。

第三，人民的智慧、技术越多，各种难于管理和对付的器物也会越来越多。

第四，靠小聪明详定法律，什么都想管细管具体，结果是偷盗甚至犯上谋反的事越来越多。

因此，老子认为圣人有四句名言。其中，“我无为”、“我好静”、“我无事”、“我无欲”中的“我”都是指最高统治者，他认为只要最高统治者即侯王做到了这四条，即“以正治国”，就能达到平安无事的管理目标。“我无为，而民自化”，即我无为以治，人民自然化生发展；“我好静，而民自正”，即我喜好清静，人民自然行为端正；“我无事，而民自富”，即我以稳定为目标来管理和在生活上不作为（不奢华），人民自然富足；“我无欲，而民自朴”，即我无贪欲，人民自然淳朴。

事实上，老百姓往往以君主为榜样，君主为人处世对老百姓的影响是很大的。因此，“我”（君主）怎么样，就会在百姓中产生什么样的作用。这既是在行无言之教，也是在以无为的方式管理国家社会。至于不要让人民开发智慧、生产新产品，这显然是错误的，应当予以批判。

**【诗赞】**

正道治国国风才正
以奇用兵战争才胜
以社会稳定为目标
国家繁荣人民安宁
圣人思想虽说好
但须各国也认同
若是他国都争霸
我独无事岂能成

五谷丰登

# 五十八章　治国政策宜宽不宜苛细

治国到底要治到什么样才算好呢？老子在本章提供了两种不同的原则和结果供管理人选择。但他的倾向是十分明显的，即希望治国政策宜宽不宜苛细。这在开头就作了结论，而论证却放在后面。

**【原文】**

其政闷闷①，其民淳淳②。
其政察察③，其民缺缺④。
祸兮，福之所倚。
福兮，祸之所伏⑤。
孰知其极⑥？其无正⑦。
正复为奇，善复为妖⑧。
人之迷⑨，其日固久。
是以，
圣人方而不割，廉而不刿⑩，直而不肆⑪，光而不耀⑫。

**【注释】**

① 闷。马王堆甲本作“闵”。闷、闵，古通。暖昧、模糊一些的意思。
② 淳。纯朴、忠厚的意思。河上公本作“醇”。
③ 察。明察、苛严的意思。
④ 缺。高亨解为狡诈的意思。
⑤ 伏。隐藏。
⑥ 极。极限，分界处。
⑦ 其无正。正，任继愈《绎读》解为：“政，主宰者。”此两句，王弼注：“言谁知善治之极乎？唯无可正举，无可形名，闷闷然，而天下大化，是其极也。”
⑧ 妖。灾难。
⑨ 迷。《韩非子·解老》：“凡失其所欲之路而妄行者之谓迷。”
⑩ 廉而不刿。廉，棱角。王弼注为“清廉也”。刿，王弼注为“伤也”。
⑪ 肆。放肆，肆无忌惮。
⑫ 耀。刺眼。

**【译文】**

那国的政策法制宽大，那里的人民就淳厚。那国的政策法制琐细，那里的人民就幽怨。祸患呵，是幸福依靠的地方。幸福呵，是祸患埋藏的处所。谁知道最后是怎么样！这里没有主宰。正常的会变为反常的，善良的会变为妖孽的。人们的迷惘，由来已久了。因此，圣人方正而对人不生硬，清廉有棱角而不会伤害他人，直率而不是肆无忌惮，思想行为光明而不会使人感到刺眼。

**【解说】**

老子在本章一开头就提出了正反两个方面的治国命题：一是其政闷闷，其民醇醇；二是其政察察，其民缺缺。这里有两个意思，第一，政策法制宽大，那里的人民就淳朴忠厚；第二，政策法制苛细，那里的人民就幽怨、狡诈。为什么呢？老子利用辩证法作了分析。

首先，老子用祸福相依的道理来论证。祸这个东西（虽然讨厌）是幸福依靠的地方；幸福这个东西（虽然人人喜欢）却是背后隐藏灾祸的地方。老子想说明，有些政策法制虽然看上去含糊、不详细，却是使人民思想健康、淳朴诚实的措施；相反，政策法制健全详备而严苛，民风不正、思想不健全的结果却会因此而产生出来。亦即政法宽厚兮，民淳朴之所依；政法严苛兮，民狡诈之所伏。老子认为，这里没有终点，都是物极必反、两极相逢、相互依存和相互转化的。

为了证明没有端点和尽头，同时也是为了证明民风与政治的关系，老子又进一步用正与奇、善与妖的辩法关系来论证。他认为正与奇、善与妖，也是物极必反、两极相逢的关系。这里没有终点，都是互相依存并在一定的条件下相互转化的。想走一端，却可能会走到另一端，看似偏向了不理想的一端，结果反而走到了想要到达的这一端。这里就有一个如何把握“度”的问题。

老子借圣人之意道出了自己的主张：

其一，方正对人不生硬。不能没有政策法制，但必须使人民心甘情愿地接受，在人民没有觉悟到某种程度时，是不能硬来的。

其二，方正得有棱有角但又不至于割伤人们。政策法制是有棱有角的，但其锐利程度要根据历史条件而定，不能给人民带来硬伤。

其三，管理过程中实行的直率不要肆无忌惮。治国没有直率既不可能，也是达不到效果的。但直率过度就会乱套，遭到人民的反感和抵制。

其四，管理中有成就就有光明，但不能使人感到刺眼。老子觉得成就应像早晨的太阳那样光明而柔和，而不是像中午的太阳那么耀眼，刺伤人们的眼睛，否则人民会反感的，也会把心情弄坏。

总之，老子的治国思想是以民为本的，处处从民的角度来评判管理。意即人民淳朴忠厚、人民与上统一、没有强加之感、人民不反感等，这就是管理的标准和应把握的“度”。

【诗赞】

政策宜宽不宜察
民主自由民当家
管理也需留余地
物极必反圣人怕
祸福相依无极端
正奇善妖人多迷
政令法制不勉强
光不耀眼人民喜

光而不耀

# 五十九章　重积德是国家长治久安的保障

老子从提出治人敬天要讲究一个“啬”字开始，引申出了治国要讲究节俭。要有节俭精神以积聚财力，不必要的开支尽量要省。无论管理个人生活还是管理国家社会，财政开支都不要离开这个“啬”字。老子认为，这样才能使国家长治久安。

**【原文】**

治人事天①，莫若啬②。
夫唯啬，是谓早服③。
早服谓之：重积德。
重积德，则无不克；
无不克，则莫知其极；
莫知其极，可以有国④；
有国之母，可以长久。
是谓：
深根、固柢，长生、久视⑤之道。

**【注释】**

① 事天。顺天，尊顺于天。

② 啬。王弼注为“农夫”。此两句，王弼认为要像农夫种田，顺其自然，不急不慌。老子认为治国也应如此，而且莫过于此。其实还应加“珍惜收获”的意思。啬，珍惜，节用。

③ 早服。即早有所备。

④ 有国。掌握。《春秋左传·庄公二十二年》有：“此其代陈有国乎？”又《春秋左传·襄公四年》有：“虽有国，不立。”

⑤ 视。见世。久视，久久地存在发展下去。

**【译文】**

从事人的管理，尊奉天意，最好是收藏精神而不用。收藏精神不用，就是早有所备，即早日得“道”。早日得“道”，也就是不断积德。不断积德，就无往而不胜。无往而不胜，却无人知晓这是“道”的无限力量的作用。谁也不知道这无限力量可以用于管理国家。有了管理国家的这个根本（道），就可以使国家长治久安。这就叫做根深蒂固、持续发展的管理之道。

【解说】

老子在前面讲了很多有关管理人修德养德的大道理，本章又再次强调要“重积德”。修德、养德和重积德必然有很多方面。其中，以人为本即以民为本是最根本的方面。但是，具体如何表现呢？心里装着人民、以百姓心为心是思想情感的方面，也是根本的方面，同时又要为人民着想，实行节俭治国的方针。

老子以“治人事天，莫若啬”为类比而喻治国方针亦需“啬”的方针。老子在很多篇里采用了借比或暗喻的方法，此处就是一例，而且明确地与治国联系起来。

所谓“啬”，就是与六十七章讲的“俭”相一致的东西，即节俭，并积累财力。老子解释，“早服”即早作准备，早积蓄财力以备随时需要。这当然都是为治国而讲的“啬”。老子认为，这就是积德，亦即积德的重要方面。老子这么说是很有道理的。仔细一想，在当时的形势下，这确实是管理人一项最大的积德。

在老子时代，各诸侯国争霸，相互攻战之势日趋明显，战争时有发生，周朝之天下确实名存实亡。对于诸侯国的最高管理人来说，如何治国是摆在眼前的严峻课题。老子一方面劝导他们各自处无为的态度，不要贪图“多取”，不要攻掠；另一方面，老子看到了光有这种劝导是不够的，你争我夺的战争随时可能爆发，因此要爱民、使民不受其害，必须节俭，积蓄财物等力量，以随时准备抵御侵略，这是非常现实的爱民治国之道，也是最大的一项积德。老子认为，不仅要有这种积德，而且要重视这种积德。

接着，老子讲了重积德的好处。主要就是能无往不胜和长治久安。重积德能无往不胜和长治久安，抵御侵略和管理畅通无阻。为什么呢？因为国家节俭有了各类储备，就能应对不测和易于取得各项建设的成功。没有国力，随时都有被动挨打的可能。故管理人在生活上和行政开支上都要节俭。尤其是最高管理人还要在生活上节俭。没有“重积德”的思想指导，是做不到这些的。

老子说“无不克，则莫知其极”，这话非常有趣。既能御敌，又能干什么都成功，人们是很难真正了解其奥妙之所在，即不知其根本原因是什么。老子暗示：殊不知这就是节俭治国积蓄力量的缘故，殊不知这就是一般管理人难能做到而优秀管理人以德使然的结果，即“重积德”的结果，即“德治”的结果。“重积德”或“德治”为什么会有这么好的结果呢？因为“重积德”或“德治”就是在管理上的重“道”和用“道”，即按客观规律管理。按客观规律管理和治国，哪有管理不好的呢？这就是根本原因和根本奥妙所在，就是人们“莫知其极”的那个“极”。

老子顺推下去，确认“莫知其极”可以保有国家，“有国之母”即有了这个治国的根本方针，则国家可以长治久安。老子认为，这就是一种根本的治国之道，是使国家根深蒂固、长治久安之道。

**【诗赞】**

长治久安在于蒂固根深
蒂固根深在于积德厚深
厚德的力量真是无穷无尽
事无不成战无不胜民无不尊
积德先在国君
厚德可为国魂

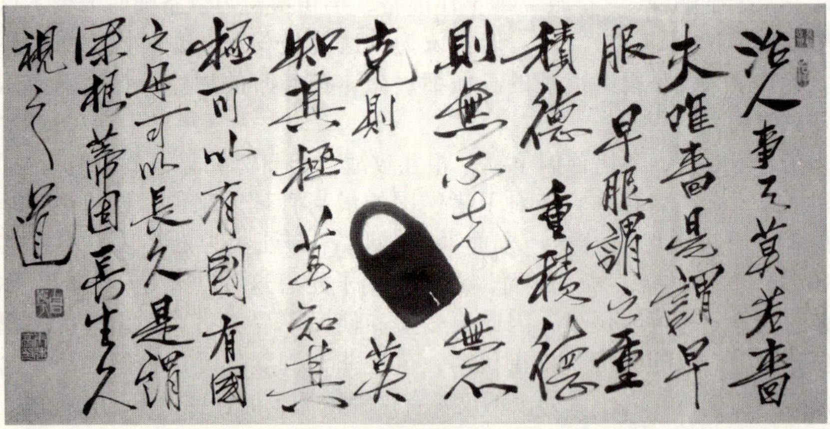

莫知其极

# 六十章　道莅天下既不扰民又防捣乱

老子在本章专讲如何“治大国”。此前他没有专门讲过如何治大国、小国。他先讲治大国，小国也就好办了。大国当然比小国难治。俗话说，家大业大不好管，大国比小国难管。但是，老子处理复杂事务时总是能够提纲挈领地简约化。即从宏观的角度处理复杂事物。“治大国，若烹小鲜”，其内涵却非常丰富。在这里包括自三十八章以来，均不是简单地概括为“无为”，而是不断地展开为具体方面来讲。

**【原文】**

治大国，若烹小鲜①。

以道莅②天下，其鬼不神③；

非其鬼不神，其神不伤人④；

非其神不伤人，圣人亦不伤人。

夫两不相伤，

故，

德交归焉。

**【注释】**

① 小鲜。小鱼。“鲜”即是鱼。《诗经》毛传有云：“烹鱼烦则碎，治民烦则散，知烹鱼则知治民。”

② 莅。临，至。

③ 神。神奇功能，神奇作用。

④ 非鬼不神，其神不伤人。王弼注：“物守自然，则神无所加。神无所加，则不知神之为神也。”

**【译文】**

管理大国好比煮小鱼，不能老去翻动。用“道”来管理天下，普及到了每个角落，那么什么鬼怪都无法发挥其破坏作用了。并不是鬼怪没有神奇的力量，而是它即使有神奇的力量也不去伤害人了。不是它的神奇力量不去伤害人，而是圣人用“道”去管理天下也就自然不会有伤害人的事发生。既然圣人和鬼神都不伤害人，所以，人们感德而相安无事。

【解说】

“治大国，若烹小鲜。”老子在本章开头就这么说。说明他的管理思想是很具体且有所展开的，在后面还论述了如何治小国的问题。

小鲜即小鱼，不要以为小鱼容易烹煮，其实，没有经验的人很容易就会把好事弄坏，如果不停地翻动小鱼，就会煮成一锅粥，小鱼被弄得稀烂，不好看也不好吃了。老子以此为喻，表明了他治大国的思想：要以道治国、以德安国。在老子的管理思想中，最重要的就是和谐，从而使国家社会稳定、人民安居乐业。五十九章讲要节俭治国也是为了同一个目的。

怎么样才能做到国家稳定、人民安居乐业呢？如何以道治国、以德安国呢？这不是简单地通过“无为”就可以理解的。很明显，老子在暗示管理者，虽然要有管理政策、法制，但不能太严厉、太苛细，更不能随意改动、朝令夕改。若政策法令经常变更，就会扰民。显然，他希望相对稳定。不仅大国，小国也应如此。只不过大国更不能随意扰民。因为大国国民一旦情绪不稳，乱了秩序，就很难收场。这是他对管理人的忠告，同时也代表了当时人民企求安稳过日子的心愿。在当代中国，坚持发展是硬道理的本质要求，就是坚持科学发展观，更加注重以人为本，更加注重全面协调可持续发展，更加注重保障和改善民生，促进社会公平正义。

老子特别强调德治，在五十九章说要“重积德”。“重积德，则无不克。”韩非子《解老》对“治大国，若烹小鲜”也解释说：“故以理观之，事大众数摇之则少成功，藏大器而数徙之则多败伤，烹小鲜而数挠之则贼其泽，治大国而数变法则民苦之，是以有道之君贵静，不重变法，故曰：‘治大国者若烹小鲜。’”其实，不仅是不能经常变更政策法令，还有更重要的一方面韩非子和后来的学者都未理解，从根本上讲，老子的这个比喻就是指社会不能出现动荡不安。动荡不安的原因不全在上面，有时是来自下面不法分子的捣乱。老子接下来回答：“以道莅天下，其鬼不神；非其鬼不神，其神不伤人；非其神不伤人，圣人亦不伤人。夫两不相伤，故，德交归焉。”“其鬼不神”，即来自下面的不法分子不会有什么力量；“圣人亦不伤人”，即上面政策法令不扰民。上不扰下，下不犯上，即“两不相伤”。这就是怎样以“德治”解决社会稳定问题的重要措施。就是说，要以“道”与“德”来教育领导人和百姓，使之常“尊道贵德”。这样，想捣乱的人也没人听信了，也捣乱不起来了，甚至也不想捣乱了。领导人也不因经常变更政策法令而使社会不安和伤害百姓。这就叫“两不相伤”。要“尊道贵德”就要为了稳定和发展而关注民生。老子尖锐地批判了周王朝及当时各诸侯国民不聊生、社会动荡不安的现实并指出了其中的原因。他在七十五章说：“民之饥，以其上食税之多，是以饥。民之难治，以其上之有为，是以难治。民之轻死，以其上求生之厚，是以轻死。”而这对国家社会是很危险的。他说：“民不畏威，则大威至。”（七十二章）“民不畏死，奈何以死惧之？”（七十四章）那么，怎么办呢？除了要教育领导人和人民“尊道贵德”，要“无狎其所居，无厌其所生”（七十二章）外，更重要的就是关注民生，使社会公平正义。因此，他在分配制度方面，于七十七章提出了过去未能发现的惊人的甚至很超前的“损有余而补不足”的追求公平的观点。他说：“天之道，其犹张弓欤？高者抑之，下者举之；有余者损之，不足者补之。天之道，损有余而补不足。”他感叹并尖锐地批判当时“人之道，则不然，损不足以奉有余”；“孰能有余以奉天下？唯有道者”。因此要保障和改进民生，促进社会公平正义。

所谓“以道莅天下，其鬼不神”，还指“道”即科学规律威力无穷。有什么力量能阻挡和战胜规律呢？没有。宇宙自然和人类都得遵循规律来行动，否则就会败乱。所谓“鬼”，所谓“魑魅魍魉”，所谓“牛鬼蛇神”，都敌不过规律，因为一切都得服从规律。因此，如果“以道莅天下”即以客观规律（包括努力发挥最高的德性）来管理国家社会，不但不会有鬼怪事物的捣乱，而且其作用还会转向正面而不会伤人；而且圣人智者的作用也都是正面的，不会伤人。异常的鬼怪事物和正面的光明事物都随顺规律而自然变化，不伤人。这不就是感德吗？不就是尊“道”吗？

“治大国，若烹小鲜。”这本身也是一条规律，这本身也是以道治国、以德安国的表现。

**【诗赞】**

烹小鱼切忌搅动
治国安邦要稳定
政策法令莫常变
防微杜渐多关心
以大道厚德莅天下
就连鬼神也欢欣

# 六十一章　处理外交关系应当态度谦下

老子在本章讲处理外交关系，这就更加具体了。老子不仅讲了大国应怎样对待小国，也讲了小国应如何对待大国。他的根本思想是：谦下处柔，和平共处。

有些研究者认为老子说的“大国不过欲兼畜人”是错误的，说只有通过战争统一天下后才能消灭战争，说老子的反战思想有问题，这些看法似乎都是离开当时一个现实前提，即老子的政治立场而发的。如果误解了他的政治立场，其他理解也就会出现误差。

**【原文】**

大国者下流①，
天下之交②，
天下之牝③。
牝，常以静胜牡④，以静为下。
故大国以下小国，
则取小国；
小国以下大国，
则取大国。
故，
或下以取，
或下而取⑤。
大国不过欲兼畜人，小国不过欲入事人。
夫两者各得所欲，
大者宜为下。

**【注释】**

① 下流。王弼注：“江海居大而处下，则百川流之。”
② 天下之交。王弼注：“天下归会也。”
③ 牝。雌性，母性。
④ 牡。雄性。
⑤ 或下以取，或下而取。第一个“取”，取得；第二个“取”，趋附。

【译文】

大国应像江河的下游，为天下百川归属之处，又应像动物中的雌性。雌性总是以安静胜过雄性，这是由于它处安静处柔下的缘故。因此，大国要以谦虚的态度对待小国，才可以取得小国的归附。小国以谦卑的态度对待大国，才能得到大国的信任和容纳。因此，要么以谦让取其归附，要么以谦卑趋附于容纳。大国不过是想同时管理一些小国，小国不过希望去奉迎大国。这样，大国、小国各自满足了自己的愿望，大国应该谦下。

【解说】

老子的政治立场是怎样的呢？他是站在小国的立场还是站在大国的立场上说话的呢？都有点像，但都不是。他是站在周王室的立场上来说话的！他写作《老子》想必有其笔记准备，他不可能在出关经过尹喜那里的短短的时间内写出这么深刻的东西。这些笔记准备可能都是他在周王室任国家图书馆馆长期间做的（其中有些与孔子交流过，只是部分孔子没有弄懂）。作为周王室的官，他要维护周王室的地位是可以理解的。在他的心目中，古代的管理最好，越古越好。为了实现他的管理思想，至少要维持现状，尊周王室而各诸侯国相安无事。显然，他想如果都按他的管理思想管理国家，各国间就不会有战争，人民就会安居乐业，就会自然发展，周王室的地位就会改善。因此，他说的大国应如何，小国应怎样，都是站在周王室的立场上提出的种种希望。他的反战思想与其他人的不同也是因为他所处的立场不同。他的这种历史局限性导致他的政治立场的局限性是不言而喻的，从而导致某些保守思想也是不言而喻的。

老子在本章第一句话就是“大国者下流”，指出大国的优势应处在海纳百川的地位。然后就用处下、处静、处雌性的好处来证明大国应怎样对待小国，即以谦下来对待小国以取信于小国，而小国也要谦诚以待大国，以取得大国呵护。《春秋左传·昭公元年》记载，楚公子围到郑国聘问。郑国人怕公子围另有图谋，让子羽劝止其进城，说“小国无罪，恃实其罪。将恃大国之安靖己”。意即小国要依靠大国，当然也要警惕大国，否则是对国人的犯罪。又记载，赵孟、穆叔豹、曹国大夫到郑国。郑简公设宴同时招待他们。宴上赋诗。穆叔豹赋《采薇》：“小国为蘩，大国省穑而用之。其何实非命？”意即大国对小国已有礼，小国怎能不服从命令？

老子说：“大国不过欲兼畜人，小国不过欲入事人。”这是一种希望。这种希望是合乎周王室的利益的，也是合乎人民安居乐业的利益的。他的愿望是在周王室总的管辖之下，各诸侯国无论大、小都要为百姓着想，使百姓自然生存和发展，都要互相谦让，相安无事，不要攻战。

对于各诸侯国来说，老子的这种外交思想即各国都互相谦诚、和平共处的思想，对于社会稳定和经济文化的发展是有好处的，对人民也是有利的。因此孔子也主张“从周”，说过“郁郁乎文哉，吾从周”，认为周王室的文化礼制最好。

【诗赞】

国际之间讲信任
谦下以待好相邻
虚怀若谷待友邦
谦下赢得普天称

无题

# 六十二章 各级领导都应重大道如至宝

老子在《老子》里所说的一切都是对周王室和诸侯国君王公侯说的。本章明确地表达了在天子、三公（即天子大臣们）就职时赠送什么礼物为好，同时又非常巧妙地表达了他写《老子》的目的，这就是他向国家高层管理人的最好献礼。

**【原文】**

道者，万物之奥①。
善人之宝，
不善人之所保②。
美言可以市③尊，
美行可以加④人。
人之不善，何弃之有？⑤
故，
立天子，
置三公⑥，
虽有拱璧⑦以先驷马，不如坐进此道。
古之所以贵此道者何？
不曰求以得⑧，
有罪以免邪？
故为天下贵。

**【注释】**

① 万物之奥。奥，秘密、奥秘，此句即万物背后隐藏着深奥的道理。马王堆甲、乙本均作“万物之注”。

② 保。保障。王弼注：“保以全也。”

③ 市。换取、交换、取得。王弼本此句后无“尊”。“尊”在下一句首。

④ 加。嘉奖。此句，王弼本无“美”字，据《淮南子·道应训》补。

⑤ 人之不善，何弃之有。此句不是说丢弃人之不善那又算什么？任继愈先生认为要

参看二十七章“无弃人”，这是对的。人到了不善的地步，也不要抛弃之。

⑥ 三公。周朝天子下的太师、太傅、太保。

⑦ 拱璧。古代大型玉璧。径长尺二，天子礼天之器，或用于祭祀。因其须以双手拱执，故名。《春秋左传·襄公二十八年》有“与我其拱璧，吾献其柩”。

⑧ 求以得。王弼本作“以求得”，马王堆甲、乙本均作“求以得”。与下句“罪以免”正好相匹配，据此改。

**【译文】**

“道”，是万物的奥秘处所，是善良人的珍宝，是不善人生存的基本保障。华美的言语可以换得人们的敬佩，美好的作为可以使人们钦仰。对于有过行为过错的人，为什么要抛弃他们呢？所以，立天子，设置三公大臣，举行先献大璧，又献驷马的仪式，还不如安然坐进“道”这个奥秘的处所。古代人为什么重视这个“道”呢？难道不是因为有求于“道”就可以得到，有迷失也可以免难吗？因此，“道”为天下人最重视。

**【解说】**

周朝有向管理人主要是向王进献各项珍贵礼品的制度，如献书、献文、献玉、献管理统计数据等。《周礼·地官司徒》在介绍乡大夫之职时说：“乡老及乡大夫、群吏献贤能之书于王，王再拜受之，登于天府，内史贰之。”即正本藏在天府，副本由内史收藏。天府有守藏室即国家图书馆，老子就是守藏室之史，即国家图书馆馆长。因此，他很了解这套制度，他写作《老子》亦属献给管理人的宝书。

《周礼》还有天子、三公在就职时要进献美玉、驷马的仪式。老子认为，进献美玉、驷马等，还不如进献“道”这个奥妙无穷的宝贝。同时也暗示，他的《老子》就是向天子、三公等管理人进献的最好礼物。如何知道他具有这一思想的呢？可以从他送别孔子时说的一句话看出。孔子曾向老子学道问礼，非常敬重老子，同时也表明了自己的管理思想，即要用礼制和“仁义”来管理国家社会。结果是，“道不同不相为谋”。两人的世界观、人生观、管理理念相差悬殊。老子重道而看不起仁、义、礼，说到“仁”，老子说：“太虚伪了吧！”据《庄子》记载，孔子虽在老子那里遭到批驳，但还是学到了不少东西，后来还引用过“无为而治”，并不厌其烦地使用“道”这个概念。这些在《庄子》、《史记》里均有记载。庄子、韩非子、吕不韦及其门人和一些谋士以至司马迁等，很多人都受其影响，由此不难看出，老子才是当时中国文化的最高代表。《老子》一书不仅在政治思想、哲学、管理、军事、教育、外交、司法、养生等多个方面产生广泛影响，而且在文学、艺术、宗教等方面也有很大影响，甚至对天文学、系统论均有参考价值，这是很多学派望尘莫及的。孔子曾向老子学习，他始终敬佩老子，他跟弟子说老子好比天上的“龙”。据《史记·孔子世家》记载，孔子在离别老子时，老子有临别赠言。老子说：“我听说富贵人赠人以财物，仁者则赠人以言。我‘不能富贵，窃仁人之号’赠你几句话。”于是说了几句忠告，希望孔子不要议论人，不要揭发人之丑恶的一面，意即不要招惹是非，更不要一棍子把人打死，在他看来，人是可以改造的，还特别提出“为人子者毋以有己，为人臣者毋以有己”。即不要老是心挂自己。显然，在老子看来，这些话就是最好的赠礼。由此可见，老子在本章就是要把“道”这个最好的礼物赠给天子、三公等管理人。换句话说，老子认为，天子、三公等管理人就职时最好的赠礼不是物，而是“道”这样的精神礼物。这进而反映了他的管理思想之一：管理人一旦开始承担管理之职，首先要掌握的就是“道”。

为什么“道”是管理人最好的就职赠礼呢？他说出了如下理由：

第一，“道”是寓于万物和为万物所用的奥妙无穷的法宝。因此，管理人不能见物不见“道”，不能不首先拥有这“万物之奥”。有此“万物之奥”，就有了管理国家社会的理论基础，管理国家社会就会“无为而治”，达到理想的管理目标。

第二，“道”既是善人之宝，也是不善人求生存的依靠。管理人首先应是善人，应以此为宝；管理人又要管理天下之善人和不善人，故也应掌握此宝。有此法宝，就会以人为本特别是以民为本来进行管理，就会爱治下的一切子民，即便是“不善人”也要教育之、改造之，而不会轻易抛弃之。

第三，人之美言美行当然不错，有其价值，而人若不善，若成了犯错误的人也要使其自醒、改造。管理人要管理两种行为和言论，即美言、美行要管，“不善人”的不善之言、不善之行也要管。这就必须拥有“道”，并用“道”来加以处理。不过应该了解，老子不以自己的言论为美言，相反，他并不看重美言，他把自己的言论当做信言即真理。美，不是老子言论的特征，真、信才是其特征。对那些有不善之言、不善之行的“不善人”怎么管呢？在老子看来，第一是不轻易抛弃，第二是用“道”加以教育、改造。

第四，他认为古代就很重视“道”，并有其道理。就是说，根据“道”这个客观规律，愿望可以得到实现，过失可以得到避免和纠正。所以天下人都很重视“道”。而管理人一要求得职位安稳，二要避免错误或有错而能减少损失，故应首先掌握“道”。这是天下最可贵的东西。

【诗赞】

拱璧驷马不算宝
天子三公应重道
大道厚德最可贵
老子忠言莫轻抛

# 六十三章　管理既要藐视困难又要重视困难

老子在本章讲管理人在宏观上要藐视困难，要以德报怨，而在具体做法方面则要重视困难，从小事、易事做起。毛泽东同志读过《老子》，引用过其中的名言，并说过《老子》也是一部兵书。可以认为，他说过的"在战略上要藐视敌人，在战术上要重视敌人"就与本章思想相吻合。

**【原文】**

为无为，事无事，味无味①。
大小②，多少③，报怨以德。
图难于其易，为大于其细；
天下难事，必作于易，天下大事，必作于细。
是以，
圣人终不为大，故能成其大。
夫轻诺必寡信，多易必多难。
是以，
圣人犹难之④，故终无难矣。

**【注释】**

① 为无为，事无事，味无味。各句第一字均为动词。为，管理国家社会。事，做事，即行政。味，体味，引申为生活。

② 大小。大即小。

③ 多少。多即少。正如德国哲学家黑格尔说的"多即一，一即多"，都是指事物会在一定的条件下相互转化。

④ 圣人犹难之。王弼注："以圣人之才，犹尚难于细易，况非圣人之才，而欲忽于此乎？故曰，犹难之也。"意即圣人在战术上总是重视困难。

**【译文】**

以"无为"的思想来进行管理，以"无事"（即稳定）为目标来行政，以恬淡无味来作为生活要求。大、小、多、少之怨，我都以德回报。解决难事从易事入手，管理大事从小事开始；处理天下难事，必须是从易事开始的；管理天下大事，必须从小事开始。圣人从事管理，总是并不直接从大事入手，因此能够办成大事。假如轻易许诺于人，必定很少有人相信；多把事情看轻，必定会遇到大的困难。因此，圣人尤其重视困难，这样才终于没有困难。

【解说】

老子认为，管理者要以“无为而治”从事管理工作，要以社会安定“无事”为重要管理目标，要体味无味之味。国家无事，个人无为，看似无味，如果仔细体味，就能体味到其中之味。这是前三句的意思。以清净无为的原则把一个国家管理得秩序井然，社会安然，百姓与万物发展自然，岂不是无味而有味吗？至于个人的大小之怨均报之以德，它不更是无我的高雅境界吗？这与老子赠孔子言一致。《史记·孔子世家》是这样记载的：孔子辞去，而老子送之曰：“吾闻富贵者送人以财，仁人者送人以言。吾不能富贵，窃仁人之号，送子以言，曰：‘聪明深察而近于死者，好议人者也。博辩广大危其身者，发人之恶者也。’”又说为人子、为人臣均不要“有己”。就是说不要记怨，不要揭短，当官为臣不要老想着自己。无己、无我、无怨、无恼才能至于清净，才能“为无为，事无事，味无味”，才能以德报怨，才能存身治国，才能在宏观上藐视困难。

与之相反，在做具体事情时则要重视困难，要“图难于其易，为大于其细”。此后，他讲了其中的辨论法：“天下难事，必作于易，天下大事，必作于细。”意即要从易事、小事一点一滴做起，实行“各个击破”策略。把易事看得很难当做难事来做，把小事看得很大当做大事来做，这样，最后就能做好难事和成就大事。如果把易事只当易事，把小事只当小事，那就达不到做难事、成大事的目的。因为“轻诺必寡信，多易必多难”。把具体做事看成喝鸡蛋羹那么容易必然鲜有人相信相助，把事情看得多么容易就必然有多么难做。

这是为什么呢？这样做，首先在主观上就减少了注意力和精力的投入；其次会忽略众多的客观因素，使预测不准，决策失误，操作失手。《国语·晋语》记载文公问郭偃：“始也，吾以治国为易，今也难。”郭偃对曰：“君以为易，其难也将至矣；君以为难，其易也将至矣。”又《三国演义》中的失街亭故事也是典型的例证，所以老子很重视具体做法。因此也不难看出，老子的“无为”确非什么都不干，而是要处“无为”的态度，按专业化任人办事，做事时特别重视困难。老子认为，只有这样才能无往不胜、无事不成。

因此，精通老子思想的毛泽东同志曾总结说：“在战略上要藐视敌人，在战术上要重视敌人。”“世上无难事，只要肯登攀。”“星星之火，可以燎原。”

【诗赞】

规划治国要藐视困难
实践管理要重视困难
千里之行足下始
百丈之台坯土先
大事要从小事起
难事先从易处办
世上无难事
只要肯登攀
老子深通辩证法
劝君细品细思辨

登攀图

# 六十四章　治国要治于未乱　做事要谨始敬终

老子总是怀着以人为本、和谐安定、自然无为地发展的希望给管理人以劝导。前一章表达了在宏观治国方面要藐视困难，而在具体做事方面则要重视困难的思想，本章虽然同样是讲治国、做事的问题，角度却不一样了。本章讲治于未乱、慎终如始的价值。这些思想既有普遍意义，也有治国安邦的特殊意义。常言说的要有忧患意识，要防患于未然，均与此相合，同时也是老子的重要管理思想之一。

值得特别注意的是，老子说："民之从事则不然。"再次证明老子始终是在与管理人（侯王官长）交谈，由此亦知他的《老子》确是谈管理的，是一部地道的管理（领导）哲学著作，多是谈如何当领导和如何进行管理的。

**【原文】**

其安易持，其未兆易谋①。其脆易泮，其微易散②。

为之于未有，治之于未乱。

合抱之木，生于毫末；

九层之台，起于累土③；

千里之行，始于足下。

为者败之，执者失之。

是以，

圣人无为故无败，无执故无失。

民之从事，常于几成④而败之。

慎终如始，则无败事。

是以，

圣人欲⑤不欲，不贵难得之货；

学不学⑥，复⑦众人之所过，以辅万物之自然⑧，而不敢为。

**【注释】**

① 其安易持，其未兆易谋。持，保持。兆，征兆。

② 其脆易泮，其微易散。泮，破，打碎的意思。散，消解，消散。

③ 累土。马王堆甲、乙本作“蔂土”。意义同。
④ 几成。接近成功。
⑤ 欲。求。
⑥ 学不学。不学，实践。意即学那些不必从书本上学的东西。
⑦ 复。补救，弥补。
⑧ 以辅万物之自然。辅，助。之，达于。

【译文】

社会处于稳定时容易保持，当事物还没有出现动乱的征兆时容易谋划施控，当事物还很脆弱时容易将其瓦解，当事物还很微弱时容易被打散，要在尚未出现变乱时就将其管理好，要社会安定就必须在尚未出现动乱时就将其管理得井然有序。合抱的大树，从小的树苗长成；九层的高台从一筐土开始筑起；到达千里远之目的地是从第一步开始的。不按“道”而锐意“有为”就会失败，不按“道”而实施管理就有损失。因此，圣人“无为”，所以立于不败之地，不离“道”而管理，故没有过失。一般人做事，往往在接近成功的时候失败。在结束时谨慎得像刚开始一样，就不会失败。因此，圣人最大的愿望是没有欲望，不看重珍贵货物；他的学习就是使自己不学习具体的业务技术知识，使众人从过失中得以弥补而复归于道，辅助万物自然地发展，而不勉强去干扰它。

【解说】

老子在本章讲治国要治于未乱，做事要慎终如始。为什么要治于未乱呢？老子讲了很多理由。一是国家安稳时容易施控和维持；二是当事物变化尚未出现明显的迹象时容易谋划，国家未出现变乱的兆头时易于防治；三是当事物还很脆弱包括变乱现象还很脆弱时容易消解；四是当事物还处在微小时容易瓦解它、打散它，对于变乱也是如此。这四条理由，有其由无变有的渐变逻辑关系。因此，老子认为，最好在没有任何变乱的迹象时就在管理上有所作为，在没有变乱之前就控制一切。

接下来，老子又补充了三个方面的理论依据：一是大树是从细小的萌芽长出来的；二是高台是从第一坯土垒起来的；三是远行千里是从第一步开始的。因此，他希望管理人注意事物的初始状态，要使社会稳定平安，就必须从不利于稳定平安的因素入手，注意观察和控制。同时，他希望管理人在管理国家建设时要从细小的事情做起，扎扎实实地开始做事，稳稳当当地走向成功。这与《易经》“君子慎始，差之毫厘，谬之千里”的思想相吻合。

老子感慨地说，上层管理人有意识地“作为”就会失败，在“作为”的过程中，很执著死板地把持，就有损失。因此，管理人应从安定和谐的治国理念出发，要“无为”，要“无执”，这样才能无败无失。安定和谐是最重要的，这与违背“道”而大兴土木，大搞排场恰好相反，而要从细小处抓起。老子说，老百姓与我们的管理人不同，往往在快要成功时失败了。原因是未能谨慎如始、始终如一地从事某项事业。因此，老子希望我们的国家管理人不仅要治于未乱，从秋毫、从任何变乱的苗头抓起，而且要谨始敬终、谨终如始。这样管理，这样做事，才不会有败事，不会有变乱。

社会之变乱与上层管理人在私欲上和生活上的“有为”是有关系的，后者是前者的一个因素，只有消除这个因素才能彻底地治于未乱。本章中的一些内容表面上看起来与管理毫不相干，其实有着深刻的内在联系。老子说圣人要这样，其实是希望上层管理人要这样。最后，他得出结论，优秀的国家管理人就是不要有私欲，不要看重难得之货，不要学专业技术，而要从百姓易犯诸如“常于几成而败之”等错误中加以总结，以帮助百姓和万物自然而然地发展。当然，他说的“民之从事，常于几成而败之”无论是否为真，都显然是他尊重领导人而藐视人民的表现。这个“民”在他心目中是与优秀管理人相对立的，与前面五十三章说的“大道甚夷，而民好径”的“民”是一致的，其实都是指某些人，包括某些管理人。为了与管理人对应，他故意用“民”这个词，以便管理人即领导者听起来舒服一些。由此可以进一步看出，他写《老子》确是在与管理人交谈管理问题。

**【诗赞】**

安国要安于未安
治乱要治于未乱
嫩小易破易打散
未安未乱要警惕
老子思想未过时
四海百世皆可验

千里始足下

# 六十五章　治国切忌权术　教育重在素质

要理解好老子的思想，必须始终从管理国家社会的角度和高度来看问题。如果把《老子》当做哲学和养生的学问来看就很不好理解。例如，一些地方讲“知”其实指巧智，本章讲“愚民”不是要人民愚蠢或愚昧，而是要使之愚钝、纯真、少知识。老子也并不是一般地反对知识的。这些都必须从管理的角度出发才能理解。本章涉及教育问题，与二章“行不言之教”、四十二章“人之所教，我亦教之”等可以看出他的教育思想。总的说来：身教重于言传，使民少知少欲，返璞归真，淳朴厚道。

**【原文】**

古之善为道者①，
非以明民，将以愚之②。
民之难治，以其智多。
故，
以智治国，国之贼；不以智治国，国之福。
知此两者，亦稽式③。
常知稽式，
是谓：玄德④。
玄德深矣，远矣，与物反矣，
然后乃至大顺。

**【注释】**

① 古之善为道者。马王堆甲、乙本作“故曰道者”。
② 非以明民，将以愚之。何新注此章为千古愚民政策之所本。实属误解。
③ 稽式。楷式。
④ 玄德。幽深之德。

**【译文】**

古代善于行“道”的人，不是用“道”来教育人民使之聪明，而是要以此使他们淳朴愚钝。老百姓难于治理，是由于其巧智和知识多。因此，用巧智权术治国，是国家的灾难；不以巧智权术治国，是国家的福祉。懂得这两种不同的治国之策或哲理，也就有了一个法式。永远懂得并贯彻这个法式，这就叫深远之德。玄德，深奥呵，永恒呵，与万物相反。有此玄德然后就能达到国家久治大顺的目标。

**【解说】**

老子在本章开头的第一句就是："古之善为道者。"这无意之中给我们透露了一个信息：善为道者，在于某个目的。接下来的两句话"非以明民，将以愚之"透露的信息是：古之善为道者的目的在于管理，在于治国。为道，当然有为揭示一般哲理的，有为养生的，但是老子说"善为道者"乃是为了管理国家而要"愚民"。这说明长期以来包括从庄子开始把《老子》当做养生著作，后来的学术界当做哲学著作，都是一种误读。汉代马王堆甲本《老子》"古之善为"改为"故曰"就是一例，即此句改成了"故曰道者，非以明民，将以愚之"。意思是说"道"的一个重要目的，并不是用来使老百姓聪明和有知识的，而是用来使他们少智慧少知识的，这样修改虽然适合百姓阅读，但与老子原意不合。这里本来是不容易抄错的，而是故意修改的，目的变成了非管理方面。

老子的"愚民"主张，也不是要使人民完全愚昧无知，而是要使人民愚钝、天真、淳朴、厚道、不耍弄巧智。一些研究者有误解。老子认为，"善为道"是不要用"道"来使人民变得越来越聪明乖巧，而是要使人民懂得像宇宙自然那样天真、淳朴、自然，甚至愚钝，不很伶俐。"民之难治，以其智多"，并不是说由于他们知识多而是说因为他们用巧智以致作伪多。老子是不会反对知识的，没有知识，社会怎能发展进步？更何况自古就教育人民知识和技术的制度。《周礼·地官司徒第二·大司徒》载："施十有二教焉：一曰以祀礼教敬，则民不苟。二曰以阳礼教让，则民不争。三曰以阴礼教善，则民不怨。四曰以乐教和，则民不乖。五曰以仪辨等，则民不越。六曰以俗教安，则民不愉。七曰以刑教中，则民不虣。八曰以誓教恤，则民不怠。九曰以度教节，则民知足。十曰以世事教能，使民不失职。十有一曰以贤制爵，则民慎德。十有二曰以庸制禄，则民兴功。"

当时，教育在官，有教官，此为教制的重要方面。其中，尤其有"以世事教能"。显然这就是业务技术知识。接下来又说"以乡三物教万民而宾兴之。一曰六德：知、仁、圣、义、忠、和；二曰六行：孝、友、睦、姻、任、恤；三曰六艺：礼、乐、射、御、书、数"。很明显，这里都有知识的传授。至于百姓学技能即业务技术则有十二种，第一种是稼穑，第二种是树艺，其余依次是作材、阜蕃、饬林、通财、化材、敛材、生材、学艺、世事和服事。老子熟知古代至周的教制，他是不会反对学习知识的。但是，他反对用巧智作伪。

民不能有用巧智作伪的现象，官亦如此。因此，管理人以巧智权术治国，是国家的灾难，不以巧智权术治国是国家的福祉。他认为这是千古不变的治国公式或法式。他深知常守这个公式就叫做“玄德”。“玄德”比“上德”更深奥，更近乎“道”，更为老子所看重。他感叹地写道：“玄德，深奥呵，永恒呵，与世俗事物不同。有此玄德然后可以达到大顺的治国目标。”

上述“两者”真的是千古不变的法式吗？老子认为，上古圣君治国，君民用心都很淳朴，没有智术奸诈，而使用智术日益增多，国难治而安稳不能长久。凡是以阴险诡计于治国者，都难有好的结果。老子这正反两个方面的真理是针对当时的诸侯国治内和对外风气日下、诈伪频起的现象而说的。他认为这是周王室和各诸侯国都要注意的管理之道。

**【诗赞】**

不智治国古代有
那时圣人多烦忧
不使知之使由之
便是聪明过了头
知识能改贫困状
智慧岂能当祸由
巧智作伪老子厌
上下纯真国风优

烟雨图

# 六十六章　领袖谦虚不争　人民拥戴不厌

在讲了如何达到大顺的道理之后，老子又论述得更具体了，本章讲做领袖的关键，即“不争”。领袖谦虚不争，人民自然拥戴不厌。他认为这是又一治国规律，并且阐述了这样做的原因以及应怎样具体行动的道理。

**【原文】**

江海之所以能为百谷王者①，
以其善下之，故能为百谷王。
是以，
圣人欲上民，必以言下之；欲先民，必以身后之。
是以，
圣人处上而民不重，处前而民不害。
是以，
天下乐推②而不厌。
以其不争，
故，
天下莫能与之争。

**【注释】**

① 江海之所以能为百谷王者。王，最。此句意即江海之所以能为百川之最。
② 推。推举，拥戴。

**【译文】**

江海之所以能够成为百川归往之所，就是因为它善于谦下，所以能够成为小河的归宿。因此，要想在人民之上来领导他们，就必须以言词谦虚对待；要想在人民的前头领路，就必须把自己置于人民之后，故而，圣人为领袖而人民不感到压抑，圣人引导于前而人民不感到有妨碍。所以说，天下老百姓乐于拥戴而不厌弃。因此，与世无争，故天下没有谁能与之相争。

**【解说】**

老子在本章讲述了领袖怎样使人民拥戴不厌的道理。老子认为，如下三点值得思考：

第一，领袖要能处人民之上以领导人民，必须对自己领导的对象即人民“以言下之”，即谦虚对待之。这是什么原因呢？因为善于处下，必获服从。他以千谷百川流向江海的规律为理论依据，说江海之所以能成为百谷之王，是因为它善于处下。要做人民的领袖，宣布为人民的公仆，不正是善下的态度吗？不正受到人民的爱戴吗？类似于此的，还有把人民当尧舜、把人民当最聪明者的做法。“六亿神州尽舜尧”的歌吟和“卑贱者最聪明，高贵人最愚蠢”等格言均属此。所有管理者都应尊百姓为衣食父母，百姓才会真心称他们为父母官。

第二，领袖要想领导在人民之前，就要置身于人民之后，即“必以身后之”。要想在人民面前指挥，使人民听从指挥，就必须“欲不欲”，即把私欲放在最后甚至去掉它，全心全意地为人民服务，一心一意地为人民谋利益。为什么呢？因为人民是靠思想，靠大公无私的精神而不是靠指挥棒来凝聚的。俗话说，“上梁不正下梁歪”。管理人公正无私才能领导人民前进，否则人民不服，难以领导。

第三，领袖处于领导地位不要使人民感到有压力，处于指挥地位要使人民感到没有被妨碍。古代有的圣贤提出人民要有“畏大人”、“畏圣人之言”等，是以吓唬来达到管理目标的低级手段，这是不合乎老子思想的，所以人民对这种精神控制很反感。权威是必要的，但不是靠压迫来实现的。但俗话说，“官大三级压死人”，官势的压力本来就很大，要使老百姓不感到压力，是很不容易的。要去掉官架子就必须正确看待权力和地位。要指挥人民而不使人民感到被妨碍，是很不容易的，这不仅要关爱人民而且态度要谦诚。永远把权力和地位看成是人民给予的，是用它来为人民服务的，心中只有人民的利益而没有私己私利，真正从心底里认识人民的利益高于一切，事情就好办了。

老子认为，做到以上三点，人民就会拥戴不厌。我们伟大光荣的中国共产党就是这样做的，故永受人民爱戴。这与我们伟大的领袖人物毛泽东、周恩来等同志阅读《老子》并非毫无关系。周恩来同志曾明确提出“领导群众的方式和态度，要使他们不感觉我们是在领导”。这是多么纯正的老子思想！

老子最后总结说，归根到底就是“不争”二字。《周礼》有“教民不争”，岂能领袖有争？老子认为，“不争”是极有价值的精神，是合乎“道”的重要精神，是充满辩证思想的应有的重要人生态度，领袖人物必须率先守此。

【诗赞】

有容乃大如海洋
谦下尊民民心向
与世无争身处后
民乐推举民敬仰

# 六十七章　慈俭让是政治军事三大法宝

本章讲管理更加具体一些了。老子在这里提出治国用兵的三件法宝：慈爱、节俭、谦让而不为天下先。这是他的“道”在治国用兵方面的又一体现。毛泽东同志说《老子》也是一部兵书，这是正确的。《老子》不仅多章直接讲到军事（如六十章、六十九章以及本章），而且其他许多章的内容亦可用于治军对敌，有重要的战略思想价值。

**【原文】**

天下皆谓我道大，似不肖①。

夫唯大，故似不肖。若肖，久矣其细也夫！

我有三宝②，持而保之。

一曰：慈；二曰：俭；三曰：不敢为天下先。

慈，故能勇；俭，故能广；不敢为天下先，故能成器长③。

今舍慈且勇，舍俭且广，舍后且先，死矣。

夫慈④，以战则胜，以守则固。

天将救之，以慈卫之。

**【注释】**

① 不肖。不似。《孟子·万章上》：“丹朱之不肖，舜之子亦不肖。”《说文》：“肖，骨肉相似也。从肉，小声。不似其先，故曰‘不肖’也。”

② 我有三宝。马王堆甲、乙本作“我恒有三葆”。

③ 故能成器长。《韩非子·解老》作“故能为成事长”。长，长官，领袖。

④ 慈。慈爱。

**【译文】**

天下人都对我说“道”广大，不与具体事物相似。正因为它大（大得无形），才不与任何具体事物相似。如果与具体事物相似，那么早就很渺小了。我有三件宝，经常运用并保持之：第一件叫慈爱，第二件叫节俭，第三件叫谦让——不敢走在天下人的前面。慈爱，因此能够勇敢；节俭，所以能够宽广；谦让，所以能够做人民及其事业的管理人。现在，人们舍弃慈爱而求勇敢，舍弃节俭而求宽广，舍弃谦让、居后而求抢先，这就必然败死。慈爱，用于战争就能取胜，用于守业就能巩固，天要拯救谁，也以其慈爱来保全之。

【解说】

老子在本章先讲“道”大，然后讲治国用兵的“三宝”。这两个方面的内容看似无关，其实内在联系密切。

“道”大，大到什么程度呢？大到不同于任何具体事物，不像任何琐碎的东西，因为它是包容一切事物的，也是寓于一切事物之中的看不见、摸不着的东西。如果它等同于一般事物，它不是太渺小了吗？“道”就是这么的“大”。

接下来他讲“三宝”，为什么要以讲“道大”开头呢？显然，他讲哲学一如既往地是为讲管理服务的。他讲的“三宝”是从属于“道”的。“道”是规律，用“道”即用规律治国用兵，就是要把“道”（规律）与治国用兵的实践相结合，并总结归纳出治国用兵方面的某些具体的规律以更方便地治国用兵。

老子讲的三件宝就是“慈”、“俭”、“不敢为天下先”。这三件宝不是具体的宝物，而是抽象的思想精神，即慈爱、节俭、谦让——不抢先。之所以说这三件东西是宝，是因为“慈，故能勇”、“俭，故能广”、“不敢为天下先，故能成器长”。就是说，因为慈爱，所以能使之勇敢；因为节俭，所以能使之广容；因为谦让不抢先，所以能使之统领一切。老子说，现在有的人舍弃这三件法宝，而想分别达到同样的目标，那不死定了吗？

老子对此三宝十分看重，其中尤以慈爱为重。慈爱的作用有三大方面：

其一，用于攻战能取得胜利。老子说“夫慈，以战则胜”。这是为什么呢？因为战争是杀敌夺地的事，平白无故怎能取胜？老子认为战争是不得已的事，没有慈爱人民之心怎能对付人民之敌？没有慈爱战士之心怎能带兵迎敌？没有为敌所害而生哀恸之心怎能舍身杀敌？后来的所有战前动员多有此意。

其二，用于防守能够坚固。老子说“以守则固”，即以慈爱防守就能坚不可摧。人心是可以凝聚的，人心需要慈爱、理想才能凝聚。俗话说众志成城，怎样才能有一致的众志？就要靠慈爱、靠理想，而理想也体现着慈爱。管理人爱人民，人民就会听管理人指挥；军爱民，民拥军。慈爱能使军民在心中筑起万里长城。“军民团结一条心，试看天下谁能敌”。

其三，用于挽救能够得到天助。老子说“天将救之，以慈卫之”。意即老天爷要挽救人，也是因为这个人自身的慈爱之心。这个老天爷是自然而然的意思。如有慈爱之心，自然而然地会得到人们的救助。如果没有慈爱，遇到危险就真的会很危险。

因此，慈爱这个法宝更为重要。这充分反映了老子认为的“道”在这里应体现为德的思想，而治国就要在重“道”的基础上进行德治。不过，若用于战争，则还有一宝，即“智”。《国语·吴语》记载楚国申包胥对越王勾践说过：“夫战，智为始，仁次之，勇次之。不智，则不知民之极，无以铨度天下之众寡；不仁，则不能与三军共饥劳之殃；不勇，则不能断疑以发大计。”越王勾践听后很赞同。

至于“不敢为天下先”，即谦让的美德是成就优秀领导人的必备条件。例如，周恩来总理年轻时就具有了这种高贵的品德。他在致友人的一首诗中曾写道：“群侪争疾走，君独著先鞭。作嫁怜侬拙，急流让尔贤。”这就是退让为怀、甘愿为他人作嫁衣裳的虚怀胸襟，是周恩来成为优秀领袖人物的基础之一。

**【诗赞】**

慈俭且不敢为天下先
领袖三宝藏身边
慈是战守之宝
俭是广大之源
不敢为天下先
是为首长之条件

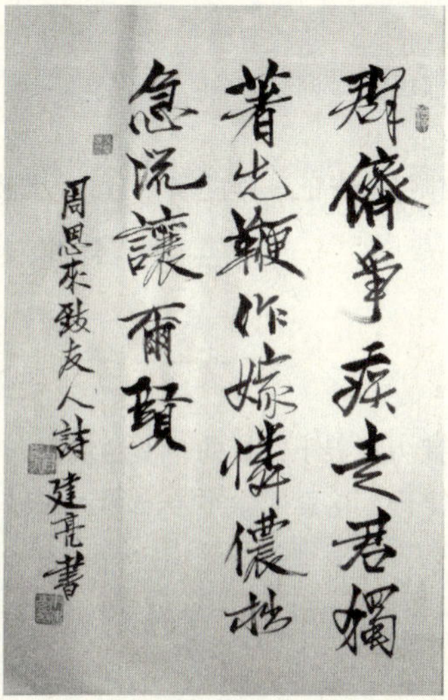


周恩来致友人诗

# 六十八章　不争乃自古为官用兵用人的准则

本章讲打仗用人的问题。“不争”、“处下”是老子的军事思想和人事工作思想之一，是自古用兵用人的成功之道。老子再一次讲到了“不争之德”及其价值。认为管理人应有此“不争之德”，这样方能正确用兵用人。这是自古就有的重要准则。

**【原文】**

善为士①者，不武②；
善战者，不怒；
善胜敌者，不与③；
善用人者，为之下。
是谓：不争之德，
是谓：用人之力，
是谓：配④天。
古之极⑤。

**【注释】**

① 士。王弼注：“卒之帅也。”即将帅。
② 不武。不战。
③ 不与。不被牵制、控制。《史记·燕世家》载：“庞暖易与耳。”
④ 配。合乎。
⑤ 极。准则，法则。

**【译文】**

善于管理人的，不崇尚武力；善于作战的，不会愤怒；善于战胜敌人的，不被敌人所牵制；善于用人的，对人谦虚。这就叫做不争之德，叫做利用人的能力，叫做与天道匹配吻合，是自古以来就有的重要准则。

**【解说】**

本章前四句涉及做管理人、对敌作战、用人三个方面。

老子认为，善于从事管理的优秀干部不崇尚武力，不逞勇武；善于打仗的将军不动怒；善于战胜敌人的领导人不上敌人的当，不被敌人牵制；善于用人的管理者谦虚、处下、礼贤下士。这四句话每句都是真理。优秀的管理人如果崇尚武力、逞强勇，那就会带来一系列麻烦：人们会认为他无才干；会认为他好斗好胜；会认为他是危险人物，会畏惧他，可能会设法除掉他；会认为他只能当士兵而当不好将军。将军打仗如果容易动怒，那就很难胜敌。打仗需要运筹帷幄，需要安静妙算。愤怒只能带来冲动，只会使人处于误区，使人消耗能量，只会使人凭一时的匹夫之勇，而落入敌人的圈套，给己方带来灾难。如果一个领导人容易被人纠缠、牵制，那就很容易上当入套。这与上一条“善战者，不怒”相衔接。战场上常用激将法、诱敌法等，如果动怒，如果为敌人诱饵所惑，那就很危险了。至于用人，如果盛气凌人，以势压人，或者颐指气使，都不会有好的结果：部下或不甘心，或战战兢兢，或勉强服从，或出工不出力。因此，必须谦虚。这四条真理，他认为归纳到一起总结为一条，就是要有“不争之德”。

有“不争之德”，才不会呈显勇武，才不会愤怒，才不会为敌人诱惑和激怒；才会对人谦诚、尊敬，才会赢得人民的拥护和爱戴。这就叫做“用人之力”，是古来就有的与天道相合的重要准则。

**【诗赞】**

用兵用人有原则
谦下主动为美德
若要人们出大力
言感意尊不可缺

配天

# 六十九章　指挥战争应知哀兵必胜的规律

本章再次讲老子的军事思想。前面讲过“以奇用兵”，讲过胜敌“三宝”，讲过“善战者，不怒”，“善战敌者，不与”，本章讲“抗兵相若，哀者胜”。本章充分体现了老子的一个重要的军事思想，即要取得战争上的胜利，必须先取得政治上的胜利，必须先做好政治动员，必须以真爱之心对待人民，使人民与军队一起以悲愤的情绪对敌作战。毛泽东和全党领导的人民军队在抗日战争和人民解放战争中就是这样做的。

**【原文】**

用兵有言：

“吾不敢为主[①]，而为客[②]；

不敢进寸，而退尺。”

是谓：

行无行；攘无臂；扔无敌；执无兵[③]。

祸莫大于轻敌。

轻敌几丧吾宝。

故抗兵相若[④]，

哀者胜矣。

**【注释】**

① 主。先举兵进攻。

② 客。后应兵，防御以备战的意思。

③ 行无行；攘无臂；扔无敌；执无兵。此四句首字均为动词。行，列阵。攘，伸起。扔，对抗。执，带领。

④ 抗兵相若。对抗之军，势均力敌。

**【译文】**

《用兵》一书有名言说：“我不进攻，而宁肯防守，不敢前进一寸，而宁肯退后一尺。”这就叫做：有阵势就像无阵势；举起肩膀就像没有肩膀；接近敌人就像没有碰到敌人；拿着兵器就像没有拿兵器。没有比轻敌更大的祸，轻敌几乎丢失我上述“三宝”。因此，双方交战兵力相当时，悲愤的一方能胜。

**【解说】**

老子在本章首先引古兵法说："吾不敢为主，而为客；不敢进寸，而退尺。"意即要积极取防御态势而不轻易取进攻态势。毛泽东和党领导的人民军队就是这样做的。在与国民党反动派的长期战争中，取防御态势数十年，一直到1946年，军队力量才发生彻底的转变，国民党反动派的反动本质彻底被人民所认识，等到国际形势有利，人民军队才大举进攻，将其赶到台湾。

这其实就是"不敢为天下先"在军事上的表现。不主张先发制人而主张后发制人。后发制人而不抢先进攻往往能取得政治上的主动。但是不先发制人，并不是完全消极地被动挨打，而是主动积极地防御或退却，其中包括取得政治上的主动和人民的支持。所以老子认为，这就叫做有阵势好像没有阵势，举起肩膀好像没有肩膀，接近敌人就像没有碰到敌人，拿着兵器就好像没有拿兵器的样子。总之，要让敌人感到我方很弱，总是退却，没有准备或轻敌。而其实极其重视敌人，极得民心。实际重视敌人而表面示弱、轻敌，会造成敌人的轻视。老子说："祸莫大于轻敌，轻敌几丧吾宝。"轻敌必败，轻敌就放弃了"不敢为天下先"，也丧失了"慈"与"俭"。

老子最后总结说："抗兵相若，哀者胜矣。"这又是他最重要的军事思想之一。毛泽东同志也许在一定程度上接受过老子军事思想的影响。老子把军事与政治合在一起，毛泽东则说过"战争是政治的继续"；老子主张不敢为天下先，毛泽东则主张长期的"战略防御"；老子主张以慈爱和悲愤做宣传，毛泽东则主张把支部建立在连队上以开展政治活动，各级军队设政治领导者（如政委等）以加强政治工作，主张做战前动员的工作，使军队对敌悲愤。在他的《论持久战》中专设一个部分叫"抗日的政治动员"。他写道："如此伟大的民族革命战争，没有普遍和深入的政治动员，是不能胜利的。""什么是政治动员呢？首先是把战争的政治目的告诉军队和人民。必须使每个士兵每个人民都明白为什么要打仗，打仗和他们有什么关系。"甚至说要"把战争的政治动员，变成经常的运动。这是一件绝大的事，战争首先要靠它取得胜利"。他甚至亲自作动员。在第三次国内革命战争时期，他写了《中国人民解放军宣言》。《宣言》上说："我伟大祖国哪一天能由黑暗转入光明，我亲爱的同胞哪一天能过人的生活，能按自己的意愿选择自己的政府，依靠我们的努力来决定。"这表现了毛泽东和党对人民的慈爱，对人民一直过着非人生活的极大同情和悲愤。他特别历数了中国共产党的忍让、宽恕，而国民党反动派却屡次背信弃义、忘恩负义的情况，从而激起全国人民对此的极大愤怒。这个战前动员总宣传，充分体现了毛泽东深谙老子的军事思想，有“慈”、“俭”、“不敢为天下先”三宝，取“不争”，“吾不敢为主，而为客；不敢进寸，而退尺”的态势，以“哀兵必胜”的思想为指导，以大量历史事实揭露了国民党反动派的以人民为敌、欺压百姓等丑恶嘴脸，从而激起了全民全军的极大悲愤。

**【诗赞】**

轻敌必招败
重视方为稳
若是力对等
哀兵则能胜
示之柔弱又防御
进攻宜慎宜慎又宜慎

抗兵相争哀者胜

# 七十章　领导应像圣人不怕孤立恪守真理

老子所写本章似乎置于最后为好。或许是，此章本为最后一章，但写完以后，他又发现还有些笔记或又想起一些内容来，于是又接着写了后面的十一章。

无论此章放在哪里，老子都是希望管理人按主题即按言谈的宗旨去理解和学习圣人。这些，在老子接见孔子，要求孔子在介绍自己的著作时讲简单一点，讲出宗旨和核心也可以看出。老子在此前的六十九章所讲的都是国家社会管理问题，只是很少直说。在本章，他希望管理人能根据他的宗旨来理解和运用他的理论，而不是感到难于沟通的苦恼情绪的流露。

**【原文】**

吾言甚易知，甚易行。
天下莫能知，莫能行。
言有宗①，事有君②。
夫唯无知③，是以不我知④。
知我者希⑤，则我者贵⑥。
是以，
圣人被褐而怀玉⑦。

**【注释】**

① 宗。主题、宗旨或纲领的意思。
② 君。主要之事。此两句，马王堆甲本作“言有君，事有宗”，误。
③ 无知。应为“无此知”，意即不知道这一点。
④ 不我知。即不知我，不了解我。也就是不了解我上面这一切言论。
⑤ 希。稀少。
⑥ 则我者贵。效法我的可贵。
⑦ 被褐而怀玉。被，读“披”。褐，麻料做的大衣。怀，怀抱。

**【译文】**

我说的这些很容易懂，也很容易实行。但天下竟没有人理解，没有人实行。说话有宗旨，做事有主次。正因为人们不了解这一点，所以也就不了解我。了解我（所讲的宗旨）的人少，能仿效我的就难于碰到。因此，圣人身着粗衣，怀藏美玉。

【解说】

在老子以前就有过很多圣人，包括辅佐天子以治天下的圣人和掌握过管理大权的圣君及一些哲人等。无论对何种圣人的言论，都当按主题去理解和学习。显然，老子认为圣人的言论多富哲理，似涉及广泛而显零星，故应理出一个头绪，即找到一个主题去理解和学习，因为他们的谈话总是有主题的，本章前六句就是这个意思。

在老子写《老子》之前似未有完整的私人著作保存下来，作为私人的管理哲学著作也许此为第一部。过去都是官方撰述。虽然周朝已有“献贤能之书于王”的制度，但是一直未见目录记载，更未见完整的著作保存下来，也许只是一些零散的言论，也许已经亡佚。至于《管子》，学者认为是多代学者拼凑起来的作品。作为私人著作，老子显然要慎重一点，不好太直白地议论国家管理的大事，所以很多地方似乎是纯粹在讲哲学道理，议论国家管理比较隐晦。

“吾言甚易知，甚易行。天下莫能知，莫能行”有三层含义：一是这些通俗哲理因主要是讲辩证法的，按理易懂易行，而世人往往不愿意从柔、从曲、从下办事，而想径直达到目的；二是时势已经发展到你争我夺、尔虞我诈的局面且一发不可收拾，要管理人尊道修德、爱民不争已很困难；三是要抓住宗旨，按主题来理解和运用所有这些言论，非有智慧不可，非有爱民治国的理想不可，而这是很难的。当时各诸侯国只想争霸或掠夺，没有心思谈爱民治国的理想，因此，老子从一章讲到七十章，应该是在提醒管理人：“言有宗，事有君。”即希望管理人先弄清本书的性质——关于国家社会管理的管理哲学著作。

说话要有宗旨，办事要有主次，暗示《老子》的内容有宗旨、有主题，即有议论的主要矛盾（问题）。

我们说话写文章是一个话题接着一个话题向前发展和展开的，但都有一个总话题即主题。据《庄子》记载，孔子曾想将所著《春秋》十二卷藏于周王朝国家图书馆，于是见了馆长老子。老子问书是什么内容，孔子介绍了半天，老子插语说：“太谩，愿闻其要。”孔子曰：“要在仁义。”即老子问主题宗旨是什么，孔子答是“仁义”。可见，写作一部史书也有其主题宗旨。说明老子是很重视主题宗旨的。在本章，老子希望管理人能明白他的宗旨和全书的主题。

老子认为，正因为人们不了解他这部《老子》议论的主题宗旨，故不能真正了解他。此前他也做过一些对其管理思想的宣传，据王崇静先生研究，老子还将自己的思想向楚王做过宣传，并被采纳过部分意见，但是，老子感叹：“知我者稀，则我者贵！”这个“我”字不只是指他自己，还包括其他一些圣人。老子看到很多圣人都未能被按其宗旨、主题得到理解和学习，更没有被重用。因此，老子感叹他们虽为布衣之人，却拥有真理。这是值得他们聊以自慰的地方。

**【诗赞】**

不被理解常孤独
圣人怀玉多隐忧
若是真理都实行
社会进步有何愁
言有宗旨事有主
提纲挈领主题出
易解易行赞此人
苦口婆心再提醒

老子观水图

# 七十一章　领导应像圣人经常反思过失

本章讲管理人应当学习圣人，像圣人那样经常反思自己的过失。这与前一章讲述的要按主题去理解和学习圣人的言论是相衔接的。老子不是要传达一般的哲学思想，也不是讲给一般人听，而是与管理人谈话，谈如何管理，如何使管理正确。

**【原文】**

知不知①，尚②矣；
不知知，病矣。
圣人不病，
以其病病。
夫唯病病，
是以不病。

**【注释】**

① 知不知。知，读为“智”。下同。《战国策·武灵王平昼间居》载：“知者作教，而愚者制焉。贤者议俗，不肖者拘焉。”又《战国策·蔡泽见逐于赵》载：“子胥知，不能存吴。”这里，“知”均为智。参看八十一章“知者不博，博者不知”。再说，对于用兵对敌，智是非常重要的。《国语·越语》有“夫战，智为始”。

② 尚。上的意思。

**【译文】**

智慧而自认为不智慧，这是了不起的；不聪明而自以为聪明，这是毛病。只有担心自己有这种弊病，才不会有这种弊病。圣人没有弊病，就是因为他们以有弊病为忧患，所以才不致产生管理上的失误。

**【解说】**

老子认为，要使管理正确、完善，就必须向圣人学习，像圣人那样经常反思过失。一个人完全没有过失是不可能的，但经常反思使自己不出大的失误是完全可能的。

老子在本章讲的“知”当“智”解。老子认为管理人总是要有智慧的，只是他反对巧智欺骗，不主张人民有乖巧智慧，也不主张去开发乖巧智慧，更不喜欢那种自以为智慧、自视高明的态度。他认为，作为管理人，智慧而不自以为智慧，这是难能可贵的；本来不智慧却自以为智慧的，这就是毛病。其实，智而总是自视高明和不智亦自以为智、自视高明，在老子心目中其实都是病。老子在本章讲的“病”字，一为毛病，一为担忧，一为错误或过失，共三种不同的含义。“不知知，病矣”是指不智而自以为智慧，这就是毛病。“夫唯病病，是以不病”是说只有担忧这个毛病或者反思自己的毛病和过失，才不会出错误或失误。他认为圣人之所以不犯错误，就是因为经常担忧出错，所以不出错。“不病”即指不出错。

这里讲的圣人包括古代的圣君，老子认为他们将国家社会管理得那么好，原因之一就是他们经常反思自己的缺点或过失。

反思，即躬身自省、自我反思、自我检查，以达自知己短，从而弥补短处，纠正过失。反省，这种美德后来传承下来至于今天。孔子说过：“君子病无能焉，不病人之不己知也。”就是说，君子总是忧虑自己无能，并不担忧别人不知道。因此他说：“躬自厚而薄责于人，则远怨矣。”就是说，能多躬身自责，别人就无怨恨。又说“过而不改，是谓过矣”。故他要求学生很严，提出“侍于君子有三衍”，君子有“三戒”、“三畏”，并提出“君子有九思”。孔子就是这样要求学生多反思，当然，“三畏”是错误的。孔子的学生曾子说，他每天从三方面反思自己：替人办事时是否有未曾竭尽心力之处？与朋友交往时是否有未能诚实相待之时？对老师传授的学业是否有尚未认真温习的部分？由于他天天反思，长处继续发扬，短处随时改正，故终成学识渊博、品德高尚之贤者。

学习会增长知识和能力，反思能提高道德素养和治愈缺点错误。也许有人说没有必要天天反思，但最好是每晚睡前反思，至少要经常定期反思。毛泽东曾引“流水不腐，户枢不蠹”教育我们要经常开展批评与自我批评，这是党的三大作风之一。他说过，脸是要天天洗的，不洗会灰尘满面。个人要经常反思，组织、集体也要经常反思，要总结成绩，纠正错误。为此，毛泽东曾写有《关于纠正党内的错误思想》，刘少奇则写了《论共产党的修养》一书。

【诗赞】

虽智不露智慧殊
不智装智大病出
反思过错学圣人
集思广益不失误

# 七十二章　领导应知民不畏威则有大危

有研究者说，老子反对统治者对百姓施行高压，以威力相胁迫，同时提出不要阻塞老百姓的生路。统治者即使做出了成绩，也要谦虚，不能沾沾自喜表现自己。这种理解是对的。统治者即管理人，应当淡化自己，不要威加人民，这样才能求得稳定。

**【原文】**

民不畏威，则大威至①。

无狎②其所居，无厌③其所生。

夫唯不厌，是以不厌④。

是以，

圣人自知不自见⑤；自爱不自贵⑥。

故，

去彼取此。

**【注释】**

① 民不畏威，则大威至。第一个“威”，威压，具体主要指刑威。《春秋左传·隐公十一年》有“君子谓郑庄公失政刑矣。政以治民，刑以正邪。既无德政，又无威刑，是以及邪”。第二个“威”，危险。

② 无狎。严可均本作“狭”，即迫的意思。此句意即不要胁迫。

③ 厌。压迫。

④ 夫唯不厌，是以不厌。第一个“厌”同前一句“厌”，压迫；第二个“厌”，即厌烦的意思。参看六十六章“天下乐推而不厌”。

⑤ 见。现，表现。

⑥ 圣人自知不自见；自爱不自贵。马王堆乙本作“自知而不自见也，自爱而不自贵也”。

**【译文】**

人民不怕威力，那么国家的危险事就要发生了。不要搅扰人民的住所，不要堵塞人民的生路，只有不阻碍人民生存，人民才不会感到有威力压迫。所以，圣人自有智慧而不自我显现，自我珍爱而不自高自大，抛弃那“自见”、“自贵”，采取这“自知”、“自爱”的态度。

**【解说】**

古代的管理人特别是高层管理人一旦执掌政权，则很容易作威作福，常以有天子之怒，伏尸百万，流血漂橹之威力自傲。诸侯掌权多如此，动不动就杀人。刘邦建立汉朝时也是颇为骄傲气盛的。由著名的《大风歌》可见一斑，他吟道：“大风起兮，云飞扬。威加海内兮，归故乡。安得猛士兮，守四方。”这是何等的骄傲和威风，“威加海内”无疑是以威力镇住敌对势力同时也是压迫人民。战国时期的秦王也是如此，其威猛让人不寒而栗。但是，老子说，若是人民不怕统治者的威力，那就麻烦了，那就有更大危险出现。荆轲刺秦王就是显著的一例，历代农民起义也是明显的例证。逼得人民不怕死了，不怕压迫了，那天下就会大乱。老子劝管理人不要施威，不要排挤人民的居所，不要堵塞人民的生路。不压迫人民，人民当然也不会感到有压力，这样，也自然不存在威压与不畏威压的问题。因此，老子劝管理人要学习圣人包括古代圣君，自我智慧而不显现尤其不显现于管理上（即不用巧智治国），自爱自重而不自高自大特别是自傲。自傲必然显露权贵，必然向海内加压，必然作威作福，使人民不得安居乐业，不得生存，那是十分危险的。因此，管理人应坚决去掉骄奢威猛而保持明智慎重的态度。

唐太宗总结过去统治者威压人民而迫使人民反抗的历史，经常说：“君，舟也；人，水也；水能载舟，亦能覆舟。”其实这也是魏征的智慧。有研究者认为，这个思想最早是出自孔子，然后是荀子引用孔子的话，魏征则是引用荀子的话劝谏唐太宗，因此得到发扬。《孔子家语》记载，孔子曰：“夫君者舟也，人者水也。水可载舟，亦可覆舟。君以此思危，则可知也。”《荀子·王制》有：“君者，舟也；庶人者，水也。水则载舟，水则覆舟。”封建统治者威压人民而迫使人民反抗的历史确是如此，例如秦末陈胜吴广于大泽乡起义，秦最后被刘邦所灭；西汉末绿林赤眉起义，最后由刘秀建立东汉；隋朝末瓦岗起义，最后由李渊建立唐朝。以后各朝都有起义发生。这是为什么？因为在当时社会，君与民是对立的，而且这种对立是绝对的，一时不那么对立则是相对的。当新政权建立之初，人民与新的统治者有推翻旧的统治者以改朝换代的共同要求，矛盾一时间还不那么深、不那么激烈。作为“水”的民与作为“舟”的新君，在共同推翻旧的统治者以建立新朝的目的下，“水”是可以载“舟”的。唐太宗等想努力保持这种状态。但是，要永久保持这种君民关系是不可能的。孔子、荀子等看到这种关系，希望作为“舟”的君不要被作为“水”的民所覆灭，要居安思危。当然，他们又是从老子的上述思想中得到的启示。老子希望统治者能代表人民，不要迫使人民置威压于度外，但是，那不过是一种奢望而已。统治者不可能知道只有代表人民的先进组织和政府才是与人民的根本利益相一致的。不过“民不畏威，则大威至”确是一句真理。老子充分肯定了人民的力量，提出了不要压迫人民的管理思想。

**【诗赞】**

民不畏威大危至
侵害百姓乱难治
自知自爱不骄贵
厚德爱民要坚持

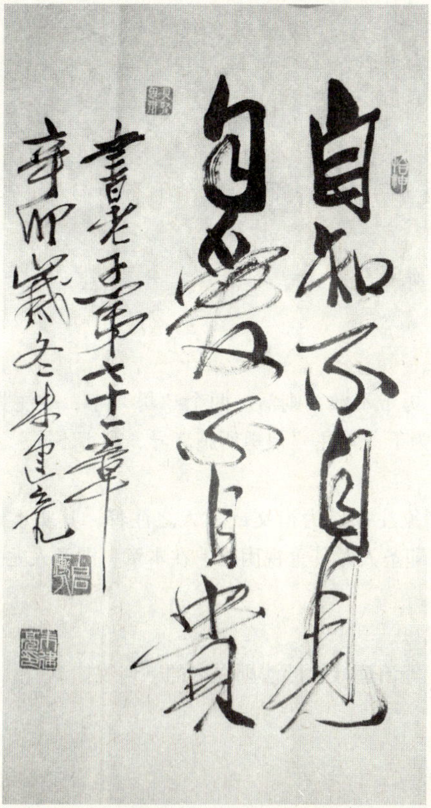

自知不自见，自爱不自贵

## 七十三章　治国应知天道法则广涉无遗

老子在这一章提出了天道法则所涉无遗的思想。老子不认为一切都是自然安排好的，人只能随顺自然，不要去强争什么，他认为一切都是有其规律的。无论什么人，管理人或是被管理人都应顺从规律，否则就会招来不利甚至危及生存。管理人尤应以不敢作为为妙。

**【原文】**

勇于敢，则杀；勇于不敢，则活①。
此两者，或利或害。
天之所恶②，孰知其故？
是以，
圣人犹难之③。
天之道，不争而善胜，不言而善应，不召而自来，
繟然④而善谋。
天网⑤恢恢，疏而不失⑥。

**【注释】**

① 勇于敢，则杀；勇于不敢，则活。两个“勇”字，一注为勇猛；一注为“用”。应为勇猛，勇气。王弼为下一句注“俱勇所施者异，利害不同”，即指勇猛。

② 恶。厌恶。

③ 圣人犹难之。诸家注都以为衍文或古人之注释，其实不然。参看六十三章，有“是以，圣人犹难之”，即圣人尤其重视困难。在本章，即圣人尤其重视危险，意谓不要勇于敢，而要勇于不敢。

④ 繟然。缓慢的意思。

⑤ 天网。包括法律等治理社会的法则在内的一切规律。

⑥ 失。遗漏。

**【译文】**

有勇气凭刚强果敢行事，招杀死；有勇气而不敢轻易行动即勇于抛弃轻举妄动，才会活。这两种勇猛，有得利的，有遭害的。天所厌恶的，谁知道是什么缘故？因此，圣人尤其重视和惧怕危难之事。天道是：不相争而善于获胜，不说话而善于回应，不号召

而会自动来归附，迟钝、憨笨而善于谋划。天道法则所涉广大无垠，高度概括而无所不涉。

**【解说】**

老子在本章前三句阐述了“敢”与“不敢”的利害关系。他在前面讲述吾有“三宝”：“慈”、“俭”、“不敢为天下先”。认为管理人应珍惜此“三宝”。其中，“不敢为天下先”就是要求处事谨慎、不争，即让。在他的思想里，“不敢”是好东西。《周易》有“君子终日乾乾，夕惕若，厉，无咎”。即君子虽有勇力但不敢轻为，晚上非常警惕。这样，虽处险境也不会有危险。“勇于敢，则杀”有两个所指：一是指管理人“勇于敢”有危险，管理人竟把人民视为蝼蚁，竟敢大耍淫威，鱼肉人民，逼得人民走投无路，生存不下去，则有因反抗而被杀的危险；二是指社会上的亡命之徒的“勇于敢”，竟敢扰乱社会秩序，聚众犯上或为非作歹，违法乱纪，伤害他人，则有被镇压的危险。“勇于敢”无论怎么说都是老子所反对的。“勇于不敢，则活”也是规律。老子感叹，为什么会有这样的规律呢？规律为什么要厌恶那种“勇于敢”的人？所以圣人特别关注和研究这样的问题，意在希望管理人要注意这样的规律。老子把这个规律的重点放在“勇于敢，则杀”的一面。

接下来，老子讲了与“勇于不敢”相关的重要内容，这不仅与“勇于敢，则杀”相对应，而且说明“勇于不敢”能保护自己，且好处多多。这都是规律。他认为，宇宙自然和社会规律就是这样：“不争而善胜，不言而善应，不召而自来。绅然而善谋。”这些都是谨慎处事的好处，都与“勇于不敢”相关。只有不争才能“勇于不敢”，只有“勇于不敢”才会慎言，才会不急于求成，才会从容谨慎谋划，从而才能管理得好。这些都是规律。

“天网恢恢，疏而不失”历来从法律方面被解释或套改为“法网恢恢，疏而不漏”，其实未知老子真意。“天网”不是指“法网”，而是指“天道法则”像网一样覆盖一切事物，即一切事物都有规律，虽然看不见、摸不着，但是高度概括，无所不涉，无所遗漏。其中，当然包括做了坏事、恶事（违背天理良心）必遭人惩或天谴。这实际上是老子又一次对“天道”即一切事物规律的赞叹。之所以说“天网恢恢，疏而不失”，正是因为“天道”是高度概括的，显得稀疏，故都在其统辖之下。如果是讲法网，就不会用“天”字和“恢恢”一词，也不会讲“疏”字，周朝的法律已很苛细了。这里分明显示了他对管理的关心和对管理人以及一切人都要按天道即规律办事的希望，而高层管理人尤其应懂得这些规律。

【诗赞】

谷神空空无不涉
天道恢恢疏无失
君子乾乾终生无咎
歹人放胆有祸临头
应知天道无亲仇
不争不言不召而善谋

鱼戏莲叶图

# 七十四章　治国要使人民重生而使司法专职

越到后面的章节，人们越会感觉老子是在与管理人尤其是最高层的君王说话，而不是与一般老百姓谈话。在本章，老子告诉君王不要以死威胁人，不要靠武力、威猛来使老百姓恐惧。他认为要使民重生，不得已要杀人，也得交给司法部门去做，切不可一怒之下而亲自为之。这里涉及司法问题。

**【原文】**

民不畏死，奈何以死惧之？
若使民常畏死[①]，而为奇[②]者，
吾得执而杀之，孰敢？
常[③]有司杀者杀。
夫代司杀者杀，
是谓：代大匠斫[④]。
夫代大匠斫者，
希[⑤]有不伤其手者矣！

**【注释】**

① 死。马王堆甲、乙本作“杀”。
② 奇。异常或不轨行为。
③ 常。指常道，天道。马王堆甲、乙本作“恒”。
④ 斫。砍。
⑤ 希。少。

**【译文】**

人民不怕死，怎么能以死亡来威胁他们？如果使人民经常怕死，对那些敢谋反作乱的人，我们就可以把他们抓来杀掉，谁还敢再作乱呢？永远应由专管司法的部门去杀人，若代替司法部门去杀人，这就是代替大木匠去砍木头，很少有不会砍伤自己手指头的啊。

**【解说】**

老子在七十二章说“民不畏威，则大威至”。在本章开头又说：“民不畏死，奈何以死惧之?”显然，他是针对当时侯王多以威力压迫人民的现象而说的，而这种“威”多属动不动就杀人，即以死来吓唬人民、压迫人民。老子说，这怎么能行?人民不怕死，却被逼得生活不下去，反正是死，故豁出来了，怎么能用死来威胁他们?

老子认为，应当使老百姓经常怕死。这又涉及教育问题。使老百姓经常怕死，这就便于管理。一旦老百姓不怕死，那就不好管理了。使老百姓经常怕死，“死”就是一个控制因素。因此，老子接下来说，在这种情况还有个别冒死作乱的，“吾得执而杀之”，即可以把他们抓来杀掉。由此可以看出，老子写《道德经》完全是为了管理，他是站在民主的立场同时也是站在统治者即管理人的立场上说话的。读到这里总觉得有点不舒服，就像读到齐鲁之会杀掉齐国那些搞文艺演出的小戏子们，使之“手足异处”（林语堂注为“腰斩”）有点不舒服一样。当然，老子在本章说的“而为奇者，吾得执而杀之，孰敢”有其前提，即先教而后诛。一是他先提出了管理人要爱民，要以百姓心为心，要使之安居乐业，要以母亲一样的情怀对待百姓，使之自由生活、发展而不居功；二是要使百姓有好的社会环境和生存繁衍的条件，要教育百姓“常畏死”（特别是不犯死罪），即珍惜生命，反对不教而诛。在这样的前提包括有教在先的情况下，如果还有个别犯上作乱的则依法处死。“吾得执而杀之”中的“吾”不是指“我”。而是指“我们司法者”，整章都是劝君王的。这样分析理解也许会好些。

宋代洪迈在《容斋随笔》里所作的理解就基本如此。他说：“《老子》曰：‘民常不畏死，奈何以死惧之?若使人常畏死，则为奇者吾得而杀之，孰敢?’读者至此，多以为老氏好杀。夫老氏岂好杀者哉！旨意盖以告时君。世主视民为至愚、至贱，轻尽其命，若刈草菅。使之知民情状，人人能与我为敌国，懔乎常有朽索驭六马之惧。故继之曰：‘常有司杀者杀。夫代司杀者杀，是代大匠斫。夫代大匠斫者，希有不伤其手者矣。’”又据《管子·侈靡》记载，尧帝时代，不仅天下太平，社会不用怎么管理，而且法制宽松，更不轻易杀人。“其狱”，“强迫犯人一只脚穿草鞋，一只脚穿常履，以此羞辱他代替死罪。而今周公年代，断指、断足和断头积满了台阶，被处死的人还是不服从，这并不是人不怕死，而是极度贫困所逼的缘故”。[1]赞扬什么，批评什么，由此一目了然。

老子认为，即使不得已而杀违法作乱的，也不能凭一时的怒气，要有法律依据，不要亲自动手，应让司法部门来办，“常有司杀者杀”就有这两

① （西汉）刘向. 管子. 李远燕，李文娟译. 广州：广州出版社，2004.

层含义，否则也会危及自身。

【诗赞】

民不畏死  
有乱将至  
使民重死  
以防闹事  
先教后诛  
司法专职  
越职代刑  
危命伤指

坐而论道

# 七十五章　民饥难治轻生根源皆在管理

新中国国家图书馆原馆长任继愈先生说："本章警告统治者不要逼得人民活不下去，不要剥削过重。人民造反是被统治者逼出来的。老子警告那些统治者不要只顾保养自己的生命，不管人民的死活。""先秦诸子中，只有老子对人民最关心，批判当时的统治者最激烈。孔孟学派也同情人民，他们劝告国君发善心，施仁政，为君主着想得最多。孔老殊途同归，立场有差别。"这是对的。"立场有差别"，就是说老子是站在民主的立场上说话的，而孔子是站在君王的立场上说话的。本章可概括为民饥难治、轻生的根源在于统治者生活腐化。

【原文】

民之饥，以其上食税之多①，是以饥。

民之难治，以其上之有为②，是以难治。

民之轻死，以其上求生之厚③，是以轻死。

夫唯无以生为④者，是贤⑤于贵生。

【注释】

① 民之饥，以其上食税之多。食税，取税。马王堆甲、乙本作"人之饥也，以其取食税之多也"。"民"改为"人"，"上"（君王）改为"其"，似有意回避。

② 民之难治，以其上之有为。有为，指享乐之作为等各种自作主张。马王堆甲、乙本作"百姓之不治也，以其上之有以为也"。"有为"被改。

③ 民之轻死，以其上求生之厚。"求生"异本多作"生生"。何新注引魏源说："我自厚其生，则人亦各厚其生；人各厚其生而不得，夫安得不轻死乎？"

④ 无以生为。不以生而有为。

⑤ 贤。胜。本章王弼概括为"言民之所以僻，治之所以乱，皆由上，不由其下也。民从上也"。

【译文】

人民之所以饥饿，是因为统治者收税太多，所以饥饿。人民之所以难服管理，是因为统治者喜欢有生活上的奢靡"作为"，因而不服管理。人民之所以生不怕死，是因为统治者追求生活奢华丰腴，所以饥饿的老百姓轻视生命不怕死。只有不追求生活奢华丰腴的管理人，才是贤于那些以个人生活为重的管理人。

【解说】

老子在上一章讲了要使民常畏死，如果还有个别冒死犯罪的人则可以用法律规定处死，并且是在爱民的前提下的。大概他觉得这些仍然不够，需要进一步找些原因以便从源头上解决治乱的问题。于是，他提出了三点管理人特别是高层人物应注意的问题：

第一，人民饥饿，是因为管理人抽税过多。“以其上食税之多”即指此。他显然在告诉高层管理人：人民饥饿，生活不下去就会不畏死而干出不端之事来。因此，税收不要过重。这就涉及赋税问题。从事管理就应而且也必须懂得赋税问题。这一点，老子似乎比孔子进步一些。孔子被问到这个问题时，曾生气地走了。学生感到奇怪，问为什么，孔子说，有周朝现成的税法在，可以查出来，何必问他？这不仅反映了孔子的思想保守，而且也反映了孔子不懂得税法要随经济发展的环境变化而常有修订。而老子在此则既反映了他的有关赋税具有政治意义的思想，也反映了他关于税法应根据经济环境而变化的思想：当税收过多而使人民活不下去的时候，税法就要修改。

第二，人民难治，是因为上层管理人颁行的政策法令太严苛，加上大搞宫室建设、大兴土木等，所以难治。“以其上之有为”即指此。因此，他建议上层管理人不要“有为”，即包括不要在生活上有作为，不要颁布那么详密严峻的政策法令，不要大搞宫庙楼台建设等，以免人民不满。《国语·楚语》中伍举劝楚灵王不要筑高大奢华的台榭，说“若敛民利以成其私欲，使民蒿焉忘其安乐，而有远心，其为恶也甚矣”。

第三，人民轻生，是因为上层管理人生活腐化，追求奢华享受。“以其上求生之厚”即指此。老子认为，轻生就会不畏死，生活不下去又不畏死，就会铤而走险。因此，不把个人生活看得太重的管理人是要比那些太看重以物质保养个人生命的管理人高明。这再次反映了老子重民的思想。

【诗赞】

民不畏死有原因
横征暴敛伤民心
君王求生贪奢华
黎民饥饿死生轻
君若生活无有为

百姓爱戴国稳定
老子爱民又爱国
欲消君王烦恼情

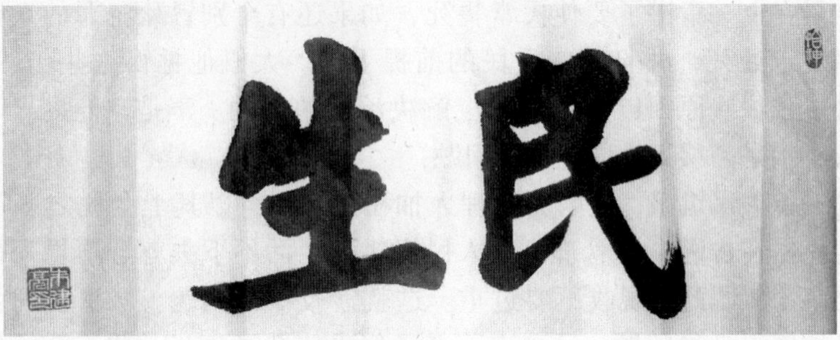
民生

# 七十六章 管理要宁处柔弱而不用强权

本章老子再次以柔弱与坚强的辩证法警示管理人要有常处柔弱的心态。当然，管理人一旦处于高位且形势有利，尤其是对那些称霸的侯王来说，要他们做到处柔弱的心态是很难的。例如，吴王夫差就是这样，他不听伍子胥劝告而招致败亡。要他们处柔弱很难，非得道、非有很高的修养不可。尽管如此，老子还是由衷地劝诫管理人，非常希望管理人能实行他的理论。

**【原文】**

人之生也柔弱，其死也坚强。

草木之生也柔脆[①]，其死也枯槁。

故，

坚强者死之徒，柔弱者生之徒[②]。

是以，

兵强则灭[③]，木强则折[④]。

坚强处下，柔弱处上[⑤]。

**【注释】**

① 柔脆。苏辙本、叶梦得本作“柔弱”。

② 徒。类。

③ 灭。王弼本作“不胜”。

④ 木强则折。苏辙注：“木自拱把以上，则近伐矣。”

⑤ 坚强处下，柔弱处上。下，劣势。上，优势。

**【译文】**

人活着的时候，身体是柔软的，死后尸体就僵硬了。万物包括各种草木活着时候都是柔软脆弱的，而一旦死亡枝叶就变得干枯了。因此，坚强的属于死亡境地，柔弱的属于生存境地。所以，军队强大会遭败灭，树木强大会遭砍伐。坚强反处于劣势，柔弱反处于优势。

**【解说】**

老子始终关心国家管理，始终苦口婆心地劝说管理人听从他的管理哲学并实行之。不过，本章讲“坚强处下，柔弱处上”即柔弱反而有优势的道理并不是所有人都能懂的，故要特别一论。

老子的理由是：

第一，以人为例，柔弱意味着活生生的，僵硬意味着死亡。“人之生也柔弱，其死也坚强”就是这个意思。

第二，以草木为例，柔脆是活生生的特征，枯槁是枯死的象征。“草木之生也柔脆，其死也枯槁”就是这个意思。

老子总结说，所以，坚强的属于死亡一类，柔弱的属于生存一类。这个道理跟新生事物与垂死事物没有多少关系。老子是劝管理人主观上要认识柔弱与坚强的辩证关系，从而主动置己于柔弱的状态，以保持青春活力。一些垂死的反动派则不然，已经衰败了还要逞强，还要把自己置于坚强的态势，拼命挣扎。不同的管理人其管理哲学不同。

接着，老子进一步总结说：

第一，以军队为例，强大而且逞强，就必然败亡。与前面联系，这个“强”有强大和逞强双层含义。他告诉管理人，不要让别人看到你把军队搞得很强大，也不要自我骄傲和逞强。

第二，以树木为例，强大了必遭砍伐。

老子据以上各例证总结抽象出可用于管理的理论来，那就是坚强会处于劣势，柔弱反而占有优势。显然，他是在劝导管理人要保持优势就是要保持处弱的心态，对民、对外都要这样。《庄子》则举了伐木的例子，说那些又大又直的树木易遭砍伐，而那些歪脖子树反而能够存活。

老子的这些教诲使我们想起毛泽东同志提出的著名的“两个务必”，使我们的革命军队不会像项羽、李自成那样一进首都就骄横逞强，最终遭到失败。

**【诗赞】**

柔弱
你是长生的希望
坚强
你是危难的灾光
优势与强梁并非姐妹
老子作此想
欲劝莫逞强

# 七十七章 领导要有公平分配的政治理想

老子在本章讲了管理的一个重大问题，即社会财富分配问题。他认为，管理人应学习天道，实行公平分配，即使这样做了之后还要学习圣人，不居功名。这是非常重要的一章。历来的学者竟没有看到他的政治理想是建立公平分配财富的制度，而仅以为是“小国寡民，结绳而治”。他虽然没有讲各尽其能，但他的公平分配思想确实伟大。

**【原文】**

天之道，其犹张弓欤？

高者抑之，下者举之；

有余者损之，不足者补之。

天之道，损有余而补[①]不足[②]。

人之道，则不然，损不足以奉[③]有余。

孰能有余以奉天下？唯有道者。

是以，

圣人为而不恃，功成而不处，其不欲见贤[④]。

**【注释】**

① 补。马王堆甲本作“益”。

② 天之道，损有余而补不足。《国语·晋语三》有“补乏荐饥，道也。不可废道于天下”。

③ 奉。供给，供奉。

④ 不欲见贤。河上公注：“不欲示人知己之贤。”

**【译文】**

天道，不像张开的一把弓吗？高了就压低一点，低了就抬高一点，拉得过满就减损一点，拉得不够就补足一点。天道，就是减损有多余的而补给那些不足的。人之道却不是这样，减损穷人的拿来奉养那些富有的。谁能拿出有余的来供养普天下之穷人？唯有有道之人。所以圣人帮助万物建立了那么大的功德而不自以为有恩，事业成功了而不居功，他们不愿显示自己的贤能。

【解说】

老子觉得不便于直接谈国家管理，于是多以哲理出现，使人们觉得这是一部哲学著作，他又告诉读者“言有宗，事有君”，希望人们主要是管理人能读懂他：以谈国家管理为主题。各章都是围绕这个总主题的。

特别应当指出的是，他在本章暗示了他的政治理想的核心内容：公平分配。也许是他觉得过于超前不便明讲，也许是未有意如此概括，属流露而已。对此，他是从天道谈起的。

他说：“天之道，其犹张弓欤？高者抑之，下者举之；有余者损之，不足者补之。天之道，损有余而补不足。”他认为，好比射箭，拉开一把弓搭上箭，要想射中目标，必须举弓高低适当，用力适度。他特别用“有余”和“不足”这两个词，他为什么不说“力过者损之，力不够者补之”？显然，他以妙语双关的手法让读者联想到社会财富的分配问题。他最后得出天道的规律之一：损有余而补不足，并以此暗示他的政治理想：公平分配，具体即按需分配。后来孔子提出“均分配”的思想或许与此有关。孔子说：“丘也闻有国有家者，不患寡而患不均，不患贫而患不安。盖均无贫，和无寡，安无倾。夫如是，故远人不服，则修文德以来之。既来之，则安之。”（《论语·季氏第十六》）这里第一句，古语有误，应为“不患贫而患不均，不患寡而患不安”。孔子主张治国要均分配，安人民。这是了不起的政治思想。他说的“丘也闻”可能就是“闻”于老子，因为他曾到老子那里学习过，相互交流管理思想（《吕氏春秋》就说过“孔子师老聃”），与老子谈过天道，可惜孔子未能听懂，管理思想更不一致。至于公平分配的政治理想，其理解似有差距。

显然，作为一直研究并重视天道的老子，他觉得宇宙自然之所以和谐，就因为能自我调节，分配合理。这个合理分配，在他看来即按需分配。“损有余而补不足”，很明显就是按需分配。不过，联系前面所说的天降雨露是平均的看，他是反对不合理的分配制度的，他主张公平分配。如果贫富差距已经拉大了就应“损有余而补不足”，即由政府来调节。老子感受到了宇宙这个大系统的自组织性和自我调节性，认为管理人要学习天道（这里头有系统论），通过调节来解决当时的分配问题。他觉得这既是管理的目标，也是管理的需要。这与其天道理论恰好一致：天无私覆，地无私载。即天地无私无偏。人要学习、遵循天道，就应公而无偏私、公平分配。

老子尖锐地批评了人类社会中与此相反的现象。他说：“人之道则不然，损不足以奉有余。”他以一种无奈的感叹道出了当时弱肉强食等剥削现象。正如过去农民的俗话：“愈有饭吃愈有肉汤拌。”对这种“马太效应”，他感到痛心而又无奈。至此，可以进一步看出他是在讲政治理想。联系前几章，老子寻找治国之道，似乎最终从社会制度上找到了答案：必须按需分配。但作为退休了的周王室官员，他不便太直白。当然，这样分配，一般管理人难以做到。但毕竟有人在特殊情况下加以赞赏并做到了。例如，《国语》记载了后来的越王勾践对楚国申包胥介绍说："越国之中，富者吾安之，贫者吾与之，救其不足，裁其有余，使贫富皆利之。"结果，越王得到人民的拥护，上下齐心协力，最终战胜了吴国。《管子》则说：在尧帝时代，人民"耕以自养，以其余应养天子，故平"。显然在赞扬这种分配思想。

掠夺穷人的供奉富有的，"上食税之多"就是一个表现，富人以种种手段敲诈骗取穷苦百姓的财富，这与天道背道而驰，怎能和谐？老子认为这极不公平，暗示应当从制度上进行改变。

可是，谁能改变呢？"孰能有余以奉天下"这句话包括两个方面的意思：一是以自己之有余去救济穷人；二是从制度上改变过来，公平分配即按需分配。因为"有余"即不需要那么多，"天下"、"不足"即老百姓困难得生活不下去，他们需要救济。一方不需要那么多，另一方却需要救济，这就要有能进行调节的社会制度。这是多么正确！不过，他觉得常人是做不到的，只有有道的圣人包括圣王能做到。他说："唯有道者。"即懂得天道和拥有天道的人可以做到。的确如此。而当时那种等级森严的剥削制度愈演愈烈，谁也难以改变。据《庄子·天下》透露，光就丧礼来说，等级也是非常森严的："古之丧礼，贵贱有仪，上下有等。天子棺椁七重，诸侯五重，大夫三重，士再重。"老百姓的是怎样的，可以想象：不能重。老子对此无可奈何。

尽管老子提出的"损有余而补不足"、"有余以奉天下"在当时难以实现，但他毕竟有此理想，不"以百姓心为心"者谁会想这些事儿？因此，他认为只有有道者才能变法改制，以均天下。他还进一步说，圣人即便做到了，也不会自恃有功，不以此为荣，不会大肆张扬。这是多么高尚的境界啊！这些都是寄希望于管理人学习的，供他们治国平天下参考的，什么时候都不会过时。而且应当特别指出，人类社会的发展和管理，学习和遵循天道自然法则即宇宙自然规律是必然的趋势。人类社会越向前发展，管理哲学或管理理论及方法就会越接近宇宙自然规律而摆脱几千年留下来的形而上学的管理思想。管理哲学的进步随着一般哲学的进步而进步，一般哲学的进步又是随着不断总结和概括自然科学和社会科学而进步的。既然如此，人类就将不断向天地即宇宙自然学习，学习其大公无私，学习其公平分配即按需分配。这岂不是共产主义的远大理想吗！“各尽所能，按需分配”的共产主义远大理想在古代表现为“大同”思想、“均分配”思想、“损有余而补不足”的分配思想也是不足为怪的，因为这是必然的趋势，被古代圣哲推测到了。人有很多层次的需求，物质财富的需求只是低层次的需求，当社会财富积累到相当的程度，分配问题就不是难题，人们追求很高的思想境界将成普遍趋势。从这里我们进一步看到了老子思想的伟大。

【诗赞】

天道亲好心
处处讲公平
人道多相反
奉富而损贫
民抗富豪夺
历代起革命
管理学天道
发展又安宁
老子思公平
民安君又亲

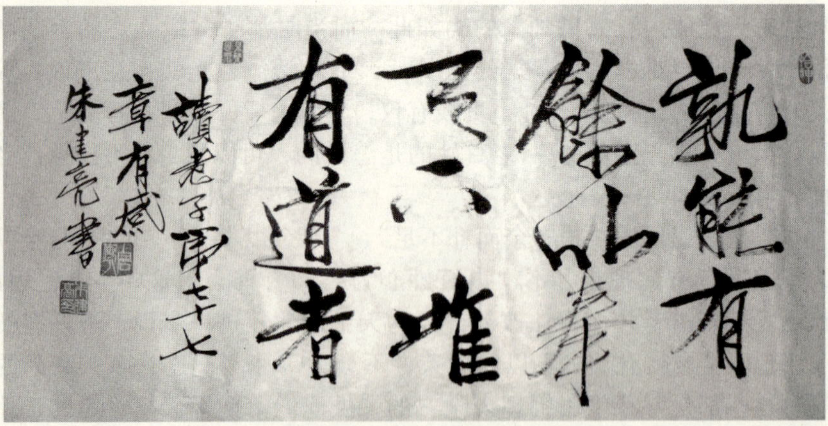


孰能有余以奉天下，唯有道者

# 七十八章　优秀的领袖应能容忍大屈辱

本章中老子对国家领袖提出了极其严格的要求，即应能承受国家的屈辱和灾殃。前一章暗示要改变社会分配制度，本章则要求国家领袖有极高的品德。不只是爱民、慈、俭，不只是以百姓心为心，不只是谦让、不敢为天下先，也不只是不施威、不压迫人民、不弃人，也不只是不厚生而少食税，并改变分配制度，而且还要随时准备去承受国家的巨大屈辱和灾殃。这涉及国家领袖的个人品德和素质问题。

**【原文】**

天下莫柔弱于水，
而攻坚强者莫之能胜，
其无以易之[①]。
弱之胜强，柔之胜刚，
天下莫不知，莫能行。
是以，
圣人云：
“受国之垢[②]，是谓社稷主[③]；
受国不祥[④]，是为天下王。”
正言若反[⑤]。

**【注释】**

① 其无以易之。其，即水。易之，取代它。

② 受国之垢。受，承受“垢”，污垢，引申为屈辱。《春秋左传·宣公十五年》有“国君含垢，天之道也。君其待之”。《庄子·天下》引老子“人皆取先，己独取后。曰受天下之垢”。

③ 社稷主。国家君主。

④ 不祥。灾祸。

⑤ 反。反面。

**【译文】**

天下没有比水更柔弱的，而攻击坚强的东西却没有比水更厉害的，没有什么东西能够取代它。弱的胜过强的，柔的胜过刚的，天下人没有不懂的，但没有人去实行。因此，圣人说："能够承受国家的屈辱，才称得上国君；能够承受国家的灾殃，才称得上国家的领袖。"正面的话好像是从反面说的。

**【解说】**

老子从水的哲学引入话题。他认为，管理人应学习水的德性。他认为水是天下最柔弱却能摧毁坚强的东西，没有什么能比得上水的柔弱。正如在前面说过的，"弱之胜强，柔之胜刚"，是所有人都能懂的道理，但没有人去实行，"天下莫不知，莫能行"。既然道理明白了，好处也清楚了，为什么就没有人去实行呢？读到这里，深感学者应有深入挖掘，不要就这样让深刻的思想溜过去了。我们要是联系后面的内容，就不难理解了。天下人对像水一样柔弱可以克刚强的真理之所以没有人去实行，是因为那并不是那么简单易行的事。如水柔弱，说起来容易，做起来难。水是那么柔弱，任何东西挤压过来，它都谦让；任何物体投进来，它都包容；再低下的地方别的东西不去，它都去；再肮脏的地方别的东西不去，它也去；任何顽石它都能摧毁；任何高山都挡不住它；它从不与其他东西争高位；从不与别的东西争洁美，如此等等。别的东西都做不到，更何况人呢？更何况水那么有毅力，有柔劲，它可以慢慢地将大山移开，将巨石推走，将原野劈裂，将岩石摧毁，如此等等，都凭它的毅力和柔劲。人能有这种毅力和柔劲吗？人可以有！但不容易。老子的思想境界是一般人难于做到的。故他夸张地说"天下莫不知，莫能行"。这并不是说可以不去"行"，而是批评人们没有努力去实践。由此，老子引圣人语说"受国之垢，是谓社稷主；受国不祥，是为天下王"。

老子最后解说此段话"正言若反"，即正话从反面说出。学者们对此仅作翻译不作解释，不免遗憾。而此四字却非常有趣，也并非不可解释。

"正言若反"，是指古圣人说的"受国之垢，是谓社稷主；受国不祥，是为天下王"这四句与前文相接，本应从正面来说，即向国家领袖直接提要求，而这里却是从反面说的一样。前面讲了水那样柔弱却能够战胜坚强的道理，接下来如果从正面说，就应是：因此，国家领袖应能承受国家的屈辱，天下君王应能忍受国家的灾殃。《春秋左传·宣公十五年》记载，公孙归父在宋国会见楚庄王。宋国派乐婴去晋国告急求援。晋景公想援救宋国。伯宗说"不可"。"国君含垢，天之道也。君其待之。"于是停止出兵。伯宗就是从正面告诫君王的。作为天下人主，要能够忍辱担灾，这是天道常规。

可是，圣人却以倒装句的方式证出了同样的思想。怪不得后来的孟子说“天将降大任于斯人也，必先苦其心志，劳其筋骨，饿其体肤，空乏其身，行拂乱其所为，所以动心忍性，曾益其所不能”。事实也是这样，周公曾忍受过极大的怀疑，文王曾被纣王打入国家监狱，越王勾践卧薪尝胆拯救了国家。老子上述对国家领袖的正面要求以引圣人的倒装语表达出来了，都是为了能让国家治理得好，让人民能安康发展。老子的思想影响深远，但他可能没有想到两千多年后的伟大的中国共产党的领袖们却努力学习并努力实践了，毛泽东就是这样做的。据张与弛《道家的管理之道》（中国商业出版社 2007 年版）载，1921 年 1 月 28 日，毛泽东给彭联的一封信里说：“天下惟至柔者至刚……意力受拂，最不好过，修养未纯如吾人，一遇此情形，鲜有不勃然奋起者，此则惟有所谓‘眼界宽’与‘肚量大’者能受之。”这说明，毛泽东年轻时就熟读并研究过《老子》并锐意磨炼自己以修养至柔之品格。此后，他与周恩来等领袖领导党和人民战胜国民党莫不与此有关。

**【诗赞】**

老子叹世生感言
真理简明难实践
谁人忍辱担灾殃
谁就可为天下王
圣人正话反面说
正面应说君应当
应当似水最柔弱
柔弱胜强永莫忘

# 七十九章　求同存异才能构建和谐社会

本章老子向管理人提出社会关系方面的要求，认为要能和大怨而不计余怨。这里正话正说，而且是先提出要求后讲理论依据，与前一章的论述方法不同。当时，社会极不稳定，诸侯国之间、君与臣之间、臣与臣之间多有恩怨，老子为了社会的和谐，提出了要从大局出发，以“求同存异”的原则处理好各种关系，以建立和谐社会。

**【原文】**

和①大怨，必有余怨。

安可以为善②？

是以，

圣人执左契③，

而不责④于人。

有德司契，无德司彻⑤。

天道无亲，常与善人⑥。

**【注释】**

① 和。和解。

② 安可以为善。安，怎么。善，上策，好办法。此句诸家解释为“怎么可以叫做善”或“怎能称得善行”，似为误解。“和大怨，必有余怨”，说明这是规律。“安可以为善”即怎么样做才可以称得上上策？这样，恰与下文相吻合。

③ 左契。马王堆甲本作“右契”。王弼注：“左契，防怨之所由生也。”

④ 责。追讨。

⑤ 有德司契，无德司彻。司，主管。彻，取税。郑玄注：“周法什一而税谓之彻。”

⑥ 天道无亲，常与善人。《国语·晋语》有“吾闻之，‘天道无亲，唯德是授’”。常，马王堆甲本作“恒”。

**【译文】**

和解很大的仇怨，必定会有未消的余怨，怎么做才能算好呢？所以，圣人拿着债券，从容而不追逼。有德的人就像这样拿着债券，无德的人就像收税的人那样斤斤计较地讨要。天道没有偏爱，永远帮助善良的人们。

**【解说】**

老子说："和大怨，必有余怨。安可以为善?"表明老子主张构建和谐社会，主张有怨要和解。但是，和大怨，总有余怨残存，不可能绝对消除殆尽。在这种情况下，应怎样处理才好?"安可以为善"意思就是"怎么做才好呢"或"怎么做才能算好呢"。而不应是像某些学者一直译为"怎能称得上是妥善的解决办法呢"或"怎能称得善行"。这句话不是对前面说的情况进行评价，而是说接下来该怎么做。因为前面已讲得非常明显："和大怨，必有余怨"。这个"必"字道出了这是一个规律。求大同，必有小异；和大怨，必剩小怨。与"求大同，存小异"一样，老子认为和大怨，可存小怨而去计较。这应成为管理人的一种品德。联系后面的内容，也是这个意思。他接下来说的是认为管理人应像圣人那样"执左契，而不责于人"。这就是"怎么做才好呢"的答案。然后他讲了两个普通但又是由浅入深的道理：

第一，"有德司契，无德司彻"。这是老子在打比喻，认为像"司契"即掌握债券而不紧逼人家还清是有德，是管理人应有的品德；"司彻"是指像收税人一样斤斤计较去紧逼人家缴税这是无德，管理人不要无德，不要太过分。

第二，"天道无亲，常与善人"。这是老子在讲客观规律：善人有天助，即好人的行为会得到客观规律的支持。换句话说，即好人的行为总与客观规律相吻合，也就容易成功。据《国语·晋语》记载，晋国大臣范文子论福德说："吾闻之，唯厚德者能受多福，无德而服者众，必自伤也。……且唯圣人能无外患又无内忧。"又说"吾闻之，'天道无亲，唯德是授'"。这里且不说范文子似读过《老子》，其"厚德者"明显是指"善人"。"唯德是授"是指天道规律只对有德之人予以帮助。

正如有的学者所说的，老子不像有的学派那样大讲天命有知。这里的"天道无亲，常与善人"，可与五章"天地不仁"互相参照。"无亲"也就是"不仁"。天道自然，无所偏爱，按自然规律行事的人，会有好的结果。

老子讲的这两个理由，是为应"和大怨，不计余怨"的思想服务的。

即希望管理人懂得这个道理，做有德之人，做善良人。而且，这样能掌握主动权。很多学者都认为老子的重点放在后面，以为是讲哲学，似不妥。

“执左契，而不责于人”即“求同存异”的思想，是建设和谐社会的重要理论基石。周恩来总理就深谙此意，他年轻时就造就了“求同存异”的才能。他说：“善于团结的人，就是善于在共同点上统一矛盾的人。钢铁和水泥是性质不同的物质，把它们结合起来，就变成钢骨水泥那样强有力的东西。科学家能把自然界不同的物质组合、统一起来，难道不能把有不同见解和脾气的人统一起来吗？我们在自己的队伍中，就是要强调统一与团结。统一矛盾并不妨碍个性的发展。”他还以此处理国际关系。胡长明先生在《解读周恩来的迷人魅力》中说，1955 年在万隆会议上，他将这一哲理凝聚成“求同存异”四个字。后来这四个字作为体现周恩来卓越智慧的一句格言传遍全世界。一位在 20 世纪 50 年代就访问过周恩来的美国记者海伦·福斯特·斯诺说过：“周是一位天生的外交家，终其一生对内对外都起着这样的作用。‘周恩来主义’立基于联络，寻找共同立场和结合的纽带。”周恩来还说：“中国的先人提出的‘大同社会’，比外国人使用的‘community’（公社）这个字似乎要恰当一些，因为中国人叫‘大同’，就说明了有‘小异’，人的关系也是这样，每一个人的思想或有着不同，或大同而小异，这样才能推动事物的发展。”周恩来深知，多样性和丰富性是世界的本色，人民内部在大的方向一致的情况下，差异与其说允许存在，毋宁说应当欢迎。

周恩来“求同存异”的思想有其丰富的内容和多样的表现形式，是对马克思主义辩证法的中国式发展，是老子思想等传统文化的现代发展，对当今构建和谐社会起着重要的基石作用。

**【诗赞】**

和解大怨存小怨
莫学税官讨拖欠
天道无亲有明眼
善有善报会兑现
领导明此好交邦
赢得多助求发展

若是报怨逼人盛

无情无理遭天谴

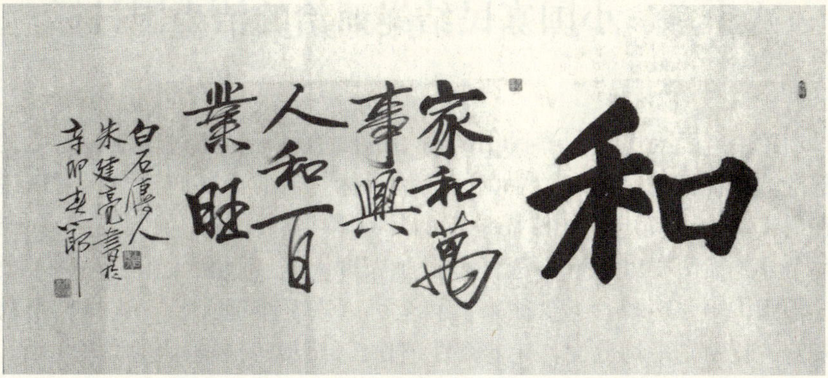


和

# 八十章 小国寡民结绳而治的治小国目标

本章中老子提出小国寡民结绳而治的政治目标，不过不能说这是他的全部政治目标，这只是有关小国的政治目标。他的全部政治目标可以说是站在周王室的立场上，维持周王室的管理和尊严，各诸侯国要和谐相处，不要争斗，大国要以礼下小国，小国要入事大国、服从大国。小国不要移民于他国，不要巧智，不要往来，甚至可以恢复结绳而治，这样整个社会才安定，让财富平均分配，让老百姓过甘食美服、安居乐业的幸福生活。

**【原文】**

小国寡民①。
使有什伯之器②而不用；
使民重死而不远徙③。
虽有舟舆，无所乘之；
虽有甲兵，无所陈之。
使民复结绳而用之④。
甘其食，美其服，
安其居，乐其俗。
邻国相望，鸡犬之声相闻，
民至老死，不相往来。

**【注释】**

① 小国寡民。指国小民少。

② 什伯之器。古代军队十人为什，百人为伯。故此句多解为兵器，其实是泛指千万之科技工具。

③ 徙。迁徙。当时各诸侯国都希望有民远来而无离去者。

④ 结绳而用之。指结绳记事，即在文字发明以前以在绳上打结来记事。

**【译文】**

国家小，人民少。即使有各种器具也不使用；要使人民重视生命而不远走投靠他方。虽然有车船，也无人乘坐它；即使有甲兵，也无人去显示并不征战。人民返回到结绳记事的时代。吃得好，穿得美，安于居处，乐其风俗习惯。邻国相望，鸡鸣狗叫的声音听得见，人民直到老死也不相互来往。

**【解说】**

老子在本章开头第一句就说“小国寡民”，应是一个描述句，即国家小，人民少。接下来，所有议论都是治小国的思想。前面有“治大国”的思想，说“治大国若烹小鲜”，要“以道莅天下”。他并没有说要把大国改小，相反还要“以道莅天下”。因此可以看出，他的治国思想中，大国有大国的治法，小国有小国的治法。只是都要维持疆界现状而不攻占，要有和平共处的外交政策，都要维护稳定，不要苛密的政策法令，不要扰民，如此等等，都是站在周王室的立场来议论和看问题的。所以说，本章并不是他的全部政治目标和理想，这是与诸多学者的见解又一不同之处。

如何治理小国呢？他提出了十条设想：

第一，即使有巧智工具也不用。这是他害怕“民多巧智”的表现。当然，这是应当批判的落后保守思想。

第二，即使有车船等交通工具也没有人乘坐。这是他担心百姓远徙，也是当时各诸侯国的共同思想。

第三，即使有军队武器也不出战。这是他为了防止战争。

第四，使老百姓重视生命而不远走投靠他方。这是他怕百姓轻死而跟人作乱和远徙他乡。

第五，使老百姓恢复结绳记事的文化生活。这是他为了便于管理老百姓。这种复古主义的模式是应当批判的。

第六，使老百姓吃得味美。这是他从饮食方面愿百姓舒服。

第七，使老百姓穿着漂亮。这是他从穿着方面愿百姓幸福。

第八，使老百姓住得安适。这是他从居住方面愿百姓满意。

第九，使老百姓按自己的习俗过日子。这是他从习惯方面愿百姓的生活不要被扰乱。

第十，使老百姓不与邻国交往。这是他从利于周王室秩序而提出的希望。这种消极维稳思想是无济于事和应当批评的。

所有这些设想都有其针对性，主要是针对巧智诈伪繁生、人民生活困苦、战争频仍、百姓不得安居乐业等局面而提出来的，同时也是参考古人观点的结果。据《管子·侈靡》记载，上古时代，人民“牛马之牧不相及，人民之俗不相知，不出百里而求足，故卿而不理，静也”。即人民物欲满足，社会安定，管理人员无需干什么事，天下太平。管子实际赞扬了那种社会景象。

老子并不是绝对反对学习知识，他说过“为学日益，为道日损”。他写作《老子》就在于传播知识，并希望管理人学习。如果他对知识一律反对，为何要著此书呢？他也不是绝对反对战争的，不得已而用兵则用兵，只不过要“奇”、要“哀”、要“悲”，要以丧礼处之。他也不是绝对不要有为的，只不过要“为而不恃”。在本章所讲只是为了治理小国。

【诗赞】

小国寡民非理想
安居乐业民所愿
闭塞知识复结绳
国家社会怎发展
为求稳定欲复古
此种管理有缺陷
不忍征战长分裂
中华各族怎团圆

# 八十一章　圣人之言信而不美利而无害

本章是老子对管理人讲的最后一席话。这一章也是老子对自己的全面总结。他非常坦率地正话正说，讲述了自己的几个特点，希望管理人能了解他、学习他，希望管理人能掌握他全书的思想，以真正管理好国家社会。他为人善良、态度忠诚，思想力求合乎自然规律，虽有保守的一面，但多所可取，对廉政建设、对和谐社会建设尤其有益。

**【原文节选】**

信言不美，美言不信①。

善者不辩，辩者不善②。

知者不博，博者不知③。

圣人不积④，

既以为人己愈有，

既以与⑤人己愈多。

天之道，利而不害。

圣人之道，为而不争。

**【注释】**

① 信言不美，美言不信。两个“信”字，均指真实。两个“美”字，均指华丽。河上公注：“信者，如其实；不美者，朴且质也。”

② 善者不辩，辩者不善。两个“善”字，均指善良。两个“辩”字，均指巧辩。

③ 知者不博，博者不知。两个“知”字，均指智慧。两个“博”字，均指博学或知识广博。

④ 积。存储，积藏。

⑤ 与。给予。

**【译文】**

真实可信的话不华美，华美的言词不可信。友善的话不诡辩，诡辩的话不友善。哲人不卖弄广博，卖弄广博的人不智慧。圣人不积聚财物，他会认为助人越多自己更富有，会认为给予别人越多自己更丰足。天道有利万物而不伤害万物。圣人之道，有施为而与世无争。

【解说】

老子在本章暗示自己是善者、智者，是圣人。并且暗示自己有如下五个特点：

第一，言语不美但都是真话。他说“信言不美，美言不信”，是把自己与当时有些学者相比较而言，是有针对性的。他的“美言”主要不是辞章之美而是指内容作秀。那些一味宣传“仁义”的言论，在他看来虽则美矣，未必可信，即说得不好听未免虚伪，暗示管理人应予以辨别。

第二，虽然不能巧说巧辩却是善良的。他说“善者不辩，辩者不善”，是想告诉人们他不参加巧说辩驳的行列。《庄子·外篇·天地第十二》记载，孔子问老子：“辩者有言曰‘离坚白，若县寓，若是则可谓圣人乎?’”老子说：“是胥易技系，劳形怵心者也。”老子认为像后来的公孙龙、惠施等人专门找人辩论一些很深的哲理是玩弄巧智、劳身累心的事。从这些也可以看出《老子》是一部管理哲学著作而不是一般哲学著作。但老子这种思想并不正确，一般哲学也要有专人研究。

第三，是不追求知识广博的智者。他说“知者不博，博者不知”。“知”字可作“智”字译。这是针对当时一些不懈追求知识广博的人而言的。显然，老子只求专，不求广博；只讲管理，不讲其他杂辩的东西；只讲粗略，不讲具细。他显然认为追求什么都懂的人是不智慧的。

第四，是不积聚财富的圣人。并认为越为他人努力自己就越富有，给别人越多自己也就越多。他说：“圣人不积，既以为人已愈有；既以与人已愈多。”这也是他认为自己与常人不同的地方，而且可以说是有针对性的，一是针对多数管理人而言，他们贪得无厌，食税骗财太多；二是针对一些学者而言。他认为有的学者所觉得的天下有道而他们这些圣贤却穷困的想法是可耻的，这种思想不对。他劝人不要“有已”。

第五，是有为而不争功争利的人。他说：“圣人之道，为而不争。”而其理论根据是“天之道，利而不害”。即认为要学习天地利万物而不伤万物，为万物生长作了贡献而不自以为作了贡献，根本不去想有没有功的问题，更不与世相争。

最后两个特点反映了老子高尚的品德和善良的心态。把帮人、给予人作为义务，把百姓之“有”作为自己之“有”，这是多么高尚的精神。把自己的作为看做义务，而不争功争利，是“无我”的精神。那么他的“有为”是什么呢？毫无疑问，他写作《老子》和任周王室国家图书馆馆长都属有为。但他决不是以此来换取名利的。这本身也是在“行无言之教”。

总之，这最后一章是老子希望管理人好好读读这部管理哲学著作《老子》，以便把国家社会管理好。

【诗赞】

质朴可信字五千
婉转说理圣人言
侯王若听无味话
腐败恩怨散如烟
上下若晓简明理
辩证治世效果现
利国利民深厚德
言尽大道出城关
可歌往事越千年
老子一书天下传

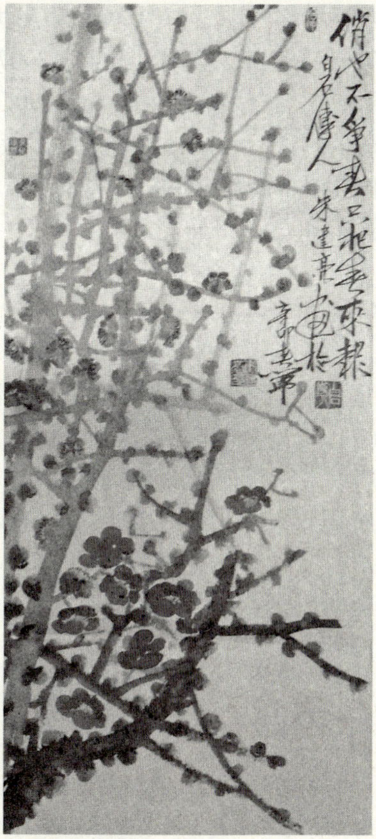

毛泽东咏梅写意

# 参考文献


[1] 朱谦之. 老子校释. 北京：中华书局，1984.

[2] 任继愈. 老子绎读. 北京：北京图书馆出版社，2006.

[3] 蒋信柏. 道德经. 北京：蓝天出版社，2006.

[4] [德] 马克思，恩格斯. 马克思恩格斯选集（中文版）. 北京：人民出版社，1972.

[5] 周卫.《道德经》新译新评. 上海：华东师范大学出版社，2007.

[6] 于丹. 老子心得. 北京：中华书局，2007.

[7] 王弼，崔存明. 老子. 北京：首都经济贸易大学出版社，2007.

[8] 余元洲. 老子新编. 北京：新华出版社，2007.

[9] 周秉钧. 白话尚书. 长沙：岳麓书社，1990.

[10] 王崇静. 老子的传说. 兰州：甘肃人民出版社，2006.

[11] 林语堂. 中国先哲的智慧. 西安：陕西人民出版社，2006.

[12] 何新. 老子新解——宇宙之道. 北京：北京工业大学出版社，2007.

[13] 张与弛. 道家的管理之道. 北京：中国商业出版社，2007.

[14] 孔丘. 论语（外二种）. 北京：北京出版社，2006.

[15] 朱建亮. 我国现存第一部完整工具书的探讨 ——试论《周易》. 图书情报工作，1984（3）.

[16] 吕国荣. 向唐太宗学管理. 武汉：湖北人民出版社，2009.

[17] 胡长明. 大智周恩来. 北京：中共党史出版社，2010.